MySQL 5

Installation
Mise en œuvre
Administration
Programmation

Copyright - Editions ENI - Février 2006
ISBN : 2-7460-3004-7
ISSN : 1627-8224
Imprimé en France

Editions ENI

BP 32125
44021 NANTES CEDEX 01

Tél. 02.51.80.15.15
Fax 02.51.80.15.16

e-mail : editions@ediENI.com
http://www.editions-eni.com

Auteur : Cyril THIBAUD
Collection **Ressources Informatiques** dirigée par Joëlle MUSSET

Généralités

Chapitre 1

A. Objectifs de l'ouvrage 6

B. Présentation de MySQL 6

C. Les origines de MySQL 7

D. Les nouveautés de la version 5 7

E. Le système de licences 8

F. Caractéristiques techniques 10

G. Les bases de ce livre 12

H. Qu'est-ce qu'une base de données ? 12

I. Étude de cas 14

Installation

Chapitre 2

A. Où trouver les packages d'installation ? 23

B. Installation 25

C. Démarrage et arrêt manuels du serveur MySQL . . . 58

D. Structure du système de fichiers 61

Mise en œuvre

Chapitre 3

A. La gestion des privilèges 69

B. Création et gestion des bases de données 96

C. Création de la base de données facsys
et des utilisateurs 112

D. Manipulation des données 119

Programmation

A. Utiliser MySQL en batch 221

B. La programmation à l'aide d'API 222

C. L'API C et C++ 223

D. L'API PERL 264

E. L'API PHP 282

F. L'API ADO 312

Administration

A. Le fichier de configuration my.cnf 339

B. Sauvegarde et restauration des bases de données . 341

C. Maintenance d'un serveur 352

D. Les fichiers de logs 366

E. Instructions SQL complémentaires 374

F. Les différents types de tables 391

G. Sécurisation d'un serveur MySQL 399

H. Ajout de fonctions à MySQL 408

I. Installation de plusieurs instances
du serveur MySQL sur un même poste 423

J. Localisation de MySQL 424

Annexe

A. Les interfaces d'administration graphiques 428

B. Exemple d'utilisation d'un champ BLOB 445

Index 456

Chapitre 1 : Généralités

A. Objectifs de l'ouvrage 6

B. Présentation de MySQL 6

C. Les origines de MySQL 7

D. Les nouveautés de la version 5 7

E. Le système de licences 8

F. Caractéristiques techniques 10

   1. Caractéristiques du serveur MySQL 10

   2. Taille maximale d'une base de données 11

G. Les bases de ce livre 12

H. Qu'est-ce qu'une base de données ? 12

I. Étude de cas 14

   1. Analyse de la base de données du système de facturation . 14

   2. Schéma de la base de données du système de facturation . 20

A. Objectifs de l'ouvrage

L'objectif de cet ouvrage est d'apprendre à gérer des données structurées avec MySQL.

Pour répondre à cet objectif, l'ouvrage détaille la majorité des fonctionnalités offertes par MySQL 5 :

- notions fondamentales des bases de données ;

- installation de MySQL ;

- gestion des privilèges ;

- manipulation des données ;

- programmation dans différents langages pour accéder aux données ;

- administration du serveur (optimisation, sauvegardes, sécurité...).

Cet ouvrage s'adresse à la fois aux personnes ayant déjà des connaissances sur les bases de données ou sur MySQL et qui souhaitent les approfondir et également aux débutants, les nombreux exemples leur permettant de prendre en main MySQL. La partie programmation s'adresse à des personnes ayant déjà des notions de programmation.

B. Présentation de MySQL

MySQL est un système de gestion de base de données relationnelles (SGBDR) rapide, robuste et facile d'utilisation. Il est adapté à la gestion de données dans un environnement réseau, notamment en architecture client/serveur. Il est fourni avec de nombreux outils et est compatible avec de nombreux langages de programmation. Il est le plus célèbre SGBDR du monde Open Source, particulièrement grâce à son interopérabilité avec le serveur de pages Web Apache et le langage de pages Web dynamiques PHP.

Ce serveur de base de données est interrogeable via SQL (*Structured Query Language*), le langage standardisé le plus populaire pour interroger les bases de données. Le SQL permet de manipuler les données très facilement.

C. Les origines de MySQL

La société TCX avait besoin d'un serveur de base de données rapide pour traiter une grande quantité d'informations. Aucun produit disponible sur le marché ne répondait à ce besoin. Ils décidèrent donc de créer leur propre SGBDR : MySQL. Aujourd'hui, le projet est maintenu par la société suédoise MySQL AB et cette société commercialise des services autour de MySQL. Des informations sur MySQL AB sont disponibles à l'adresse http://www.mysql.com.

L'origine du nom MySQL n'est pas clairement définie. De nombreuses librairies et de nombreux outils développés par la société TCX étaient préfixés par "My", ce qui aurait mené à MySQL. Une autre version prétend que MySQL vient du nom de la fille d'un des principaux développeurs (Monty) qui s'appelle "My". Officiellement, la société éditrice elle-même ne sait pas réellement laquelle de ces deux versions a mené au nom retenu.

D. Les nouveautés de la version 5

La version 5 de MySQL apporte de nombreuses nouveautés qui font de cette version l'une des plus importantes et innovantes, si ce n'est la plus importante. Cette nouvelle version porte MySQL à un niveau de concurrence jamais atteint encore. Il devient une alternative encore plus plausible face aux grands systèmes de bases de données que sont DB2, Oracle ou SQL Server.

Ainsi, le nouveau moteur mathématique apporte la précision dans les calculs, les déclencheurs permettent de sécuriser les bases de données, les procédures stockées et les fonctions accélèrent le développement et renforcent le modèle de programmation. Les vues simplifient la gestion des droits et les requêtes complexes, la nouvelle base de données **information_schema** donne accès aux métadonnées de manière homogène, et enfin, de nouveaux moteurs de stockage, tels que les moteurs FEDERATED et ARCHIVE, font leur apparition.

Le seul point à déplorer est l'absence des clés étrangères et des transactions avec le moteur MyISAM, utilisé par défaut lors de la création des tables.

E. Le système de licences

MySQL est diffusé en Open Source. Ainsi, toute personne utilisant MySQL a accès aux sources et peut modifier le code pour l'adapter à ses propres besoins.

Depuis sa version 3.23, MySQL est régi simultanément par deux licences, pour les versions précédentes, la licence est plus restrictive, particulièrement sous Windows. Il est conseillé dans ce cas de se rendre sur le site Web de MySQL à l'adresse http://www.mysql.com/support. De par sa licence GNU General Public Licence (GPL), toute personne est en mesure de télécharger, installer et utiliser MySQL librement sans aucune participation financière. La licence GPL est la plus célèbre du monde Open Source. Les termes de cette licence sont disponibles à l'adresse http://www.gnu.org/licenses.

Dans certains cas, il est pratique ou nécessaire d'acquérir une licence commerciale. Les cas pratiques reflètent le besoin d'un support de la part de l'éditeur ou la volonté de supporter l'action de la société MySQL AB dans le développement et le support de MySQL. Les cas pour lesquels une licence commerciale est nécessaire se résument ainsi :

- Si le programme résultant de l'utilisation de MySQL ne respecte pas lui-même le système de licence GPL et qu'il est compilé avec du code MySQL.

- Si le programme créé n'est pas distribué sous licence GPL et qu'il ne fonctionne qu'avec le SGBDR MySQL.

- Si MySQL est redistribué sans le code source malgré sa licence GPL.

L'achat d'une licence permet d'installer une ou plusieurs instances de MySQL sur une même machine. Le nombre de microprocesseurs n'influe pas sur le prix des licences et les connexions clientes au serveur ne sont pas limitées non plus.

Il est possible d'acheter MySQL directement en ligne à l'adresse : http://shop.mysql.com.

Si vous utilisez MySQL avec un serveur Web tel que Apache ou Internet Information Server (IIS), aucune licence n'est requise même si le serveur Web est un système commercial. Cette clause est vraie même si le site Web hébergé est un site commercial.

F. Caractéristiques techniques

1. Caractéristiques du serveur MySQL

La liste suivante présente les principales caractéristiques du serveur MySQL :

- Il est écrit en C/C++ et est testé avec de nombreux compilateurs.

- Il fonctionne sous de nombreux systèmes d'exploitation.

- Il supporte de nombreuses API telles que C, C++, PHP, Perl, Eiffel, Python, Java, Tcl.

- Les utilitaires clients et administration utilisent les sockets TCP/IP, les sockets Unix ou les canaux nommés NT *(Named Pipes)*.

- Il dispose d'un driver ODBC *(Open DataBase Connectivity)* sous Windows ce qui le rend interopérable avec la majorité des langages disponibles sous ce système d'exploitation.

- Il dispose d'un driver ADO via OLEDB sous Windows pour de meilleures performances que ODBC.

- Il est entièrement multithread, ce qui accroît énormément les performances du serveur. MySQL est donc de fait prévu pour fonctionner en environnements multiprocesseurs.

- Il dispose d'un système de gestion de la mémoire extrêmement performant. La quantité de mémoire a une incidence directe sur les performances de MySQL. Si un serveur présente des défauts de performances, il suffit souvent d'ajouter de la mémoire centrale pour améliorer sensiblement les performances.

- Il est interrogeable par le langage SQL, ce qui garantit une meilleure interopérabilité avec des SGBDR concurrents. Tous les scripts SQL écrits pour un autre SGBDR et respectant le SQL standard peuvent être utilisés avec MySQL.

- Le code MySQL est entièrement testé avec Purify, un outil commercial, qui permet de vérifier les fuites de mémoire. Il est aussi testé avec Valgrind un outil sous licence GPL (http://developer.kde.org/~sewardj).

- Il supporte de nombreux types de colonnes de types numérique, date et heure, chaîne de texte. MySQL supporte aussi des colonnes de grande taille telles que les colonnes de types texte et binaire.

- Il dispose d'un système performant de gestion des utilisateurs et de leurs privilèges.

- Il est capable de gérer des bases de données de très grande taille. Certaines sociétés l'utilisent actuellement avec des bases de données comportant près de 60 000 tables et environ 5 000 000 000 enregistrements.

- Une table peut contenir jusqu'à 32 index et chaque index peut être constitué d'un maximum de 16 colonnes.

- Il est possible d'installer plusieurs instances de serveur MySQL. Chaque instance est complètement indépendante et gère ses propres bases de données.

2. Taille maximale d'une base de données

Une base de données MySQL est constituée d'un répertoire et de fichiers. Le nom du répertoire est le nom de la base de données MySQL. Le répertoire contient des fichiers correspondant aux différentes tables de la base de données. Une table est composée de plusieurs fichiers, un contenant les données, un autre la structure, un autre les index...

MySQL limite la taille d'une table à plus de 8 millions de téraoctets (2^{63} exactement) depuis la version 3.23. Auparavant, la taille maximale d'une table était de 4 gigaoctets. Puisque le système est constitué par des répertoires et des fichiers, le système d'exploitation peut imposer ses propres limites qui peuvent être inférieures à celles de MySQL.

G. Les bases de ce livre

Ce livre s'appuie sur un exemple unique traité tout au long de l'ouvrage : la gestion d'un système de facturation pour une entreprise de vente de produits divers.

Cet exemple est réduit au plus simple et ne gère que les articles disponibles, les clients et les factures. Pour être complet, il faudrait y ajouter tout un ensemble de fonctionnalités telles que les avoirs, les retards de paiement, le réapprovisionnement d'articles...

H. Qu'est-ce qu'une base de données ?

Dans notre système de facturation, nous devons saisir des factures, les éditer et garder une trace du paiement. Nous devons stocker le détail de ces factures. Une facture est composée de différents éléments mis en relation logiquement les uns avec les autres : les données relationnelles. Nous devons gérer un stock d'articles, une liste de clients, une liste de factures. Nous gérons aussi des catégories d'articles afin de produire des statistiques.

Nous pourrions stocker toutes ces informations dans un fichier. Le format de stockage serait alors difficile à établir pour plusieurs raisons : nous ne connaissons pas le nombre d'articles achetés par chaque client ; chaque client peut avoir plusieurs factures ; nous devons écrire nos propres fonctions de communication avec le fichier de stockage, le code est difficile à maintenir et il est difficile de le faire évoluer ; le catalogue d'articles n'est pas prédéfini et peut évoluer. De plus, les performances d'un stockage dans un fichier texte sont difficiles à établir.

Nous préférons donc utiliser une base de données. Elle nous permet de stocker des données indépendamment du format physique des fichiers de stockage, l'utilisateur ne gère alors que le format logique. Les performances sont optimisées. Elle offre en outre des possibilités de contrôle de l'intégrité des données. Le langage SQL apporte un ensemble de fonctions uniformes permettant de travailler avec les données sans que le développeur ait besoin d'écrire ses propres fonctions.

Une base de données permet de stocker et de mettre en relation des données par l'intermédiaire de **tables** (tableaux) constituées de colonnes (appelées **champs**) et de lignes (appelées **enregistrements**) permettant de stocker des données uniformes.

Le schéma suivant donne une représentation graphique d'une base de données :

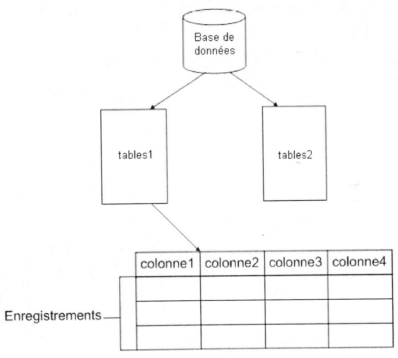

I. Étude de cas

1. Analyse de la base de données du système de facturation

Tout d'abord, nous devons donner un nom à notre base de données. Nous l'appelons **facsys** pour (**sys**tème de **fac**turation). La casse du nom de la base de données peut influer dans la programmation. Nous savons que le nom de la base de données correspond au nom du dossier contenant les tables. Si le système d'exploitation respecte la casse pour son système de fichiers, alors il faut respecter la casse dans les requêtes pour interroger la base de données. Ainsi, sous Linux, les bases de données facsys et FacSys sont distinctes. Par contre, Windows ne gère pas la casse et donc facsys et FacSys représentent la même base de données. Il est conseillé de ne mettre que des minuscules afin de garder un code portable. Il en est de même pour les tables puisqu'elles sont stockées sous forme de fichiers.

Définissons le schéma de notre base de données. Le but est d'avoir un ensemble de tables qui évitent les doublons d'informations. Si nous prenons les articles et les catégories d'articles, nous pouvons imaginer le système suivant :

articles				
codearticle	nom	prix	stock	categorie
CAP01	Canne à pêche	80,40	4	pêche
RAQ01	Raquette de squash	62	3	squash
BAL45	Balle squash débutant	5	35	squash
BOU89	Bouchon rond	43	2	pêche
SHR3	Short court	17,50	7	habillement pour enfant

Le défaut d'un tel stockage réside dans le fait que les catégories sont répétées pour chaque article et que l'on perd de la place en créant des doublons. De plus, cette information n'est pas pertinente au niveau de l'article puisque ce n'est pas une notion d'article mais une notion de catégorie mise en œuvre pour nos propres besoins.

Toute la difficulté pour créer le schéma d'une base de données réside dans les choix à faire quant au stockage des informations. Dans notre exemple, il serait plus judicieux de faire deux tables : une pour les articles et une autre pour les catégories. Nous devons alors créer un lien entre les deux tables. Au lieu de garder le nom complet de la catégorie au niveau de chaque article, nous stockons un identifiant de catégorie (**idcategorie**). Nous ajoutons aussi une description de la catégorie dans la table correspondante.

articles				
codearticle	**nom**	**prix**	**stock**	**idcategorie**
CAP01	Canne à pêche	80,40	4	1
RAQ01	Raquette de squash	62	3	2
BAL45	Balle squash débutant	5	35	2
BOU89	Bouchon rond	43	2	1
SHR3	Short court	17,50	7	3

categories		
idcategorie	**nom**	**description**
1	pêche	Les articles de pêche en rivière et en mer
2	Squash	
3	Habillement pour enfant	Du 0 au 16 ans

Ce nouveau schéma permet d'économiser de l'espace disque pour le stockage puisque le nom de la catégorie (qui peut être de longueur variable) n'est stocké qu'une seule fois. C'est l'identifiant de cette catégorie qui est répété plusieurs fois dans la table des articles et qui permet le lien avec le nom de la catégorie. Il nous permet aussi d'ajouter une information de description pour les catégories. Dans le premier schéma, nous aurions dû stocker la description pour chacun des enregistrements faisant partie de la catégorie. Dans un tel cas, la mise à jour de la description d'une catégorie serait difficile puisqu'il faudrait modifier autant d'enregistrements que d'articles faisant partie de la catégorie.

Nous ne sommes pas obligés de mettre le même nom d'identifiant (**idcategorie**) dans les deux tables. C'est une question de simplification de lecture. Dans notre cas, nous pouvons écrire la relation entre les deux tables de la façon suivante :

articles.idcategorie = categories.idcategorie

Nous aurions pu appeler **refcategorie** la colonne **idcategorie** de la table **articles**. Dans ce cas, la relation serait :

articles.refcategorie = categories.idcategorie

Pour retrouver un enregistrement dans une table, nous devons disposer d'un moyen unique pour l'identifier, c'est la **clé primaire**. Chaque table doit contenir une telle clé. Pour la table **categories**, la clé primaire est représentée par le champ **idcategorie**.

Pour retrouver la catégorie de l'article, nous avons créé un champ **idcategorie** dans la table **articles**. On appelle ce champ une **clé étrangère** car elle permet de faire référence à la clé primaire d'une autre table. Une clé étrangère peut aussi faire référence à une autre clé étrangère. Cette notion nous serait utile si un article pouvait faire partie de plusieurs catégories. Nous aurions alors une table d'articles avec sa clé primaire, une table de catégories avec sa clé primaire et une table de liens avec sa propre clé primaire et deux clés étrangères : l'une référençant la clé primaire de la table des articles et l'autre référençant la clé primaire de la table des catégories.

articles			
codearticle	**nom**	**prix**	**stock**
CAP01	Canne à pêche	80,40	4
RAQ01	Raquette de squash	62	3
BAL45	Balle squash débutant	5	35
BOU89	Bouchon rond	43	2
SHR3	Short court	17,50	7

categories		
idcategorie	**nom**	**description**
1	pêche	Les articles de pêche en rivière et en mer
2	Squash	
3	Habillement pour enfant	Du 0 au 16 ans
4	Sport en intérieur	Toutes les catégories de sport en intérieur

liens		
idlien	**codearticle**	**idcategorie**
1	CAP01	1
2	BAL45	2
3	BAL45	4

Nous pouvons écrire les relations suivantes :

liens.codearticle = articles.codearticle
liens.idcategorie = categories.idcategorie

Une clé peut être constituée par un ensemble de champs on l'appelle alors **clé multiple**. Dans notre base de données **facsys**, nous devons créer une table **clients**. Le moyen unique de repérer un client est son nom, son prénom et son adresse. Si nous n'utilisons que le nom et le prénom, nous rencontrons des problèmes avec des personnes homonymes (deux personnes s'appelant Pierre Durand seront vues comme une unique personne par notre base de données). Nous aborderons ce problème un peu plus loin pour les commandes. Pour la table **clients**, il serait fastidieux de retrouver un client de manière unique par toutes ces informations. On préfère dans ce cas créer un champ identifiant pour chaque client.

clients						
idclient	nom	prenom	adresse	codepostal	ville	telephone
DUR001	Durand	Pierre	Rue du menhir	44000	Nantes	0240955689
BLI034	Blineau	Daniel	La motte	85260	Herbergement	0251429803
TES23	Tesson	Alain	1 av de la mer	56546	Saint Florent	
DUR004	Durand	Sylvain	Place mayeu	75000	Paris	0109457698

Le format arbitraire retenu pour constituer la clé primaire de la table **clients** est le suivant : les trois premières lettres du nom suivies de trois chiffres permettant de rendre unique l'identifiant. À l'enregistrement d'un nouveau client, nous devons générer l'identifiant puis vérifier qu'il n'existe pas déjà. S'il existe, nous devons générer un nouvel identifiant et refaire le test jusqu'à trouver un identifiant unique.

Nous disposons d'une table de clients, d'une table de catégories d'articles et d'une table d'articles. Nous pouvons donc créer des factures d'articles pour des clients. Analysons une telle facture.

Une facture est composée d'un en-tête portant les informations du client telles que son nom, son adresse (nous aurons donc une référence au client) et d'articles commandés dans une certaine quantité. Pour finir, les montants hors taxes et toutes taxes indiquant le montant à régler.

Une facture est donc composée d'un tronc commun (l'en-tête), d'informations répétitives (lignes de commandes) et d'informations calculées (le montant de la facture).

Nous choisissons de créer deux tables : **commandes** et **details**. C'est dans la table **commandes** que nous stockons les informations générales de la facture telles que la clé étrangère permettant d'identifier le client, la date de la commande. La clé primaire **numcommande** de cette table est un nombre entier qui est incrémenté à chaque nouvelle commande.

commandes		
numcommande	**idclient**	**date**
1	DUR001	02/05/02
2	BLI034	23/10/02
3	TES23	23/10/02
4	DUR001	08/01/03

La table **details** contient le détail des articles commandés et la quantité. La clé primaire de cette table est composée de deux champs, c'est une clé multiple : le numéro de commande et un nombre entier permettant de retrouver l'ordre des articles sur la facture. Cet ensemble est unique. Puisque les prix peuvent évoluer avec le temps, nous devons stocker le prix des articles au moment de la commande. Ainsi, même si nous augmentons ou diminuons nos prix, les factures déjà créées ne seront pas modifiées.

numcommande	numordre	codearticle	quantite	prix
1	1	CAP01	2	80,40
1	3	BAL45	3	5
1	2	RAQ01	1	62
2	1	SHR3	1	17,50

Nous pouvons écrire les relations suivantes :

Clé primaire de commandes = commandes.numcommande
Clé primaire de details = details.(numcommande,numordre)
details.numcommande = commandes.numcommande

Nous avons terminé la description de notre base de données.

2. Schéma de la base de données du système de facturation

Nous pouvons faire une représentation schématique de la base de données
facsys :

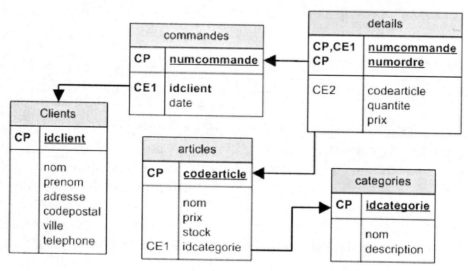

Chapitre 2 : Installation

A. **Où trouver les packages d'installation ?** **23**

B. **Installation** **25**

    1. Pré-requis 25

    2. Sous Linux 26

        a. Installation à partir du format RPM 26

        b. Installation à partir du format DEB 29

        c. Installation à partir des sources 37

        d. Installation du serveur MySQL en tant que daemon
           sous Linux 40

    3. Sous Windows 41

        a. Installation 41

        b. Les différentes versions du serveur 55

C. **Démarrage et arrêt manuels du serveur MySQL** . . . **58**

    1. Sous Linux 58

    2. Sous Windows NT 4/2000/XP 58

    3. Autre méthode pour arrêter le serveur MySQL 60

D. Structure du système de fichiers 61

1. Sous Linux 61
   a. Installation à partir du format RPM 61
   b. Installation à partir du format DEB 62
   c. Installation à partir des sources 63
2. Sous Windows 64

MySQL est disponible sous de nombreuses plates-formes telles que SUN Solaris et Suse Linux sous lesquelles il a été développé mais aussi sous Linux, Windows, OS2, Unix, FreeBSD, Open BSD, Net BSD, Aix, HP-UX, Mac OS X...

MySQL est entièrement écrit en C/C++ et supporte les threads POSIX. Il est donc possible de compiler les sources sous tout système disposant d'un compilateur C++ et supportant les threads POSIX.

A. Où trouver les packages d'installation ?

Tous les packages et sources sont disponibles directement sur le site Web http://www.mysql.com. Il est néanmoins conseillé de télécharger depuis un des nombreux sites miroirs pour disposer de liaisons Internet rapides.

Deux versions au moins sont disponibles : la dernière version commerciale et la version en cours de développement. Cette dernière permet de tester les nouvelles fonctionnalités qui seront disponibles dans la prochaine version commerciale et corrige les bugs connus, mais n'est pas forcément encore stable. Elle est à réserver aux utilisateurs avertis et son utilisation n'est pas conseillée en environnement de production. Il est recommandé de télécharger la dernière version commerciale.

Les exemples de cet ouvrage ont été réalisés avec les dernières versions commerciales de MySQL pour Linux et Windows disponibles au moment de la rédaction, c'est-à-dire les versions 5.0.15.

Chaque package de MySQL est identifiable par son numéro de version du type X.Y.Z. Le X définit un format de fichier. Ainsi, la version 5.0.15 que nous avons téléchargée respecte le format de fichier en version 5, nos bases de données seront donc directement compatibles avec toutes les versions de MySQL respectant le versionnage 5.Y.Z. Le Y correspond à la release, c'est-à-dire à une évolution majeure liée par exemple à l'apparition de nouvelles fonctionnalités. Enfin le Z est incrémenté à chaque nouvelle distribution à l'intérieur d'une même version, par exemple suite à la correction d'un bug mineur.

Pour Linux, les packages d'installation se présentent sous différents formats :

- Le format RPM (*Red-Hat Package Manager*) permet une installation simple sous les systèmes supportant ce format. Il faut alors télécharger plusieurs packages :

  - MySQL-server-5.0.15-0.i386.rpm qui correspond au serveur MySQL ;

  - MySQL-client-5.0.15-0.i386.rpm qui correspond au client MySQL ;

  - MySQL-shared-5.0.15-0.i386.rpm qui correspond aux fichiers communs ;

  - MySQL-devel-5.0.15-0.i386.rpm qui correspond aux librairies et aux fichiers d'en-têtes de programmation.

- Le format DEB *(Debian)* permet une installation extrêmement simplifiée sous le système du même nom. Debian gère une base de données des programmes disponibles. Nous n'avons donc pas de package à télécharger. De plus, DEBIAN peut automatiquement chercher des mises à jour sur Internet. C'est sans doute le système le plus performant.

- Les sources permettent de paramétrer l'installation, comme par exemple le répertoire d'installation. Ce choix d'installation permet de compiler MySQL sur différentes plates-formes. Même s'il est préférable d'utiliser les formats RPM ou DEB, il peut être nécessaire d'utiliser les sources dans différents cas :

  - Si la version de Linux ne prend en charge ni les RPM ni les DEB.

  - Si nous voulons modifier le programme MySQL.

  - Si les packages RPM ou DEB ne sont pas encore disponibles.

  Il faut alors télécharger mysql-standard-5.0.15-linux-i686.tar.gz qui correspond à la totalité de MySQL.

- Pour Windows, un programme d'installation est disponible sous forme compressée. Il faut alors télécharger mysql-5.0.15-win32.zip qui correspond à la totalité de MySQL.

B. Installation

1. Pré-requis

MySQL n'a pas vraiment de configuration minimale requise. En fait, tout ordinateur récent peut être utilisé. Par exemple, il est possible de faire fonctionner une application de gestion d'appels clients gérée par une base de données MySQL, installée sur un Pentium 1 avec un microprocesseur à 166 MHz et disposant de 128 Mo de RAM et équipé de Linux RedHat 7.3, même si cette base de données gère quelques milliers d'utilisateurs et encore plus d'appels téléphoniques et que différents utilisateurs accèdent en même temps à cette base de données via un site Web.

D'une manière générale, pour améliorer les performances d'un serveur MySQL, nous devons privilégier l'augmentation de mémoire. La vitesse du microprocesseur est à privilégier ensuite.

Il est également fortement conseillé d'apporter une attention particulière à la vitesse des disques durs présents sur le serveur.

On fera aussi attention à ne pas mettre les bases de données dans un dossier réseau pour Windows ou dans un dossier monté via NFS (*Network File System*) sous Linux. Les performances seraient très fortement dégradées étant donné que le serveur devrait alors interroger les bases de données via le réseau.

2. Sous Linux

a. Installation à partir du format RPM

Les fichiers RPM constituent l'une des méthodes les plus simples pour effectuer une installation sous Linux. De nombreuses distributions Linux (Redhat, Mandrake...) prennent maintenant en charge ce format.

Nous allons exécuter un ensemble de commandes en tant qu'utilisateur Linux **root**.

→) Plaçons-nous dans le répertoire dans lequel les fichiers ont été téléchargés (/tmp) :

```
shell>cd /tmp
```

→) Installons le serveur en tapant la commande :

```
shell>rpm -i MySQL-server-5.0.15-0.i386.rpm
```

```
[root@srv-pluton tmp]# rpm -i MySQL-server-5.0.15-0.i386.rpm
051106  9:23:42 [Warning] Asked for 196608 thread stack, but got 126976
051106  9:23:42 [Warning] Asked for 196608 thread stack, but got 126976
PLEASE REMEMBER TO SET A PASSWORD FOR THE MySQL root USER !
To do so, start the server, then issue the following commands:
/usr/bin/mysqladmin -u root password 'new-password'
/usr/bin/mysqladmin -u root -h srv-pluton.cthibaud.homelinux.net password 'new-p
assword'
See the manual for more instructions.

NOTE:  If you are upgrading from a MySQL <= 3.22.10 you should run
the /usr/bin/mysql_fix_privilege_tables. Otherwise you will not be
able to use the new GRANT command!

Please report any problems with the /usr/bin/mysqlbug script!

The latest information about MySQL is available on the web at
http://www.mysql.com
Support MySQL by buying support/licenses at https://order.mysql.com
Starting MySQL[ OK ]

[root@srv-pluton tmp]#
[root@srv-pluton tmp]# _
```

L'installation se termine par un message expliquant que le daemon (processus) est lancé. Le serveur MySQL est déjà opérationnel.

Il se peut que le démarrage du serveur MySQL échoue. Ceci est dû à un bug de SELinux (*Security Enhanced Linux*). Le plus rapide pour tester est de désactiver temporairement SELinux le temps du lancement de MySQL, via les commandes :

```
/usr/sbin/setenforce Permissive
/etc/init.d/mysql start
/usr/sbin/setenforce Enforcing
```

Pour obtenir plus d'informations et une solution plus propre, ce bug est référencé sur le site MySQL à l'adresse :
http://bugs.mysql.com/bug.php?id=12676.

Vérifions la présence de processus MySQL en mémoire pour nous assurer définitivement de la bonne installation du serveur.

→) Utilisons la commande suivante qui affichera tous les processus contenant le mot mysql :

```
shell>ps ax | grep mysql
```

```
 3453 tty1      S      0:00 /usr/sbin/mysqld --basedir=/ --datadir=/var/lib/mysql
 --user=mysql --pid-file=/var/lib/mysql/srv-pluton.cthibaud.homelinux.net.pid --
skip-locking
 3454 tty1      S      0:00 /usr/sbin/mysqld --basedir=/ --datadir=/var/lib/mysql
 --user=mysql --pid-file=/var/lib/mysql/srv-pluton.cthibaud.homelinux.net.pid --
skip-locking
 3455 tty1      S      0:00 /usr/sbin/mysqld --basedir=/ --datadir=/var/lib/mysql
 --user=mysql --pid-file=/var/lib/mysql/srv-pluton.cthibaud.homelinux.net.pid --
skip-locking
 3456 tty1      S      0:00 /usr/sbin/mysqld --basedir=/ --datadir=/var/lib/mysql
 --user=mysql --pid-file=/var/lib/mysql/srv-pluton.cthibaud.homelinux.net.pid --
skip-locking
 3458 tty1      S      0:00 /usr/sbin/mysqld --basedir=/ --datadir=/var/lib/mysql
 --user=mysql --pid-file=/var/lib/mysql/srv-pluton.cthibaud.homelinux.net.pid --
skip-locking
 3459 tty1      S      0:00 /usr/sbin/mysqld --basedir=/ --datadir=/var/lib/mysql
 --user=mysql --pid-file=/var/lib/mysql/srv-pluton.cthibaud.homelinux.net.pid --
skip-locking
 3460 tty1      S      0:00 /usr/sbin/mysqld --basedir=/ --datadir=/var/lib/mysql
 --user=mysql --pid-file=/var/lib/mysql/srv-pluton.cthibaud.homelinux.net.pid --
skip-locking
 3461 tty1      S      0:00 /usr/sbin/mysqld --basedir=/ --datadir=/var/lib/mysql
 --user=mysql --pid-file=/var/lib/mysql/srv-pluton.cthibaud.homelinux.net.pid --
skip-locking
[root@srv-pluton tmp]# _
```

→) Installons maintenant le programme client et les bibliothèques de développement :

```
shell>rpm -i MySQL-client-5.0.15-0.i386.rpm
shell>rpm -i MySQL-shared-5.0.15-0.i386.rpm
shell>rpm -i MySQL-devel-5.0.15-0.i386.rpm
```

```
[root@srv-pluton tmp]# rpm -i MySQL-client-5.0.15-0.i386.rpm
[root@srv-pluton tmp]# rpm -i MySQL-shared-5.0.15-0.i386.rpm
[root@srv-pluton tmp]# rpm -i MySQL-devel-5.0.15-0.i386.rpm
[root@srv-pluton tmp]# _
```

Si l'installation s'est bien déroulée, nous n'avons reçu aucun message d'erreur. Lorsque l'installation rencontre un problème, un message d'erreur est affiché. Généralement, les erreurs correspondent à des packages manquants. Il suffit de les installer en les récupérant sur les CD-Roms de la distribution Linux ou directement sur Internet.

→) Pour obtenir des informations sur un package RPM, nous pouvons exécuter la commande rpm avec le commutateur -qpi :

```
shell>rpm -qpi MySQL-client-5.0.15-0.i386.rpm
```

```
[root@srv-pluton tmp]# rpm -qpi MySQL-client-5.0.15-0.i386.rpm
Name        : MySQL-client          Relocations: (not relocatable)
Version     : 5.0.15                     Vendor: MySQL AB
Release     : 0                      Build Date: ven 21 oct 2005 21:47:46
  CEST
Install Date: (not installed)        Build Host: build.mysql.com
Group       : Applications/Databases Source RPM: MySQL-5.0.15-0.src.rpm
Size        : 13357521                  License: GPL
Signature   : DSA/SHA1, sam 22 oct 2005 23:38:51 CEST, Key ID 8c718d3b5072e1f5
Packager    : Lenz Grimmer <build@mysql.com>
URL         : http://www.mysql.com/
Summary     : MySQL - Client
Description :
This package contains the standard MySQL clients and administration tools.

For a description of MySQL see the base MySQL RPM or http://www.mysql.com
[root@srv-pluton tmp]# _
```

→) Il est possible de connaître l'ensemble des packages MySQL installés en
tapant la commande suivante :

```
shell>rpm -qa | grep MySQL
```

```
[root@srv-pluton tmp]# rpm -qa | grep MySQL
MySQL-client-5.0.15-0
MySQL-devel-5.0.15-0
MySQL-server-5.0.15-0
MySQL-shared-5.0.15-0
[root@srv-pluton tmp]# _
```

b. Installation à partir du format DEB

Debian utilise un format de packages qui lui est propre pour distribuer les
programmes. La commande `apt-get` permet d'installer, de mettre à jour
ou de supprimer les packages. Nous avons vu précédemment que Debian
maintenait une base de données des programmes disponibles. En fait, il
maintient une base de données des programmes stables, c'est-à-dire testés
et validés.

La version actuelle de Debian est la 3.1 (nom de code Sarge). Cette version,
sortie en juin 2005, intègre des packages qui ont été testés et approuvés
pour fonctionner sans aucun problème avec le système de base.

→) Si nous ajoutons MySQL via la commande suivante :

```
shell>apt-get install mysql-server
```

Nous installons la version validée avec Sarge qui est MySQL 4.1. Nous obtenons cette information très simplement en tapant la commande :

```
shell>apt-cache search mysql-server
```

```
srv-jupiter:~# apt-cache search mysql-server
scoop - Web-based collaborative media application
webmin-mysql - mysql-server control module for webmin
mysql-server - mysql database server binaries
mysql-server-4.1 - mysql database server binaries
phpbb2-conf-mysql - Automatic configurator for phpbb2 on MySQL database
srv-jupiter:~# _
```

Pour installer les dernières versions de logiciels disponibles, nous devons accéder à la liste des packages dits instables, c'est-à-dire ceux qui sont en cours de test mais qui ne sont pas complètement validés.

Pour cela, nous devons indiquer au système Debian d'aller chercher la liste des packages instables au lieu de stables.

Éditons le fichier de configuration pour la recherche des packages :

```
shell>vi /etc/apt/sources.list
```

→) Modifions ce fichier afin d'indiquer à apt-get d'aller chercher la liste des packages sur le serveur ftp de Debian et de récupérer la liste des packages instables (**unstable**).

```
deb ftp://ftp2.fr.debian.org/debian/ unstable main
deb-src ftp://ftp2.fr.debian.org/debian/ unstable main

deb http://security.debian.org/ stable/updates main
~
~
~
~
~
~
~
~
~
~
~
~
~
~
~
~
~
~
/etc/apt/sources.list: 4 lines, 159 characters.
```

→) Informons `apt-get` de ce changement afin qu'il mette à jour sa base de données locale :

```
shell>apt-get update
```

```
srv-jupiter:~# apt-get update
Atteint http://security.debian.org stable/updates/main Packages
Atteint http://security.debian.org stable/updates/main Release
Réception de : 1 ftp://ftp2.fr.debian.org unstable/main Packages [3811kB]
Réception de : 2 ftp://ftp2.fr.debian.org unstable/main Release [82B]
Réception de : 3 ftp://ftp2.fr.debian.org unstable/main Sources [1459kB]
Réception de : 4 ftp://ftp2.fr.debian.org unstable/main Release [84B]
5270ko réceptionnés en 10s (509ko/s)
Lecture des listes de paquets... Fait
srv-jupiter:~# _
```

Si nous interrogeons de nouveau la version de MySQL disponible à l'installation, nous voyons que la version 5 est présente :

```
shell>apt-cache search mysql-server
```

```
srv-jupiter:~# apt-cache search mysql-server
mysql-server - mysql database server (transitional dummy package)
mysql-server-4.1 - mysql database server binaries
mysql-server-5.0 - mysql database server binaries
phpbb2-conf-mysql - Automatic configurator for phpbb2 on MySQL database
scoop - Web-based collaborative media application
webmin-mysql - mysql-server control module for webmin
srv-jupiter:~# _
```

→) Installons le serveur MySQL 5.0 en tapant la commande suivante :

```
shell>apt-get install mysql-server-5.0
```

```
srv-jupiter:~# apt-get install mysql-server-5.0
Lecture des listes de paquets... Fait
Construction de l'arbre des dépendances... Fait
Les paquets supplémentaires suivants seront installés :
  gcc-4.0-base libc6 libc6-dev libdbd-mysql-perl libdbi-perl libgcc1
  libmysqlclient14 libmysqlclient15 libncurses5 libnet-daemon-perl
  libplrpc-perl libstdc++6 locales mysql-client-5.0 mysql-common perl
  perl-base perl-modules
Paquets suggérés :
  glibc-doc dbishell libcompress-zlib-perl libterm-readline-gnu-perl
  libterm-readline-perl-perl
Paquets recommandés :
  libmysqlclient14-dev perl-doc
Les NOUVEAUX paquets suivants seront installés :
  gcc-4.0-base libdbd-mysql-perl libdbi-perl libmysqlclient14 libmysqlclient15
  libnet-daemon-perl libplrpc-perl libstdc++6 mysql-client-5.0 mysql-common
  mysql-server-5.0
Les paquets suivants seront mis à jour :
  libc6 libc6-dev libgcc1 libncurses5 locales perl perl-base perl-modules
8 mis à jour, 11 nouvellement installés, 0 à enlever et 182 non mis à jour.
Il est nécessaire de prendre 45,9Mo dans les archives.
Après dépaquetage, 67,2Mo d'espace disque supplémentaires seront utilisés.
Souhaitez-vous continuer ? [O/n] _
```

apt-get demande si nous acceptons de télécharger et installer de nouveaux packages. Nous répondons par l'affirmative.

```
  libplrpc-perl libstdc++6 locales mysql-client-5.0 mysql-common perl
  perl-base perl-modules
Paquets suggérés :
  glibc-doc dbishell libcompress-zlib-perl libterm-readline-gnu-perl
  libterm-readline-perl-perl
Paquets recommandés :
  libmysqlclient14-dev perl-doc
Les NOUVEAUX paquets suivants seront installés :
  gcc-4.0-base libdbd-mysql-perl libdbi-perl libmysqlclient14 libmysqlclient15
  libnet-daemon-perl libplrpc-perl libstdc++6 mysql-client-5.0 mysql-common
  mysql-server-5.0
Les paquets suivants seront mis à jour :
  libc6 libc6-dev libgcc1 libncurses5 locales perl perl-base perl-modules
8 mis à jour, 11 nouvellement installés, 0 à enlever et 182 non mis à jour.
Il est nécessaire de prendre 45,9Mo dans les archives.
Après dépaquetage, 67,2Mo d'espace disque supplémentaires seront utilisés.
Souhaitez-vous continuer ? [O/n] O
Réception de : 1 ftp://ftp2.fr.debian.org unstable/main libc6-dev 2.3.5-7 [2682k
B]
Réception de : 2 ftp://ftp2.fr.debian.org unstable/main locales 2.3.5-7 [4060kB]
Réception de : 3 ftp://ftp2.fr.debian.org unstable/main libc6 2.3.5-7 [4947kB]
Réception de : 4 ftp://ftp2.fr.debian.org unstable/main perl-modules 5.8.7-7 [23
26kB]
Réception de : 5 ftp://ftp2.fr.debian.org unstable/main perl 5.8.7-7 [3473kB]
30% [5 perl 0/3473kB 0%]                                    657kB/s 48s_
```

apt-get va alors automatiquement télécharger les packages nécessaires depuis le serveur ftp de Debian.

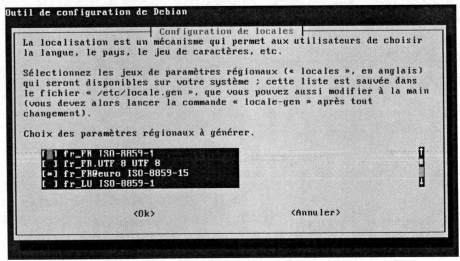

Le script d'installation demande quels jeux de paramètres régionaux doivent être installés. Nous sélectionnons le jeu "fr_FR@euro ISO-8859-15".

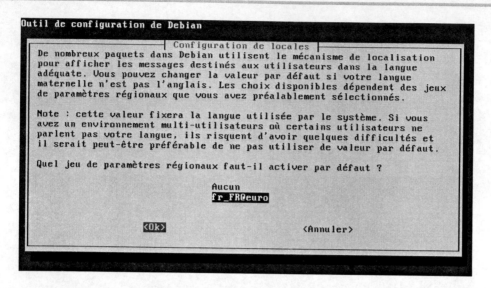

→) Sélectionnons ce même jeu comme valeur par défaut pour notre serveur.

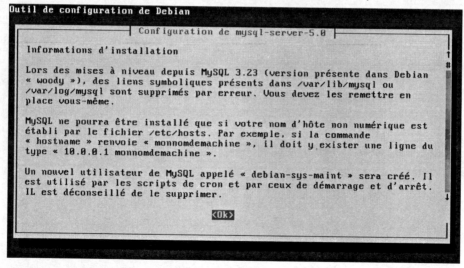

→) Le script d'installation donne quelques explications, il est fortement recommandé de les lire, puis nous validons.

```
Dépaquetage de la mise à jour de libc6-dev ...
Préparation du remplacement de locales 2.3.2.ds1-22 (en utilisant .../locales_2.
3.5-7_all.deb) ...
Dépaquetage de la mise à jour de locales ...
Préparation du remplacement de libc6 2.3.2.ds1-22 (en utilisant .../libc6_2.3.5-
7_i386.deb) ...

Name Service Switch update in the C Library: pre-installation question.

Running services and programs that are using NSS need to be restarted,
otherwise they might not be able to do lookup or authentication any more.
The installation process is able to restart some services (such as ssh or
telnetd), but other programs cannot be restarted automatically.  One such
program that needs manual stopping and restart after the glibc upgrade by
yourself is xdm - because automatic restart might disconnect your active
X11 sessions.

Known packages that need to be stopped before the glibc upgrade are:
        xdm kdm gdm postgresql xscreensaver
This script does not detect any services to stop now.

If you want to interrupt the upgrade now and continue later, please
answer No to the question below.

Do you want to upgrade glibc now? [Y/n] Y_
```

→) Le script demande maintenant s'il doit mettre à jour la version de glibc, nous acceptons cette mise à jour :

```
If you want to interrupt the upgrade now and continue later, please
answer No to the question below.

Do you want to upgrade glibc now? [Y/n] Y

Dépaquetage de la mise à jour de libc6 ...
Setting up libc6 (2.3.5-7) ...
Checking for services that may need to be restarted...done.

Name Service Switch update in the C Library: post-installation question.

Running services and programs that are using NSS need to be restarted,
otherwise they might not be able to do lookup or authentication any more
(for services such as ssh, this can affect your ability to login).
Note: restarting sshd/telnetd should not affect any existing connections.

The services detected are:
        inetd cron ssh

If other services have begun to fail mysteriously after this upgrade, it is
probably necessary to restart them too.  We recommend you to reboot your
machine after the upgrade to avoid the NSS related trouble.

Do you wish to restart services? [Y/n] Y_
```

La glibc étant une bibliothèque importante du système, il est nécessaire de redémarrer plusieurs services pour prendre en compte cette mise à jour. Le script d'installation nous prévient aussi que si d'autres services semblent dysfonctionner, il sera nécessaire de redémarrer complètement la machine pour que la nouvelle version de glibc soit prise en compte. Nous acceptons le redémarrage des services détectés comme utilisant la glibc :

```
Setting up gcc-4.0-base (4.0.2-3) ...
Setting up libstdc++6 (4.0.2-3) ...

Setting up mysql-common (5.0.15-1) ...
Setting up libmysqlclient14 (4.1.15-1) ...

Setting up libmysqlclient15 (5.0.15-1) ...

Setting up perl-modules (5.8.7-7) ...
Setting up perl (5.8.7-7) ...

Setting up libnet-daemon-perl (0.38-1) ...

Setting up libplrpc-perl (0.2017-1) ...

Setting up libdbi-perl (1.48-2) ...
Setting up libdbd-mysql-perl (3.0002-1) ...
Setting up mysql-client-5.0 (5.0.15-1) ...
Setting up mysql-server-5.0 (5.0.15-1) ...
Stopping MySQL database server: mysqld.
Starting MySQL database server: mysqld.
Checking for crashed MySQL tables in the background.

srv-jupiter:~# _
```

Le script termine l'installation et nous indique qu'il a démarré le serveur MySQL.

Vérifions la présence de processus MySQL en mémoire pour nous assurer définitivement de la bonne installation du serveur.

→) Utilisons pour cela la commande suivante qui affichera tous les processus contenant le mot mysql :

```
shell>ps ax | grep mysql
```

```
 2094 tty1      S       0:00 /usr/sbin/mysqld --basedir=/usr --datadir=/var/lib/my
sql --user=mysql --pid-file=/var/run/mysqld/mysqld.pid --skip-locking --port=330
6 --socket=/var/run/mysqld/mysqld.sock
 2095 tty1      S       0:00 /usr/sbin/mysqld --basedir=/usr --datadir=/var/lib/my
sql --user=mysql --pid-file=/var/run/mysqld/mysqld.pid --skip-locking --port=330
6 --socket=/var/run/mysqld/mysqld.sock
 2096 tty1      S       0:00 /usr/sbin/mysqld --basedir=/usr --datadir=/var/lib/my
sql --user=mysql --pid-file=/var/run/mysqld/mysqld.pid --skip-locking --port=330
6 --socket=/var/run/mysqld/mysqld.sock
 2097 tty1      S       0:00 /usr/sbin/mysqld --basedir=/usr --datadir=/var/lib/my
sql --user=mysql --pid-file=/var/run/mysqld/mysqld.pid --skip-locking --port=330
6 --socket=/var/run/mysqld/mysqld.sock
 2099 tty1      S       0:00 /usr/sbin/mysqld --basedir=/usr --datadir=/var/lib/my
sql --user=mysql --pid-file=/var/run/mysqld/mysqld.pid --skip-locking --port=330
6 --socket=/var/run/mysqld/mysqld.sock
 2100 tty1      S       0:00 /usr/sbin/mysqld --basedir=/usr --datadir=/var/lib/my
sql --user=mysql --pid-file=/var/run/mysqld/mysqld.pid --skip-locking --port=330
6 --socket=/var/run/mysqld/mysqld.sock
 2101 tty1      S       0:00 /usr/sbin/mysqld --basedir=/usr --datadir=/var/lib/my
sql --user=mysql --pid-file=/var/run/mysqld/mysqld.pid --skip-locking --port=330
6 --socket=/var/run/mysqld/mysqld.sock
 2102 tty1      S       0:00 /usr/sbin/mysqld --basedir=/usr --datadir=/var/lib/my
sql --user=mysql --pid-file=/var/run/mysqld/mysqld.pid --skip-locking --port=330
6 --socket=/var/run/mysqld/mysqld.sock
srv-jupiter:/etc/mysql# _
```

c. Installation à partir des sources

Nous allons exécuter un ensemble de commandes en tant qu'utilisateur Linux root. Supposons que les fichiers aient été téléchargés dans le répertoire /tmp.

→) Nous devons tout d'abord ajouter un groupe et un utilisateur nommés **mysql**. Le système utilisera ce compte pour démarrer MySQL.

```
shell>groupadd mysql
shell>useradd -g mysql mysql
```

```
srv-neptune2:/tmp# groupadd mysql
srv-neptune2:/tmp# useradd -g mysql mysql
srv-neptune2:/tmp# _
```

administration et programmation

→) Décompressons l'archive téléchargée dans le dossier `/usr/local` à l'aide des commandes suivantes :

```
shell>cd /usr/local
shell>tar xzf /tmp/mysql-standard-5.0.15-linux-i686-glibc23.tar.gz
```

```
srv-neptune2:/tmp# cd /usr/local/
srv-neptune2:/usr/local# tar xzf /tmp/mysql-standard-5.0.15-linux-i686-glibc23.t
ar.gz
srv-neptune2:/usr/local# ls
bin     include  man                                       sbin    src
games   lib      mysql-standard-5.0.15-linux-i686-glibc23  share
srv-neptune2:/usr/local#
```

> La commande `ls` exécutée à la fin permet de vérifier la présence de l'archive décompressée.

→) Créons un lien symbolique nommé **mysql** vers notre archive décompressée et modifions les permissions de certains dossiers :

```
shell>ln -s mysql-standard-5.0.15-linux-i686-glibc23
shell>chown -R root ./mysql
shell>chown -R mysql ./mysql/data
shell>chown -R mysql ./mysql
shell>chown -R root ./mysql/bin
```

```
srv-neptune2:/usr/local# ln -s mysql-standard-5.0.15-linux-i686-glibc23/ mysql
srv-neptune2:/usr/local# chown -R root ./mysql
srv-neptune2:/usr/local# chown -R mysql ./mysql/data
srv-neptune2:/usr/local# chown -R mysql ./mysql
srv-neptune2:/usr/local# chown -R root ./mysql/bin/
srv-neptune2:/usr/local#
```

→) Exécutons le script d'initialisation de MySQL qui va créer les bases de données **mysql** et **test** :

```
shell>cd /usr/local/mysql
shell>./scripts/mysql_install_db
```

```
srv-neptune2:/usr/local# cd /usr/local/mysql
srv-neptune2:/usr/local/mysql# ./scripts/mysql_install_db
```

→) Les fichiers créés par le script appartiennent à l'utilisateur **root**, nous devons rendre l'utilisateur **mysql** propriétaire de ces fichiers.

```
shell>chown -R mysql ./mysql/data/*
```

```
srv-neptune2:/usr/local/mysql# chown -R mysql /usr/local/mysql/data/
srv-neptune2:/usr/local/mysql# _
```

Nous devons ensuite créer un script permettant de démarrer, arrêter, ou redémarrer le daemon **mysqld**. Les auteurs de MySQL nous facilitent la tâche en proposant un exemple de script.

→) Nous le copions dans le dossier /etc/init.d et lui mettons le droit d'exécution à l'aide des commandes suivantes :

```
shell>cp ./support-files/mysql.server /etc/init.d/mysql
shell>chmod u+x /etc/init.d/mysql
```

```
srv-neptune2:/usr/local/mysql# cp ./support-files/mysql.server /etc/init.d/mysql
srv-neptune2:/usr/local/mysql# chmod u+x /etc/init.d/mysql
srv-neptune2:/usr/local/mysql# _
```

→) Nous pouvons maintenant démarrer le serveur MySQL à l'aide de la commande suivante :

```
shell>/etc/init.d/mysql start
```

```
srv-neptune2:/usr/local/mysql# /etc/init.d/mysql start
Starting MySQL. SUCCESS!
srv-neptune2:/usr/local/mysql# _
```

Pour nous assurer définitivement de la bonne installation du serveur, vérifions la présence de processus MySQL en mémoire.

→) Utilisons la commande suivante qui affiche tous les processus contenant le mot mysql :

```
shell>ps ax | grep mysql
```

administration et programmation

```
l --datadir=/usr/local/mysql/data --user=mysql --pid-file=/usr/local/mysql/data/
srv-neptune2.pid --skip-locking
 4128 tty1     S      0:00 /usr/local/mysql/bin/mysqld --basedir=/usr/local/mysq
l --datadir=/usr/local/mysql/data --user=mysql --pid-file=/usr/local/mysql/data/
srv-neptune2.pid --skip-locking
 4129 tty1     S      0:00 /usr/local/mysql/bin/mysqld --basedir=/usr/local/mysq
l --datadir=/usr/local/mysql/data --user=mysql --pid-file=/usr/local/mysql/data/
srv-neptune2.pid --skip-locking
 4130 tty1     S      0:00 /usr/local/mysql/bin/mysqld --basedir=/usr/local/mysq
l --datadir=/usr/local/mysql/data --user=mysql --pid-file=/usr/local/mysql/data/
srv-neptune2.pid --skip-locking
 4133 tty1     S      0:00 /usr/local/mysql/bin/mysqld --basedir=/usr/local/mysq
l --datadir=/usr/local/mysql/data --user=mysql --pid-file=/usr/local/mysql/data/
srv-neptune2.pid --skip-locking
 4134 tty1     S      0:00 /usr/local/mysql/bin/mysqld --basedir=/usr/local/mysq
l --datadir=/usr/local/mysql/data --user=mysql --pid-file=/usr/local/mysql/data/
srv-neptune2.pid --skip-locking
 4135 tty1     S      0:00 /usr/local/mysql/bin/mysqld --basedir=/usr/local/mysq
l --datadir=/usr/local/mysql/data --user=mysql --pid-file=/usr/local/mysql/data/
srv-neptune2.pid --skip-locking
 4136 tty1     S      0:00 /usr/local/mysql/bin/mysqld --basedir=/usr/local/mysq
l --datadir=/usr/local/mysql/data --user=mysql --pid-file=/usr/local/mysql/data/
srv-neptune2.pid --skip-locking
 4138 tty1     S+     0:00 grep mysql
srv-neptune2:/usr/local/mysql#
```

d. Installation du serveur MySQL en tant que daemon sous Linux

La notion de daemon permet de spécifier qu'une application serveur démarre et s'arrête automatiquement lorsque Linux démarre, s'arrête ou redémarre.

Pour automatiser le démarrage et l'arrêt du daemon avec le système, nous devons comprendre comment Linux gère les daemons.

Linux utilise les scripts du répertoire /etc/init.d pour agir sur les daemons. Pour savoir quels daemons il doit démarrer, il cherche les liens symboliques (vers les scripts) dans le répertoire /etc/rcX.d où X correspond au runlevel (niveau de démarrage) pour un système V tel que RedHat ou Debian ou dans le répertoire etc/rc.local pour un système style BSD.

→) Pour connaître le niveau de démarrage (runlevel), vérifions le fichier **/etc/inittab** et recherchons la ligne contenant initdefault :

```
shell>cat /etc/inittab | grep initdefault
```

```
srv-neptune2:/# cat /etc/inittab | grep initdefault
id:2:initdefault:
srv-neptune2:/#
```

Ici, le runlevel est égal à 2. Nous devons donc placer un lien symbolique vers /etc/init.d/mysql dans le répertoire /etc/rc2.d.

→) Pour cela, utilisons la commande :

```
shell>ln -s /etc/init.d /etc/rc2.d/SXXmysql
```

```
srv-neptune2:~# ln -s /etc/init.d/mysql /etc/rc2.d/S60mysql
srv-neptune2:~# _
```

XX est un nombre qui définit l'ordre de démarrage des différents services du runlevel. Le S signifie le démarrage (Start) du service (il s'agit en fait du script pointé qui sera exécuté avec start comme paramètre, dans notre cas, /etc/init.d/mysql start).

Nous devons aussi paramétrer l'arrêt du serveur. Les runlevels concernés sont 0 (halt) et 6 (reboot). Le nom du lien symbolique est KXXmysql où K signifie l'arrêt (Kill). La commande exécutée par le système est : /etc/init.d/mysql stop.

→) Créons les liens symboliques pour l'arrêt et le redémarrage.

```
shell>ln -s /etc/init.d/mysql /etc/rc0.d/K60mysql
shell>ln -s /etc/init.d/mysql /etc/rc6.d/K60mysql
```

```
srv-neptune2:/# ln -s /etc/init.d/mysql /etc/rc0.d/K60mysql
srv-neptune2:/# ln -s /etc/init.d/mysql /etc/rc6.d/K60mysql
srv-neptune2:/# _
```

3. Sous Windows

a. Installation

Le fichier téléchargé est au format zip. Nous devons le décompresser avec un outil tel que winzip (http://www.winzip.com).

→) Exécutons le programme **setup.exe** en double cliquant sur le nom du fichier et suivons les instructions. La première étape présente la phase de décompression du programme d'installation, puis l'écran suivant apparaît :

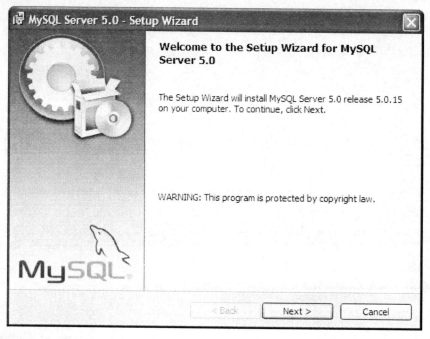

→) Cliquons sur **Next**.

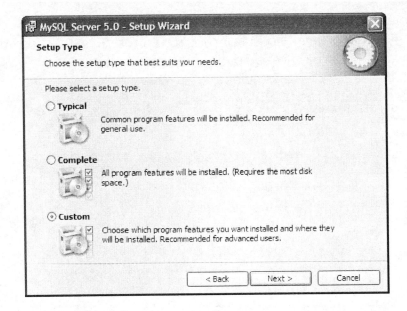

Le programme d'installation propose différents types d'installation.

→) Nous choisissons le type personnalisé (**Custom**) et cliquons sur le bouton **Next**.

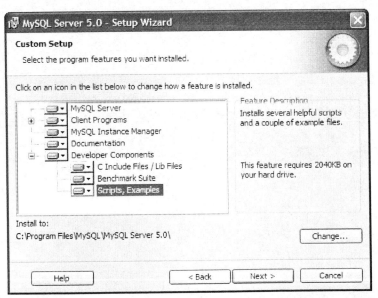

administration et programmation

Nous pouvons maintenant sélectionner les options à installer. Pour les besoins de cet ouvrage, nous sélectionnons tout. Il est vraisemblable que nous n'installerions pas les exemples de développement sur un serveur de production. Cet écran nous indique aussi que MySQL sera installé dans le dossier c:\Program Files\MySQL\MySQL Server 5.0\.

➜ Cliquons sur **Next**.

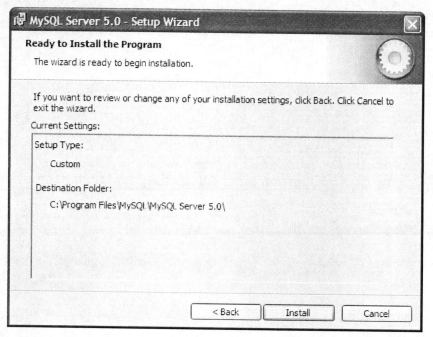

Un récapitulatif des options d'installation choisies nous est présenté.

➜ Cliquons sur **Install**.

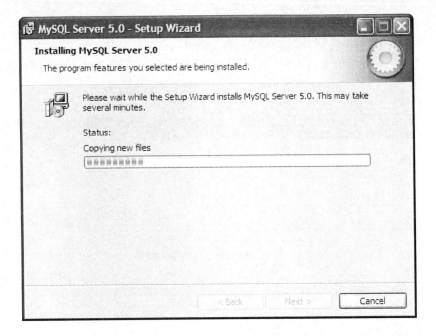

L'installation progresse et nous présente l'écran suivant :

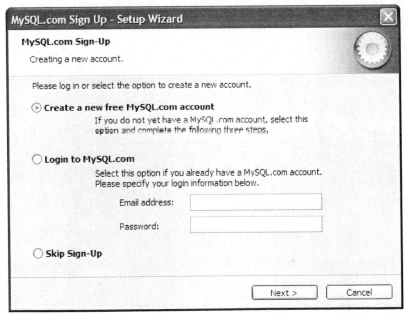

Nous pouvons créer un nouveau compte, utiliser un compte déjà existant ou passer cette étape. Choisissons de créer un compte (**Create a new free MySQL.com account**). Avec un tel compte, il est possible d'accéder et de participer à de nombreuses ressources sur le site de MySQL (**http//:www.mysql.com**) comme par exemple les forums.

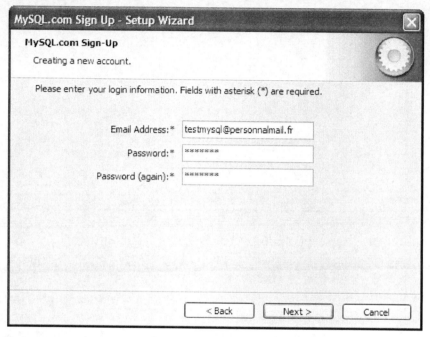

→) Indiquons une adresse e-mail et un mot de passe, puis cliquons sur **Next**.

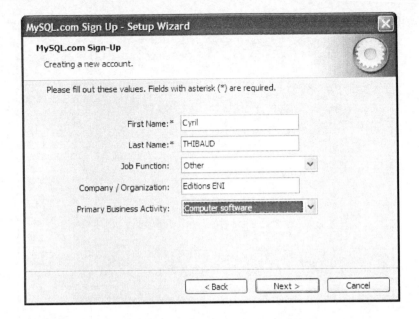

→) Renseignons la fiche d'information et cliquons sur **Next**.

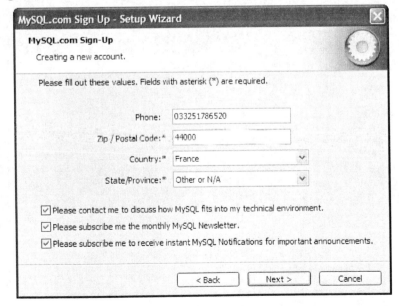

administration et programmation

→ Renseignons la seconde fiche d'information et cliquons sur **Next**.

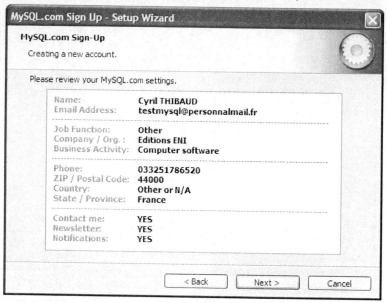

→ Acceptons le récapitulatif en cliquant sur **Next**.

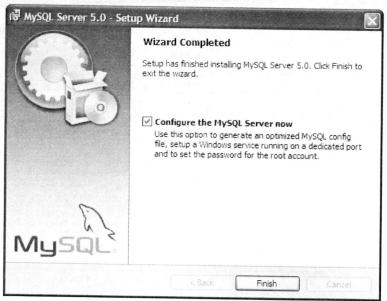

→) L'installation est terminée, le programme nous propose de lancer un outil de configuration, nous laissons la case cochée et cliquons sur **Finish**.

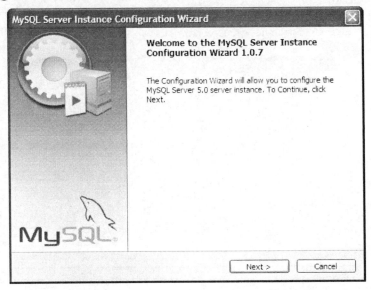

Un assistant est automatiquement exécuté et va nous permettre de configurer et d'optimiser l'installation de notre serveur MySQL.

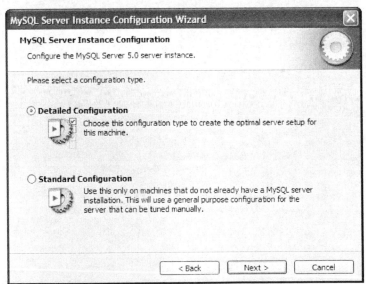

administration et programmation

→) Acceptons la configuration détaillée et cliquons sur **Next**.

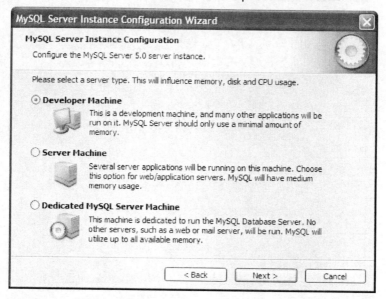

→) Pour les besoins de ce livre, choisissons le type de serveur **Developer Machine** et cliquons sur **Next**.

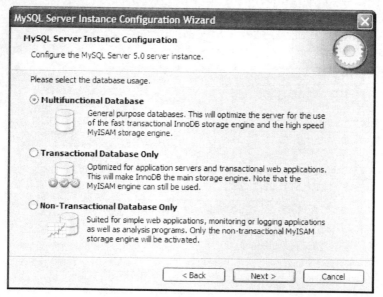

→) Laissons l'option par défaut et cliquons sur **Next** :

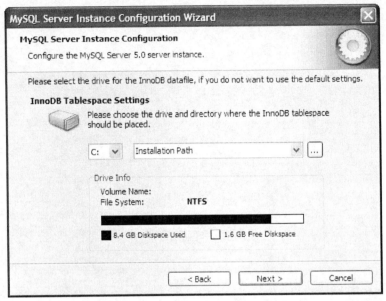

→) Laissons l'option par défaut et cliquons sur **Next**.

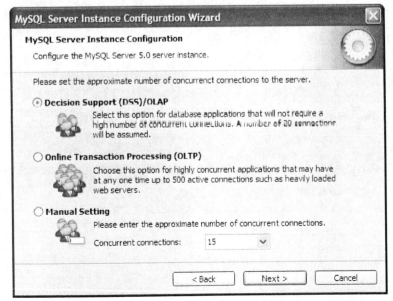

administration et programmation

→) Laissons l'option par défaut et cliquons sur **Next**.

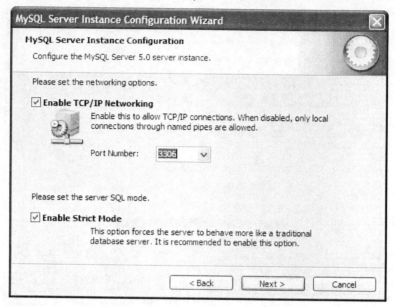

→) Laissons l'option par défaut et cliquons sur **Next**.

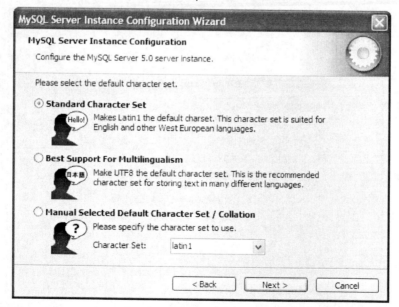

→) Laissons l'option par défaut et cliquons sur **Next**.

→) Laissons l'option par défaut et cliquons sur **Next**.

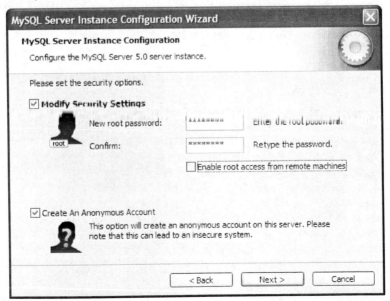

administration et programmation

→) Choisissons un mot de passe pour le compte **root** et confirmons-le, cochons l'option **Create An Anonymous Account** puis cliquons sur **Next**.

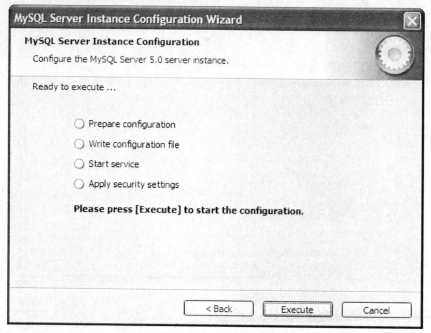

L'assistant est prêt à effectuer la configuration suivant les paramètres que nous avons fournis.

→) Cliquons sur **Execute**.

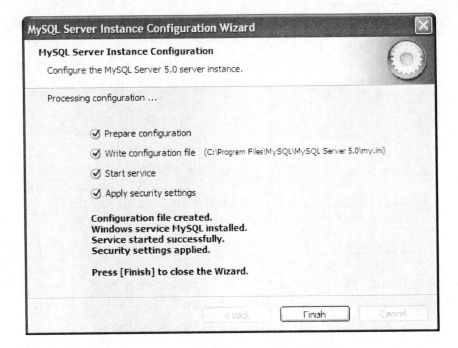

→) L'assistant a terminé la configuration, cliquons sur **Finish**.

b. Les différentes versions du serveur

Sous Windows 2000/XP/2003, MySQL est installé en tant que service, c'est-à-dire qu'il est indépendant de toute session Windows (sans qu'un utilisateur soit connecté) et sera lancé à chaque démarrage de Windows.

Pour vérifier quel programme est exécuté au lancement de Windows, nous pouvons vérifier les propriétés du service MySQL dans la console de gestion des services.

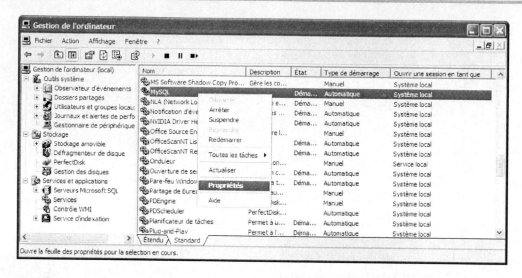

Le programme exécuté est indiqué par la zone **Chemin d'accès des fichiers exécutables** :

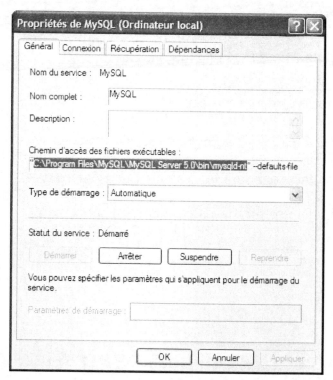

Nous remarquons que c'est le fichier **mysqld-nt.exe** qui est instancié dans notre cas.

Voici la liste des versions disponibles du serveur MySQL :

- **mysqld.exe** est un serveur compilé avec le support des liens symboliques, les tables transactionnelles **InnoDB** et **BDB** les informations de débogage, la vérification de l'allocation mémoire. Il est recommandé pour les phases de développement et de tests mais pas en production car il est plus lent et plus consommateur de mémoire.

- **mysqld-opt.exe** est optimisé pour les tables transactionnelles, par exemple avec le moteur InnoDB.

- **mysqld-nt.exe** est optimisé pour Windows 2000, XP, 2003 avec le support des canaux nommés (*Named Pipes*).

- **mysqld-max.exe** est optimisé pour le support des liens symboliques, des tables **InnoDB** et **BDB**.

- **mysqld-max-nt.exe** est identique à **mysqld-max.exe** mais avec le support des canaux nommés.

Tous les binaires MySQL sont compilés pour être optimisés pour les processeurs Intel récents. Ils fonctionnent cependant avec tout processeur respectant l'architecture i386 ou supérieure.

Si nous voulons remplacer le programme exécuté par notre service MySQL, nous pouvons saisir les commandes suivantes sous l'invite de commandes :

```
shell>net stop mysql
shell>cd "c:\Program Files\MySQL\MySQL Server 5.0\bin"
shell> mysqld-net --remove
shell>mysqld-max-nt --install
shell>net start mysql
```

> Il est possible de désinstaller le service MySQL avec la commande :
> ```
> shell>mysqld-max-nt --remove
> ```

C. Démarrage et arrêt manuels du serveur MySQL

Dans certains cas, nous pouvons vouloir démarrer ou arrêter MySQL sans pour autant redémarrer toute la machine, par exemple pour modifier une option de démarrage du serveur mysqld.

1. Sous Linux

Pour démarrer, arrêter ou redémarrer le daemon mysql manuellement, nous exécutons le script /etc/init.d/mysql avec les options correspondantes.

→) Voici les commandes pour démarrer, arrêter et redémarrer le serveur MySQL :

```
shell>/etc/init.d/mysql start
shell>/etc/init.d/mysql stop
shell>/etc/init.d/mysql restart
```

2. Sous Windows NT 4/2000/XP

Nous utilisons les commandes suivantes pour démarrer et arrêter le service MySQL :

```
shell>net start mysql
shell>net stop mysql
```

Testons la commande de démarrage.

→) Pour cela, cliquons sur l'option **Exécuter** dans le menu **démarrer**. Tapons le mot **cmd** dans la zone **Ouvrir** et cliquons sur **OK**. Une fenêtre (c'est l'invite de commandes ou interpréteur de commandes) apparaît dans laquelle nous tapons la commande de démarrage.

Nous recevons un message nous indiquant que le serveur MySQL est démarré.

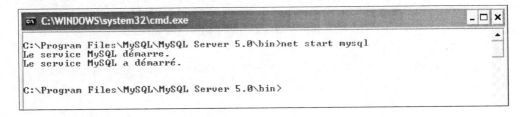

Nous pouvons aussi utiliser l'interface graphique offerte par Microsoft via le gestionnaire de services.

→) Effectuons un clic droit sur la ligne **MySql** et choisissons **Démarrer** ou **Arrêter** :

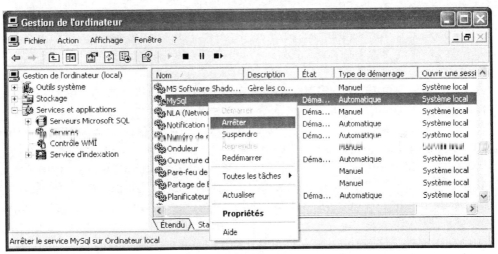

administration et programmation

Sur l'écran précédent, nous voyons que le type de démarrage de MySQL est automatique, c'est-à-dire que MySQL démarre automatiquement en même temps que Windows et s'arrête en même temps. Il est possible de demander un démarrage manuel via les propriétés du service (option **Propriétés** dans le menu sur l'écran précédent).

3. Autre méthode pour arrêter le serveur MySQL

Lors de l'installation, le programme installe l'utilitaire client **mysqladmin**. Cet utilitaire offre l'option **shutdown** permettant d'arrêter un serveur MySQL.

→) Ainsi, sous Linux nous tapons la commande suivante :

```
shell>mysqladmin [-u user] [-p] [-h servername] shutdown
Enter password:*****
```

→) Et sous Windows, les commandes suivantes :

```
shell>cd "c:\program files\mysql\MySQL Server 5.0\bin"
shell>mysqladmin [-u user] [-p] [-h servername] shutdown
```

Les paramètres entre crochets sont optionnels. Le paramètre -u permet de spécifier le nom de l'utilisateur Mysql qui initie la demande. S'il n'est pas spécifié, MySQL utilise le nom de l'utilisateur Linux ou Windows qui initie la commande mysqladmin. Le paramètre -p permet de spécifier un mot de passe pour l'utilisateur. S'il n'est pas spécifié, mysql considère que l'utilisateur n'a pas de mot de passe. Enfin le paramètre -h permet de donner le nom du serveur sur lequel est installé MySQL, nous pouvons spécifier un nom, une adresse IP ou localhost. Cette option est pratique pour arrêter un serveur MySQL depuis une machine distante.

→) Si nous voulons arrêter le serveur MySQL installé en local sous Linux avec l'utilisateur **root** connecté, nous entrons la commande suivante :

```
Shell>mysqladmin -u root -p shutdown
Enter password:*****
```

D.Structure du système de fichiers

1. Sous Linux

a. Installation à partir du format RPM

L'installation de MySQL à partir des packages RPM a créé l'arborescence suivante :

- /usr/sbin contient le daemon du serveur Mysqld ;
- /usr/bin contient les programmes clients tels que le client **mysql**, l'outil d'administration **mysqladmin**, **mysqlaccess** ;
- /var/lib/mysql contient les bases de données, le fichier de socket MySQL, le fichier **pid** du processus serveur ;
- /usr/share/doc et /usr/share/man contiennent la documentation ;
- /usr/share/mysql contient les messages d'erreur dans différentes langues et des fichiers tels que des exemples pour le fichier de configuration **my.cnf** ;
- /usr/lib/mysql contient les librairies pour la programmation ;
- /usr/include/mysql contient les fichiers d'en-tête C et C++ d'extension **.h** ;
- /etc/rc.d/init.d contient le script de gestion du daemon (démarrage, arrêt et redémarrage) ;

- etc/rc.d/rcX.d où x est un nombre contient un lien symbolique vers le script du répertoire /etc/rc.d/init.d permettant le démarrage ou l'arrêt automatique du daemon au démarrage ou à l'arrêt de Linux ;
- **My.cnf** est le fichier de configuration pour les options de démarrage.

b. Installation à partir du format DEB

L'installation de MySQL à partir des packages DEB a créé l'arborescence suivante :

- /usr/sbin contient le daemon du serveur Mysqld ;
- /usr/bin contient les programmes clients tels que le client **mysql**, l'outil d'administration **mysqladmin**, **mysqlaccess** ;
- /var/lib/mysql contient les bases de données et le fichier de socket mysql ;
- /usr/share/doc et /usr/share/man contiennent la documentation ;
- /usr/share/mysql contient les messages d'erreur dans différentes langues et des fichiers tels que des exemples pour le fichier de configuration **my.cnf** ;
- /var/log contient les fichiers de logs et d'erreurs ;
- /var/run/mysqld contient le fichier de socket et le fichier pid du processus serveur ;
- /etc/rc.d/init.d contient le script de gestion du daemon (démarrage, arrêt et redémarrage) ;
- etc/rc.d/rcX.d où x est un nombre contient un lien symbolique vers le script du répertoire /etc/rc.d/init.d permettant le démarrage ou l'arrêt automatique du daemon au démarrage ou à l'arrêt de Linux ;
- My.cnf est le fichier de configuration pour les options de démarrage.

c. Installation à partir des sources

L'installation de MySQL à partir des sources a créé la sous-arborescence suivante dans le répertoire d'installation, communément /usr/local/mysql :

- bin contient les programmes clients tels que le client **mysql**, l'outil d'administration **mysqladmin**, **mysqlaccess** ;
- include/mysql contient les fichiers d'en-tête C et C++ d'extension **.h** ;
- info contient la documentation ;
- lib/mysql contient les fichiers librairies ;
- libexec contient le daemon du serveur mysqld ;
- share/mysql contient les messages d'erreur dans différentes langues ;
- sql-bench contient des scripts pour tester les performances du serveur mysql ;
- Var contient les bases de données et les fichiers de log ;
- /etc/rc.d/init.d contient le script de gestion du daemon (démarrage, arrêt et redémarrage) ;
- etc/rc.d/rcX.d où X est un nombre contient un lien symbolique vers le script du répertoire /etc/rc.d/init.d permettant le démarrage ou l'arrêt automatique du daemon au démarrage ou à l'arrêt de Linux ;
- My.cnf est le fichier de configuration pour les options de démarrage.

Le fichier **My.cnf** est présenté de façon complète dans le chapitre 5 - A.

2. Sous Windows

Le programme d'installation a créé une arborescence à l'intérieur du dossier d'installation. Nous avons installé MySQL dans le dossier c:\Program Files\ mySQL\MySQL Server 5.0. Voici la sous-arborescence :

- bin contient les binaires. C'est ici que se trouvent les différentes versions d'exécutable du serveur MySQL telles que **mysqld.exe** et **mysqld-nt.exe** et le programme client **mysql.exe**.

- data : c'est ici que sont stockées les bases de données. Il est possible de personnaliser la localisation de ce dossier à l'aide du fichier **my.ini**.

- docs contient de la documentation.

- examples met à disposition des exemples de programmation.

- include contient les fichiers include d'extension **.h**.

- Lib contient les librairies MySQL.

- scripts met à disposition des scripts mysql. On trouve par exemple le script perl **mysqlhotcopy** qui permet d'effectuer des sauvegardes.

- share contient les messages d'erreur dans différentes langues.

- sql-bench contient des scripts permettant d'effectuer des tests sur le serveur.

- Dans le dossier d'installation lui-même, nous trouvons des exemples de fichiers my.ini tels que **my-huge** ou **my-large**. Nous pouvons éditer ces fichiers à l'aide du bloc-notes Windows.

- MySQL utilise aussi le fichier **my.ini** qui se trouve soit à la racine c: soit dans le répertoire d'installation de Windows, communément c:\windows ou c:\winnt. Ce fichier est présenté de façon complète dans le chapitre Administration.

Chapitre 3 : Mise en œuvre

A. **La gestion des privilèges** **69**

   1. Introduction 69

   2. Privilèges par défaut et connexion en tant qu'administrateur   69

   3. Principe de fonctionnement du système de privilèges 72

   4. Étape 1 : la connexion 73

      a. Fonctionnement 73

      b. Gestion des privilèges avec les commandes
GRANT/REVOKE 77

      c. Modification du mot de passe d'un utilisateur 80

   5. Étape 2 : vérification des requêtes 82

      a. La table user 83

      b. Les tables db et host 88

      c. Les tables tables_priv et columns_priv 92

   6. Autre méthode de modification des privilèges 95

B. **Création et gestion des bases de données** **96**

   1. Création d'une base de données 97

   2. Suppression d'une base de données 98

   3. Création d'une table 98

   4. Suppression d'une table 101

   5. Renommer une table 102

6. Modification d'une table 103

7. Les différents types de colonnes 105

    a. Les types numériques 105

    b. Les types Date et heure 108

    c. Les types de chaînes 110

C. Création de la base de données facsys et des utilisateurs **112**

    1. Création de la base de données 112

    2. Création des utilisateurs et de leurs privilèges 116

D. Manipulation des données **119**

    1. Insertion de données 119

    2. Modification des données 123

    3. Suppression de données 124

    4. Lecture de données 126

        a. Syntaxe générale 126

        b. Les clauses OUTFILE et DUMPFILE 128

        c. La clause WHERE 129

        d. La clause GROUP BY 132

        e. La clause HAVING 134

        f. La clause ORDER BY 135

        g. La clause LIMIT 136

    5. Chargement des données à partir d'un fichier (LOAD DATA) 137

    6. Les jointures 140

        a. Généralités 140

        b. La jointure croisée (CROSS JOIN) 141

c. La jointure interne (INNER JOIN) 141

d. La jointure externe (OUTER JOIN) 143

7. Les opérateurs mathématiques et les fonctions 144

   a. Les opérateurs mathématiques 145

   b. Les fonctions mathématiques 147

   c. Les fonctions de chaînes 148

   d. Les fonctions de dates 150

   e. Les fonctions de contrôle 154

   f. Les fonctions d'agrégation 155

   g. Les autres fonctions 157

8. Les index 158

   a. Généralités 158

   b. Création d'un index 160

   c. Suppression d'un index 161

   d. Recherche de texte intégrale (FULLTEXT) 162

9. Les verrous 168

   a. Généralités 168

   b. LOCK TABLE 168

   c. UNLOCK TABLES 169

10. Les procédures stockées et les fonctions 170

   a. Introduction 170

   b. Création 172

   c. Modification 177

   d. Suppression 178

   e. Informations sur les routines 179

   f. Les CONDITIONS et les HANDLERS 180

   g. Les curseurs 182

   h. Les structures de contrôle pour les routines 184

11. Les déclencheurs (ou triggers) 189
    a. Création 189
    b. Suppression 195

12. Les vues 195
    a. Création 195
    b. Modification 201
    c. Suppression 202
    d. SHOW CREATE VIEW 202

13. La base de données information_schema 203
    a. Présentation 203
    b. Structure des métadonnées accessibles 206
    c. Exemples d'utilisation 215

A. La gestion des privilèges

1. Introduction

La sécurité de MySQL est basée sur un système de privilèges simple et performant. Chaque utilisateur qui veut se connecter doit s'identifier auprès du serveur MySQL. Cette identification est une combinaison de trois critères : l'hôte (la machine) depuis lequel la connexion est initiée, un nom d'utilisateur et un mot de passe.

À cette identification est associé un ensemble d'attributs qui vont permettre de définir des privilèges sur certaines bases de données, tables, colonnes ou opérations particulières.

Attention, il n'y a aucun lien entre les utilisateurs MySQL et les utilisateurs Linux ou Windows. Les noms d'utilisateurs et les mots de passe sont différents (sauf si vous attribuez la même valeur) et la modification du mot de passe d'un compte MySQL n'entraîne aucune modification du compte Linux ou Windows et inversement.

2. Privilèges par défaut et connexion en tant qu'administrateur

Après avoir installé MySQL, nous disposons de deux utilisateurs pouvant se connecter en local (depuis le serveur lui-même).

L'un se nomme **root**, c'est le super-utilisateur, il dispose de tous les privilèges sur le serveur et sur toutes les bases de données. Cet utilisateur n'a pas de mot de passe.

L'autre est l'utilisateur anonyme, c'est-à-dire tout utilisateur non connu du système, il a accès à la base de données **test** et à toutes les bases de données commençant par **test**.

L'une des premières opérations à effectuer est d'affecter un mot de passe à l'utilisateur **root**. Nous verrons cette notion dans la section A - 4 - c - Modification d'un mot de passe d'un utilisateur.

Utilisons le client MySQL pour nous connecter au serveur. Ceci requiert un certain nombre de paramètres : l'hôte (le nom du serveur), le nom de l'utilisateur et le mot de passe. Tous ces arguments sont optionnels :

```
shell>mysql -h hostname -u username -pmypassword
```

ou

```
shell>mysql -host=hostname -user=username -password=mypassword
```

Évitons de taper le mot de passe dans la ligne de commande. Laissons plutôt le mot de passe vide.

Nous préférerons donc plutôt la syntaxe suivante :

```
shell>mysql -h hostname -u username -p
Enter password:******
```

Lorsque nous validons la commande, MySQL demande le mot de passe.

Si nous tapons directement le mot de passe dans la ligne de commande, la simple commande `ps auxww` (qui liste les processus en cours sous Linux) permet de révéler le mot de passe.

Si nous ne spécifions pas les paramètres optionnels, MySQL considère que :
`--host = -h` = localhost (la machine depuis laquelle la commande est exécutée)
`--user = -u` = nom de login de l'utilisateur Linux ou Windows
`--password = -p` = pas de mot de passe

→) Donc, si nous sommes connecté en tant qu'utilisateur **root** sans mot de passe sur un système Linux, les commandes suivantes sont équivalentes (attention, car un utilisateur devrait toujours avoir un mot de passe et particulièrement l'utilisateur **root** qui est l'administrateur du système) :

```
mysql -h localhost -u root -p
mysql -u root -p
mysql -u root
mysql
```

```
cthibaud@srv-jupiter:~$ mysql -u root -p
Enter password:
Welcome to the MySQL monitor.  Commands end with ; or \g.
Your MySQL connection id is 11 to server version: 5.0.15-Debian_1-log

Type 'help;' or '\h' for help. Type '\c' to clear the buffer.

mysql> _
```

Le client MySQL, appelé aussi moniteur, permet de converser avec le serveur en lui envoyant des requêtes (aussi appelées commandes ou instructions). Chacune de ces requêtes doit se terminer par le symbole point-virgule (;) pour être interprétée, sauf pour quelques commandes telles que use et exit pour lesquelles le symbole de terminaison est optionnel. Il est possible d'enchaîner un bloc de requêtes en ne spécifiant qu'un point virgule à la fin du bloc. Les requêtes permettent de travailler sur les données (sélection, insertion, suppression...) et sur les privilèges (création d'utilisateurs, gestion des privilèges...). Elles permettent aussi d'effectuer des opérations de maintenance du système telles que les sauvegardes.

Après la connexion, le prompt (symbole de début de ligne : mysql>) change et attend nos requêtes.

→) La première requête que nous tapons permet de se déconnecter du serveur. Une fois exécutée, le prompt redevient celui du système.

```
mysql>exit
```

```
cthibaud@srv-jupiter:~$ mysql -u root -p
Enter password:
Welcome to the MySQL monitor.  Commands end with ; or \g.
Your MySQL connection id is 11 to server version: 5.0.15-Debian_1-log

Type 'help;' or '\h' for help. Type '\c' to clear the buffer.

mysql> exit
Bye
cthibaud@srv-jupiter:~$ _
```

3. Principe de fonctionnement du système de privilèges

MySQL conserve les privilèges dans la base de données nommée **mysql** présente dès l'installation du serveur. MySQL permet d'octroyer des privilèges aux utilisateurs mais ne permet pas d'en refuser. Il utilise les tables **user**, **db**, **host**, **tables_priv** et **columns_priv** pour gérer les privilèges des utilisateurs. Vérifions la présence de cette base de données et de ces tables. Par défaut, aucune base de données n'est sélectionnée, la première opération à effectuer est donc d'en sélectionner une.

→) Nous utilisons la requête suivante pour sélectionner la base de données **mysql** :

```
mysql>use mysql;
```

```
mysql> use mysql
Reading table information for completion of table and column names
You can turn off this feature to get a quicker startup with -A

Database changed
mysql>
```

→) et la requête suivante pour lister les tables :

```
mysql>show tables;
```

```
mysql> show tables;
+--------------------------+
| Tables_in_mysql          |
+--------------------------+
| columns_priv             |
| db                       |
| func                     |
| help_category            |
| help_keyword             |
| help_relation            |
| help_topic               |
| host                     |
| proc                     |
| procs_priv               |
| tables_priv              |
| time_zone                |
| time_zone_leap_second    |
| time_zone_name           |
| time_zone_transition     |
| time_zone_transition_type|
| user                     |
+--------------------------+
17 rows in set (0.01 sec)

mysql> _
```

MySQL contrôle l'accès en deux temps :

- Il vérifie l'identité de l'utilisateur à sa connexion (via l'hôte de connexion, le nom de l'utilisateur et le mot de passe).

- Il vérifie chacune des requêtes envoyées pour s'assurer que l'utilisateur a les privilèges nécessaires.

4. Étape 1 : la connexion

a. Fonctionnement

MySQL utilise la table **user** pour vérifier qu'un utilisateur est autorisé à se connecter.

➜) Visualisons la structure de cette table avec la requête suivante :

```
mysql>describe user;
```

```
mysql> describe user;
+-----------------------+-----------------------------------+------+-----+---------+-------+
| Field                 | Type                              | Null | Key | Default | Extra |
+-----------------------+-----------------------------------+------+-----+---------+-------+
| Host                  | char(60)                          | NO   | PRI |         |       |
| User                  | char(16)                          | NO   | PRI |         |       |
| Password              | varchar(41)                       | NO   |     |         |       |
| Select_priv           | enum('N','Y')                     | NO   |     | N       |       |
| Insert_priv           | enum('N','Y')                     | NO   |     | N       |       |
| Update_priv           | enum('N','Y')                     | NO   |     | N       |       |
| Delete_priv           | enum('N','Y')                     | NO   |     | N       |       |
| Create_priv           | enum('N','Y')                     | NO   |     | N       |       |
| Drop_priv             | enum('N','Y')                     | NO   |     | N       |       |
| Reload_priv           | enum('N','Y')                     | NO   |     | N       |       |
| Shutdown_priv         | enum('N','Y')                     | NO   |     | N       |       |
| Process_priv          | enum('N','Y')                     | NO   |     | N       |       |
| File_priv             | enum('N','Y')                     | NO   |     | N       |       |
| Grant_priv            | enum('N','Y')                     | NO   |     | N       |       |
| References_priv       | enum('N','Y')                     | NO   |     | N       |       |
| Index_priv            | enum('N','Y')                     | NO   |     | N       |       |
| Alter_priv            | enum('N','Y')                     | NO   |     | N       |       |
| Show_db_priv          | enum('N','Y')                     | NO   |     | N       |       |
| Super_priv            | enum('N','Y')                     | NO   |     | N       |       |
| Create_tmp_table_priv | enum('N','Y')                     | NO   |     | N       |       |
| Lock_tables_priv      | enum('N','Y')                     | NO   |     | N       |       |
| Execute_priv          | enum('N','Y')                     | NO   |     | N       |       |
| Repl_slave_priv       | enum('N','Y')                     | NO   |     | N       |       |
| Repl_client_priv      | enum('N','Y')                     | NO   |     | N       |       |
| Create_view_priv      | enum('N','Y')                     | NO   |     | N       |       |
| Show_view_priv        | enum('N','Y')                     | NO   |     | N       |       |
| Create_routine_priv   | enum('N','Y')                     | NO   |     | N       |       |
| Alter_routine_priv    | enum('N','Y')                     | NO   |     | N       |       |
| Create_user_priv      | enum('N','Y')                     | NO   |     | N       |       |
| ssl_type              | enum('','ANY','X509','SPECIFIED') | NO   |     |         |       |
| ssl_cipher            | blob                              | NO   |     |         |       |
| x509_issuer           | blob                              | NO   |     |         |       |
| x509_subject          | blob                              | NO   |     |         |       |
| max_questions         | int(11) unsigned                  | NO   |     | 0       |       |
| max_updates           | int(11) unsigned                  | NO   |     | 0       |       |
| max_connections       | int(11) unsigned                  | NO   |     | 0       |       |
| max_user_connections  | int(11) unsigned                  | NO   |     | 0       |       |
+-----------------------+-----------------------------------+------+-----+---------+-------+
37 rows in set (0.02 sec)

mysql>
mysql>
mysql>
mysql>
```

Nous remarquons que le nom (**User**) est limité à 16 caractères, le mot de passe (**Password**) est limité à 41 caractères et le nom d'hôte (**Host**) à 60 caractères.

MySQL utilise les champs **Host**, **User** et **Password** pour valider la connexion. Il trie les utilisateurs du plus restrictif au moins restrictif et utilise la première ligne répondant aux critères de la connexion pour autoriser l'accès au serveur. Si aucune ligne n'est trouvée, la connexion est refusée.

Voici un exemple de table **user** (seuls les champs **Host**, **User** et **Password** sont listés) :

```
+------------------------+-------+------------------+------+
| Host                   | User  | Password         |      |
+------------------------+-------+------------------+------+
| localhost              | root  | 67457e226a1a15bd |      |
| %.mondomaine.com       | cyril | 234dbc89784ac0c2 |      |
| localhost              |       |                  |      |
| %                      |       |                  |      |
| localhost              | elisa | 6e0fc0343542c296 |      |
| pc1.mondomaine.com     | maya  | 64ce55d67f971ba9 |      |
| pc2.mondomaine.com     |       |                  |      |
+------------------------+-------+------------------+------+
```

Le symbole % dans la colonne **Host** signifie tous les hôtes, c'est le cas le plus général. Pour la colonne **User**, le champ laissé blanc signifie tous les utilisateurs, c'est le cas le plus général. Si le champ **Password** est vide, l'utilisateur n'a pas de mot de passe.

MySQL trie la table de la façon suivante pour valider les accès :

```
+------------------------+-------+------------------+---+
| Host                   | User  | Password         |   |
+------------------------+-------+------------------+---+
| localhost              | elisa | 6e0fc0343542c296 |   |
| localhost              | root  | 67457e226a1a15bd |   |
| localhost              |       |                  |   |
| pc1.mondomaine.com     | maya  | 64ce55d67f971ba9 |   |
| pc2.mondomaine.com     |       |                  |   |
| %.mondomaine.com       | cyril | 234dbc89784ac0c2 |   |
| %                      |       |                  |   |
+------------------------+-------+------------------+---+
```

Analysons la connexion du paragraphe précédent (supposons que le domaine du serveur MySQL est **mondomaine.com**) :

```
shell>mysql -u root -p
```

Le serveur MySQL commence par rechercher le nom d'hôte, comme nous nous connectons en local, `localhost` est utilisé. Cinq lignes répondent à ce critère : les lignes contenant `localhost`, `%.mondomaine.com` et `%` dans le champ **Host**. Le serveur recherche ensuite le nom de l'utilisateur (`root`), la première ligne correspondant au double critère est la deuxième ligne de l'écran précédent. Enfin, il compare les mots de passe.

Supposons la connexion au serveur srv-jupiter depuis le poste orion.mondo-maine.com :

```
shell>mysql -h srv-jupiter -u cyril -p
```

Le serveur détecte que nous nous connectons depuis orion.mondomaine. com, il recherche donc les lignes contenant %.mondomaine.com et % dans le champ **Host**. Il recherche ensuite le nom d'utilisateur (cyril). La première ligne correspondant au double critère est la sixième ligne de la table **user**. Si le mot de passe spécifié correspond au mot de passe stocké dans le champ **Password**, alors la connexion est acceptée.

Supposons la connexion au serveur srv-jupiter depuis le poste orion.mondo-maine.com :

```
shell>mysql -h srv-jupiter -u paul -p
```

Le serveur détecte que nous nous connectons depuis orion.mondo-maine.com, il recherche donc les lignes contenant %.mondomaine.com et % dans le champ **Host**. Il recherche ensuite le nom d'utilisateur (paul). La première ligne correspondant au double critère est la dernière ligne de la table **user**. Le champ **User** de cette ligne étant vide, la connexion est en effet autorisée pour tous les utilisateurs. Enfin, il compare les mots de passe. Nous remarquons que le champ **Password** de cette ligne est vide, cet utilisateur n'a pas de mot de passe.

Cet utilisateur un peu particulier est l'utilisateur anonyme : il peut se connecter depuis n'importe où et sous n'importe quel nom.

Si nous avions spécifié un mot de passe dans l'exemple précédent, la connexion aurait été refusée :

```
shell>mysql -h srv-jupiter -u paul -p
Enter password:*****
```

```
cthibaud@srv-jupiter:~$ mysql -h srv-jupiter -u paul -p
Enter password:
ERROR 1045 (28000): Access denied for user 'paul'@'localhost' (using password: YES)
cthibaud@srv-jupiter:~$ ▐
```

Attention à l'utilisation des symboles génériques, c'est une source d'erreur fréquente. Une petite erreur de syntaxe et la connexion s'effectue via un utilisateur générique au lieu d'un utilisateur spécifique.

Le champ **host** peut accepter un nom d'hôte tel que orion, un nom complet tel que orion.mondomaine.com, une adresse IP telle que 10.1.0.234, le mot spécial localhost ou le caractère générique %.

b. Gestion des privilèges avec les commandes GRANT/REVOKE

Les commandes GRANT et REVOKE permettent d'agir sur les privilèges des utilisateurs stockés dans la base de données **mysql**. La commande GRANT permet de créer des utilisateurs et de leur octroyer des privilèges. La commande REVOKE permet de révoquer (supprimer) des privilèges.

La commande REVOKE ne permet pas de supprimer un utilisateur mais juste de lui retirer tous ses privilèges. Pour supprimer un utilisateur, nous devons utiliser l'instruction SQL DELETE.

Nous allons pour l'instant nous limiter à la création et à la suppression d'utilisateurs. Nous verrons plus loin comment gérer les privilèges.

La commande GRANT

La syntaxe générale de la commande GRANT est la suivante :

```
GRANT privileges [columns]
ON item
TO username [IDENTIFIED BY 'password']
[WITH GRANT OPTION]
```

Les clauses entre crochets sont optionnelles.

Le mot-clé `privileges` est une liste de privilèges séparés par des virgules. Pour l'instant nous emploierons le mot-clé `usage`, il permet de créer un utilisateur sans lui attribuer de privilèges. Le mot-clé optionnel `columns` permet de spécifier que les privilèges s'appliquent à une ou à plusieurs colonnes séparées par des virgules.

Le mot-clé `item` désigne la base de données ou la table à laquelle la commande doit s'appliquer. Les caractères `*.*` représentent tous les items du serveur. Le caractère `*` représente tous les items de la base de données en cours si la commande `use` a été utilisée, tous les items du serveur sinon. Par exemple, `mabase.*` représente tous les items de la base de données **mabase**.

Le mot-clé `username` représente le nom d'utilisateur et le paramètre optionnel `password`, son mot de passe.

La clause optionnelle `WITH GRANT OPTION` accorde le droit à l'utilisateur de donner ses propres privilèges à d'autres utilisateurs.

→) Créons l'utilisateur **elisa** dont nous avons vu le nom sur un écran précédent. Son mot de passe est `pass123`. Elisa peut se connecter depuis `localhost`.

```
mysql>GRANT usage ON *.* TO elisa@localhost IDENTIFIED BY
'pass123';
```

Ou (car nous n'avons pas utilisé de commande `use`) :

```
mysql>GRANT usage ON * TO elisa@localhost IDENTIFIED BY
'pass123';
```

```
mysql> GRANT usage ON * TO elisa@localhost IDENTIFIED BY 'pass123';
Query OK, 0 rows affected (0.00 sec)

mysql>
```

→) Créons l'utilisateur **cyril** dont nous avons également vu le nom sur un écran précédent. Son mot de passe est **go123**. Il peut se connecter depuis toutes les machines de **mondomaine.com**. Remarquons les doubles quottes utilisées pour que MySQL accepte le symbole %.

```
mysql>GRANT usage ON *.* TO cyril@"%.mondomaine.com"
IDENTIFIED BY 'go123';
```

```
mysql> GRANT usage ON *.* TO cyril@"%.mondomaine.com" IDENTIFIED BY 'go123';
Query OK, 0 rows affected (0.00 sec)

mysql>
```

La commande REVOKE

La syntaxe générale de la commande REVOKE est la suivante :

```
REVOKE privileges [columns]
ON item
FROM username
```

Les clauses entre crochets sont optionnelles.

Le mot-clé `privileges` est une liste de privilèges séparés par des virgules. Pour l'instant, nous emploierons le mot-clé `all`. Le mot-clé optionnel `columns` permet de spécifier que les privilèges s'appliquent à une ou à plusieurs colonnes séparées par des virgules.

Le mot-clé `item` désigne la base de données ou la table à laquelle la commande doit s'appliquer. Les caractères *.* représentent tous les items du serveur. Le caractère * représente tous les items de la base de données en cours si la commande `use` a été utilisée, tous les items du serveur sinon. Par exemple, `mabase.*` représente tous les items de la base de données **mabase**.

Le mot-clé `username` représente le nom d'utilisateur.

Pour supprimer la clause WITH GRANT OPTION, nous utilisons la commande suivante :

```
REVOKE GRANT OPTION
ON item
FROM username
```

-) La commande suivante permet de supprimer tous les privilèges de l'utilisateur **elisa** qui se connecte en local.

```
mysql>REVOKE all ON *.* FROM elisa@localhost;
```

```
mysql> REVOKE all ON *.* FROM elisa@localhost;
Query OK, 0 rows affected (0.00 sec)

mysql>
```

Dans notre cas, l'utilisateur elisa@locahost n'avait aucun privilège avant la commande puisque nous lui avions attribué le privilège usage qui permet de se connecter au serveur MySQL uniquement.

c. Modification du mot de passe d'un utilisateur

Chaque utilisateur (sauf l'utilisateur anonyme) peut modifier son mot de passe et s'il en a le privilège, il peut modifier les mots de passe des autres utilisateurs.

MySQL stocke les mots de passe sous forme cryptée afin qu'ils ne soient pas lisibles. Il n'est pas possible de décrypter les mots de passe. Pour vérifier la connexion d'un utilisateur, MySQL crypte le mot de passe fourni et vérifie que le cryptage obtenu correspond à celui stocké dans la base de données **mysql**.

→) Utilisons la commande suivante sous le moniteur MySQL. Remarquons l'utilisation de la fonction PASSWORD() pour encrypter le mot de passe :

```
mysql>SET PASSWORD FOR elisa@localhost=PASSWORD('newpassword');
```

```
mysql> SET PASSWORD FOR elisa@localhost=PASSWORD('newpassword');
Query OK, 0 rows affected (0.00 sec)

mysql>
```

→) Nous pouvons aussi utiliser la commande GRANT. Avec cette commande, il n'est pas nécessaire de crypter le mot de passe, le serveur le fait implicitement :

```
mysql>GRANT usage ON *.* TO elisa@localhost IDENTIFIED BY
'newpassword';
```

```
mysql> GRANT usage ON *.* TO elisa@localhost IDENTIFIED BY 'newpassword';
Query OK, 0 rows affected (0.00 sec)

mysql>
```

→) Alternativement, nous pouvons utiliser le programme **mysqladmin** sous l'invite de commande du système d'exploitation :

```
shell>mysqladmin -u elisa -p password newpassword
```

```
cthibaud@srv-jupiter:~$ mysqladmin -u elisa -p password newpassword
Enter password:
cthibaud@srv-jupiter:~$ 
```

→) Nous pouvons aussi modifier directement le mot de passe à l'aide de la commande SQL standard UPDATE. Nous devons, dans ce cas, utiliser la fonction PASSWORD().

```
mysql>use mysql
```

```
mysql>update user set password=PASSWORD('newpassword')
where user='elisa' and host='localhost';
```

```
mysql>FLUSH PRIVILEGES;
```

```
mysql> use mysql
Database changed
mysql> update user set password=PASSWORD('newpassword') where user='elisa' and h
ost='localhost';
Query OK, 0 rows affected (0.00 sec)
Rows matched: 1  Changed: 0  Warnings: 0

mysql> FLUSH PRIVILEGES;
Query OK, 0 rows affected (0.01 sec)

mysql>
```

La commande FLUSH PRIVILEGES permet d'informer le serveur MySQL que les privilèges ont été modifiés manuellement à l'aide d'instructions SQL telles que INSERT, DELETE et UPDATE.

-) Après l'installation, l'utilisateur **root** n'a pas de mot de passe. Il est donc très important de lui affecter un mot de mot de passe dès maintenant. Saisissons la commande suivante :

```
mysql>SET PASSWORD FOR root=PASSWORD('secret');
```

5. Étape 2 : vérification des requêtes

Le serveur vérifie chaque requête envoyée afin de s'assurer que l'utilisateur (via sa connexion) a les privilèges nécessaires à son exécution.

Ces privilèges sont vérifiés à partir des tables **user**, **db**, **host**, **tables_priv**, **columns_priv**.

MySQL vérifie d'abord si l'utilisateur a les privilèges pour exécuter sa requête au niveau de la table **user**, puis si les privilèges ne sont pas suffisants, il consulte les tables **db** et **host** conjointement. Si les privilèges ne suffisent pas, MySQL consulte la table **tables_priv** puis en dernier recours la table **columns_priv**. Si aucun privilège n'est trouvé, la requête est refusée pour l'utilisateur. On peut transcrire ainsi le calcul fait sur une requête :

```
Accès = privilèges globaux OU (privilèges db ET host) OU
privilèges de table OU privilèges de colonnes
```

a. La table user

Elle permet de stocker les privilèges globaux de l'utilisateur, c'est-à-dire des privilèges s'appliquant à toutes les bases de données et au serveur lui-même.

Nous devons faire très attention aux privilèges accordés à ce niveau car ils s'appliquent aussi à la base de données **mysql**, celle qui gère les privilèges. Imaginons un simple utilisateur avec le privilège de mise à jour au niveau global : il peut modifier le mot de passe de l'utilisateur **root** et s'approprier le serveur.

Généralement nous n'attribuons aucun des privilèges globaux aux utilisateurs. Seuls certains administrateurs ont ces privilèges.

-) Regardons la liste de ces privilèges :

```
mysql>use mysql
mysql>describe user;
```

```
mysql> describe user;
+-------------------------+-----------------------------------+------+-----+---------+-------+
| Field                   | Type                              | Null | Key | Default | Extra |
+-------------------------+-----------------------------------+------+-----+---------+-------+
| Host                    | char(60)                          | NO   | PRI |         |       |
| User                    | char(16)                          | NO   | PRI |         |       |
| Password                | varchar(41)                       | NO   |     |         |       |
| Select_priv             | enum('N','Y')                     | NO   |     | N       |       |
| Insert_priv             | enum('N','Y')                     | NO   |     | N       |       |
| Update_priv             | enum('N','Y')                     | NO   |     | N       |       |
| Delete_priv             | enum('N','Y')                     | NO   |     | N       |       |
| Create_priv             | enum('N','Y')                     | NO   |     | N       |       |
| Drop_priv               | enum('N','Y')                     | NO   |     | N       |       |
| Reload_priv             | enum('N','Y')                     | NO   |     | N       |       |
| Shutdown_priv           | enum('N','Y')                     | NO   |     | N       |       |
| Process_priv            | enum('N','Y')                     | NO   |     | N       |       |
| File_priv               | enum('N','Y')                     | NO   |     | N       |       |
| Grant_priv              | enum('N','Y')                     | NO   |     | N       |       |
| References_priv         | enum('N','Y')                     | NO   |     | N       |       |
| Index_priv              | enum('N','Y')                     | NO   |     | N       |       |
| Alter_priv              | enum('N','Y')                     | NO   |     | N       |       |
| Show_db_priv            | enum('N','Y')                     | NO   |     | N       |       |
| Super_priv              | enum('N','Y')                     | NO   |     | N       |       |
| Create_tmp_table_priv   | enum('N','Y')                     | NO   |     | N       |       |
| Lock_tables_priv        | enum('N','Y')                     | NO   |     | N       |       |
| Execute_priv            | enum('N','Y')                     | NO   |     | N       |       |
| Repl_slave_priv         | enum('N','Y')                     | NO   |     | N       |       |
| Repl_client_priv        | enum('N','Y')                     | NO   |     | N       |       |
| Create_view_priv        | enum('N','Y')                     | NO   |     | N       |       |
| Show_view_priv          | enum('N','Y')                     | NO   |     | N       |       |
| Create_routine_priv     | enum('N','Y')                     | NO   |     | N       |       |
| Alter_routine_priv      | enum('N','Y')                     | NO   |     | N       |       |
| Create_user_priv        | enum('N','Y')                     | NO   |     | N       |       |
| ssl_type                | enum('','ANY','X509','SPECIFIED') | NO   |     |         |       |
| ssl_cipher              | blob                              | NO   |     |         |       |
| x509_issuer             | blob                              | NO   |     |         |       |
| x509_subject            | blob                              | NO   |     |         |       |
| max_questions           | int(11) unsigned                  | NO   |     | 0       |       |
| max_updates             | int(11) unsigned                  | NO   |     | 0       |       |
| max_connections         | int(11) unsigned                  | NO   |     | 0       |       |
| max_user_connections    | int(11) unsigned                  | NO   |     | 0       |       |
+-------------------------+-----------------------------------+------+-----+---------+-------+
37 rows in set (0.01 sec)

mysql>
```

Tous les champs concernés sont de type enum ('N','Y'), ils acceptent donc deux valeurs : N (No ou Non) pour révoquer (refuser) le privilège et Y (Yes ou Oui) pour l'accorder. La valeur par défaut est N, le refus de privilège.

| Select_priv | Privilège de sélectionner (lire) des données. |
| Insert_priv | Privilège d'insérer (ajouter) des données. |

`Update_priv`	Privilège de mettre à jour (modifier) des données.
`Delete_priv`	Privilège de supprimer des données.
`Create_priv`	Privilège de créer des nouvelles bases de données et des tables.
`Drop_priv`	Privilège de supprimer des bases de données et des tables.
`Reload_priv`	Privilège d'utiliser la commande FLUSH.
`Shutdown_priv`	Privilège d'arrêter le serveur MySQL avec la commande `mysql shutdown`.
`Process_priv`	Privilège de lister les processus en cours (les connexions d'utilisateurs) avec les commandes SHOW PROCESSLIST ou `mysql-admin processlist`.
`File_priv`	Privilège de charger des données dans une table depuis un fichier et d'exporter des données d'une table vers un fichier.
`Grant_priv`	Permet à l'utilisateur de donner ses propres droits à un autre utilisateur à l'aide de la commande GRANT.
`References_priv`	Ce privilège n'est pas utilisé pour l'instant. Il est présent pour prévoir la compatibilité pour une future version.
`Index_priv`	Privilège de créer et supprimer des index sur les tables.

`Alter_priv`	Privilège de modifier la structure des tables existantes.
`Show_db_priv`	Privilège de lister les bases de données disponibles.
`Super_priv`	Permet l'utilisation des instructions KILL (pour tuer un processus) et SET GLOBAL (pour modifier les options générales).
`Create_tmp_table_priv`	Privilège de créer des tables temporaires.
`Lock_tables_priv`	Privilège de poser des verrous.
`Execute_priv`	Ce privilège permet l'exécution de procédures stockées et de vues.
`Repl_slave_priv`	Lié à la réplication.
`Repl_client_priv`	Lié à la réplication.
`Create_view_priv`	Privilège de créer des vues.
`Show_view_priv`	Privilège de voir les vues.
`Create_routine_priv`	Privilège de créer des procédures stockées.
`Alter_routine_priv`	Privilège de modifier des procédures stockées.
`Create_user_priv`	Privilège de créer des utilisateurs (CREATE USER).

❯ Dans un système nouvellement installé, l'utilisateur **root** dispose de tous ces privilèges, c'est pour cela qu'on l'appelle administrateur du serveur MySQL. C'est pour cela aussi qu'il est très important de lui affecter un mot de passe.

Utilisons la commande GRANT pour ajouter des privilèges à un utilisateur et REVOKE pour lui en retirer. Rappelons la syntaxe générale de ces deux commandes :

```
GRANT privileges [columns]
ON item
TO username [IDENTIFIED BY 'password']
[WITH GRANT OPTION]
```

et

```
REVOKE privileges [columns]
ON item
FROM username
```

L'argument privileges peut prendre les valeurs suivantes : all, all privileges (synonyme de all), alter, create, create temporary tables, delete, drop, execute, file, index, insert, lock tables, process, references, reload, select, show databases, shutdown, super, update, usage, create user, create view, show view, create routine, alter routine.

→) Pour donner les privilèges de sélection, insertion et mise à jour sur toutes les bases de données à l'utilisateur **elisa** se connectant en local, nous tapons la commande :

```
mysql>GRANT select, insert, update ON *.* TO elisa@localhost;
```

→) Et pour lui retirer les privilèges d'insertion et de mise à jour :

```
mysql>REVOKE insert, update ON *.* FROM elisa@localhost;
```

administration et programmation

-) Retirons-lui le privilège de sélection. Nous pouvons soit retirer uniquement ce privilège car c'est le seul restant ou bien demander au serveur de retirer tous les privilèges de l'utilisateur :

```
mysql>REVOKE select ON *.* FROM elisa@localhost;
```

Ou

```
mysql>REVOKE all ON *.* FROM elisa@localhost;
```

-) Accordons à ce même utilisateur le privilège de donner ses propres privilèges aux autres utilisateurs :

```
mysql>GRANT usage ON *.* TO elisa@localhost WITH GRANT
OPTION;
```

-) Utilisons la commande suivante pour révoquer le privilège :

```
mysql>REVOKE GRANT OPTION ON *.* TO elisa@localhost;
```

b. Les tables db et host

La plupart des privilèges des utilisateurs classiques sont stockés dans les tables **db** et **host**.

La table **db** détermine quels utilisateurs peuvent se connecter depuis quels hôtes sur quelles bases de données. Nous pouvons spécifier des privilèges liés à chacun de ces triples critères.

La table **host** est un complément de la table **db**. Elle permet de spécifier qu'un utilisateur peut se connecter depuis plusieurs hôtes en ayant des droits communs au niveau de la table **db**. Cette table évite les doublons au niveau de la table **db** juste pour autoriser un utilisateur à se connecter depuis différents hôtes. Il suffit de laisser le champ **Host** vide pour que MySQL lise la table **host** pour compléter ses informations.

Dans ces deux tables, le caractère générique % est utilisé pour exprimer 'tous' ou 'tout le monde'.

→) Examinons la structure de la table **db** :

```
mysql>describe db;
```

```
mysql> describe db;
+----------------------+---------------+------+-----+---------+-------+
| Field                | Type          | Null | Key | Default | Extra |
+----------------------+---------------+------+-----+---------+-------+
| Host                 | char(60)      | NO   | PRI |         |       |
| Db                   | char(64)      | NO   | PRI |         |       |
| User                 | char(16)      | NO   | PRI |         |       |
| Select_priv          | enum('N','Y') | NO   |     | N       |       |
| Insert_priv          | enum('N','Y') | NO   |     | N       |       |
| Update_priv          | enum('N','Y') | NO   |     | N       |       |
| Delete_priv          | enum('N','Y') | NO   |     | N       |       |
| Create_priv          | enum('N','Y') | NO   |     | N       |       |
| Drop_priv            | enum('N','Y') | NO   |     | N       |       |
| Grant_priv           | enum('N','Y') | NO   |     | N       |       |
| References_priv      | enum('N','Y') | NO   |     | N       |       |
| Index_priv           | enum('N','Y') | NO   | MU  | N       |       |
| Alter_priv           | enum('N','Y') | NO   |     | N       |       |
| Create_tmp_table_priv| enum('N','Y') | NO   |     | N       |       |
| Lock_tables_priv     | enum('N','Y') | NO   |     | N       |       |
| Create_view_priv     | enum('N','Y') | NO   |     | N       |       |
| Show_view_priv       | enum('N','Y') | NO   |     | N       |       |
| Create_routine_priv  | enum('N','Y') | NO   |     | N       |       |
| Alter_routine_priv   | enum('N','Y') | NO   |     | N       |       |
| Execute_priv         | enum('N','Y') | NO   |     | N       |       |
+----------------------+---------------+------+-----+---------+-------+
20 rows in set (0.02 sec)

mysql>
```

Nous retrouvons logiquement la majorité des privilèges de la table **user**. Seuls les privilèges liés au serveur ne sont pas présents ici : `Reload_priv`, `Shutdown_priv`, `Process_priv`, `File_priv`, `Show_db_priv`, `Super_priv`...

→) Étudions la structure de la table **host** :

```
mysql>describe host;
```

```
mysql> describe host;
+----------------------+---------------+------+-----+---------+-------+
| Field                | Type          | Null | Key | Default | Extra |
+----------------------+---------------+------+-----+---------+-------+
| Host                 | char(60)      | NO   | PRI |         |       |
| Db                   | char(64)      | NO   | PRI |         |       |
| Select_priv          | enum('N','Y') | NO   |     | N       |       |
| Insert_priv          | enum('N','Y') | NO   |     | N       |       |
| Update_priv          | enum('N','Y') | NO   |     | N       |       |
| Delete_priv          | enum('N','Y') | NO   |     | N       |       |
| Create_priv          | enum('N','Y') | NO   |     | N       |       |
| Drop_priv            | enum('N','Y') | NO   |     | N       |       |
| Grant_priv           | enum('N','Y') | NO   |     | N       |       |
| References_priv      | enum('N','Y') | NO   |     | N       |       |
| Index_priv           | enum('N','Y') | NO   |     | N       |       |
| Alter_priv           | enum('N','Y') | NO   |     | N       |       |
| Create_tmp_table_priv| enum('N','Y') | NO   |     | N       |       |
| Lock_tables_priv     | enum('N','Y') | NO   |     | N       |       |
| Create_view_priv     | enum('N','Y') | NO   |     | N       |       |
| Show_view_priv       | enum('N','Y') | NO   |     | N       |       |
| Create_routine_priv  | enum('N','Y') | NO   |     | N       |       |
| Alter_routine_priv   | enum('N','Y') | NO   |     | N       |       |
| Execute_priv         | enum('N','Y') | NO   |     | N       |       |
+----------------------+---------------+------+-----+---------+-------+
19 rows in set (0.02 sec)

mysql>
```

Nous retrouvons les mêmes privilèges que la table **db**. Nous pourrons donc accorder des privilèges communs à tous les hôtes au niveau de la table **db** et accorder certains privilèges à certains hôtes au niveau de la table **host**.

Reprenons le cas de l'utilisateur **elisa**. Cet utilisateur peut se connecter en local mais n'a aucun droit sur le serveur. Tous ses privilèges sont révoqués (à 'N').

```
mysql> select * from user where user='elisa' and host='localhost';
+-----------+-------+------------------+-------------+-------------+-------------+-------------+-------------+-----------+------
| Host      | User  | Password         | Select_priv | Insert_priv | Update_priv | Delete_priv | Create_priv | Drop_priv | Reloa
d_priv | Shutdown_priv | Process_priv | File_priv | Grant_priv | References_priv | Index_priv | Alter_priv | Show_db_priv | Supe
r_priv | Create_tmp_table_priv | Lock_tables_priv | Execute_priv | Repl_slave_priv | Repl_client_priv | Create_view_priv | Show_
view_priv | Create_routine_priv | Alter_routine_priv | Create_user_priv | ssl_type | ssl_cipher | x509_issuer | x509_subject | m
ax_questions | max_updates | max_connections | max_user_connections |
+-----------+-------+------------------+-------------+-------------+-------------+-------------+-------------+-----------+------
| localhost | elisa | 3a9eb1070a0130ca | N           | N           | N           | N           | N           | N         | N
  | N       | N        | N         | N          | N               | N          | N          | N            | N
  | N       | N               | N          | N            | N               | N                | N                | N
  | N       | N                 | N                  |                  |          |            |             |              |
       0 |           0 |               0 |                    0 |
+-----------+-------+------------------+-------------+-------------+-------------+-------------+-------------+-----------+------
1 row in set (0.00 sec)

mysql>
```

Les tables **db** et **host** sont vides, aucun privilège n'est accordé à **elisa** (aucun privilège n'est accordé à personne, sauf si les utilisateurs ont des privilèges au niveau de la table **user**, comme l'utilisateur **root** par exemple). Nous utilisons la commande SELECT pour sélectionner les lignes d'une table :

```
mysql>use mysql
mysql>select * from db;
mysql>select * from host;
```

```
mysql> use mysql
Database changed
mysql> select * from db;
Empty set (0.01 sec)

mysql> select * from host;
Empty set (0.00 sec)

mysql>
```

Nous verrons la commande SELECT plus en détail dans la section D - 4 - Lecture de données de ce chapitre.

Cet utilisateur peut se connecter à MySQL, mais ne peut rien faire d'autre.

→) S'il essaie d'utiliser la base de données **facsys**, il reçoit un message d'erreur :

```
shell>mysql  u elisa -p
Enter password : *****
mysql>use facsys
```

```
cthibaud@srv-jupiter:~$ mysql -u elisa -p
Enter password:
Welcome to the MySQL monitor.  Commands end with ; or \g.
Your MySQL connection id is 30 to server version: 5.0.15-Debian_1-log

Type 'help;' or '\h' for help. Type '\c' to clear the buffer.

mysql> use facsys
ERROR 1044 (42000): Access denied for user 'elisa'@'localhost' to database 'facsys'
mysql>
```

→) Accordons à **elisa**, qui se connecte en local, le privilège de lire toutes les tables de la base de données **facsys**.

```
mysql>GRANT select ON facsys.* TO elisa@localhost;
```

```
mysql> grant select on facsys.* to elisa@localhost;
Query OK, 0 rows affected (0.00 sec)

mysql>
```

→) Elisa peut maintenant se connecter et utiliser la base de données **facsys** :

```
shell>mysql -u elisa -p
Enter password : *****
mysql>use facsys
```

```
cthibaud@srv-jupiter:~$ mysql -u elisa -p
Enter password:
Welcome to the MySQL monitor.  Commands end with ; or \g.
Your MySQL connection id is 31 to server version: 5.0.15-Debian_1-log

Type 'help;' or '\h' for help. Type '\c' to clear the buffer.

mysql> use facsys
Database changed
mysql>
```

→) Révoquons le privilège de lire toutes les tables de la base de données **facsys** pour **elisa** qui se connecte en local :

```
mysql>REVOKE select ON facsys.* FROM elisa@localhost;
```

```
mysql> revoke select on facsys.* from elisa@localhost;
Query OK, 0 rows affected (0.00 sec)
```

c. Les tables tables_priv et columns_priv

Ces deux tables ont un fonctionnement similaire et permettent de stocker des privilèges liés aux tables et aux colonnes.

La table **tables_priv** détermine si un utilisateur peut agir sur une table si aucun droit plus général ne lui est accordé au niveau des tables **user**, **db** et **host**.

La table **columns_priv** détermine si un utilisateur peut agir sur une colonne d'une table si aucun droit plus général ne lui est accordé au niveau des tables **user**, **db**, **host** et **tables_priv**.

Dans ces deux tables, le caractère générique % est utilisé pour exprimer 'tous' ou 'tout le monde'.

→) Étudions la structure de la table **tables_priv** :

```
mysql>describe tables_priv;
```

```
mysql> describe tables_priv;
+------------+-------------------------------------------+------+-----+-------------------+-------+
| Field      | Type                                      | Null | Key | Default           | Extra |
+------------+-------------------------------------------+------+-----+-------------------+-------+
| Host       | char(60)                                  | NO   | PRI |                   |       |
| Db         | char(64)                                  | NO   | PRI |                   |       |
| User       | char(16)                                  | NO   | PRI |                   |       |
| Table_name | char(64)                                  | NO   | PRI |                   |       |
| Grantor    | char(77)                                  | NO   | MUL |                   |       |
| Timestamp  | timestamp                                 | YES  |     | CURRENT_TIMESTAMP |       |
| Table_priv | set('Select','Insert','Update','Delete','Create','Drop','Grant','References','Index','Alter','Create View','Show View') | NO |     |  |  |
| Column_priv | set('Select','Insert','Update','References') | NO |  |  |  |
+------------+-------------------------------------------+------+-----+-------------------+-------+
8 rows in set (0.01 sec)

mysql>
```

→) Puis la structure de la table **columns_priv** :

```
mysql>describe columns_priv;
```

```
mysql> describe columns_priv;
+-------------+-------------------------------------------+------+-----+-------------------+-------+
| Field       | Type                                      | Null | Key | Default           | Extra |
+-------------+-------------------------------------------+------+-----+-------------------+-------+
| Host        | char(60)                                  | NO   | PRI |                   |       |
| Db          | char(64)                                  | NO   | PRI |                   |       |
| User        | char(16)                                  | NO   | PRI |                   |       |
| Table_name  | char(64)                                  | NO   | PRI |                   |       |
| Column_name | char(64)                                  | NO   | PRI |                   |       |
| Timestamp   | timestamp                                 | YES  |     | CURRENT_TIMESTAMP |       |
| Column_priv | set('Select','Insert','Update','References') | NO |     |                   |       |
+-------------+-------------------------------------------+------+-----+-------------------+-------+
7 rows in set (0.01 sec)

mysql>
```

→) Accordons à **elisa**, qui se connecte en local, le privilège de lire la table **clients** de la base de données **facsys**.

```
mysql>GRANT select ON facsys.clients TO elisa@localhost;
```

```
mysql> grant select on facsys.clients to elisa@localhost;
Query OK, 0 rows affected (0.00 sec)

mysql>
```

→) Révoquons ce privilège :

```
mysql>REVOKE select ON facsys.clients FROM elisa@localhost;
```

```
mysql> revoke select on facsys.clients from elisa@localhost;
Query OK, 0 rows affected (0.00 sec)

mysql>
```

→) Accordons à **elisa**, qui se connecte en local, le privilège de lire les colonnes **prenom** et **nom** de la table **clients** de la base de données **facsys**.

```
mysql>GRANT select(prenom,nom) ON facsys.clients
TO elisa@localhost;
```

```
mysql> GRANT select(prenom,nom) ON facsys.clients TO elisa@localhost;
Query OK, 0 rows affected (0.01 sec)

mysql>
```

→) Révoquons ce privilège :

```
mysql>REVOKE select(prenom,nom) ON facsys.clients FROM
elisa@localhost;
```

```
mysql> REVOKE select(prenom,nom) ON facsys.clients FROM elisa@localhost;
Query OK, 0 rows affected (0.00 sec)

mysql>
```

Remarquons qu'il suffit de préciser le nom des colonnes entre parenthèses juste après le privilège à accorder. On peut lire les deux requêtes ainsi :

- Attribuer à **elisa** qui se connecte en local le privilège de lire les colonnes **prenom** et **nom** de la table **clients** de la base de données **facsys**.

- Révoquer le privilège d'**elisa** qui se connecte en local de lire les colonnes **prenom** et **nom** de la table **clients** de la base de données **facsys**.

6. Autre méthode de modification des privilèges

Nous avons vu les commandes GRANT et REVOKE qui permettent de gérer les privilèges.

Nous savons que MySQL mémorise les privilèges dans la base de données nommée **mysql**. Nous pouvons modifier directement cette base de données avec les commandes SQL standard INSERT, UPDATE, DELETE (nous verrons ces commandes dans la section D - Manipulation des données de ce chapitre).

MySQL lit les tables de privilèges au démarrage du serveur. Lorsque nous utilisons les commandes GRANT et REVOKE, MySQL est automatiquement informé des modifications de privilèges. Si nous utilisons les commandes SQL standard, nous devons demander à MySQL de recharger les tables de privilèges.

→) Nous utilisons la commande suivante sous le moniteur MySQL :

```
mysql>FLUSH PRIVILEGES;
```

D'autres méthodes s'offrent à nous. Nous pouvons taper la commande suivante au niveau du système d'exploitation :

```
shell>mysqladmin -u root -p reload
shell>Enter password : ****
```

Ou

```
shell>mysqladmin -u root -p flush-privileges
shell>Enter password : ****
```

Après l'appel d'une des trois fonctions précédentes, les privilèges globaux (table **user**) et la modification d'un mot de passe sont pris en compte lors de la prochaine connexion d'un utilisateur. Les privilèges de base de données (tables **db** et **host**) seront pris en compte lors de la prochaine utilisation de la base de données (commande use). Les privilèges de tables et de colonnes sont pris en compte dès la prochaine requête.

De manière générale, il est préférable d'utiliser les commandes GRANT et REVOKE.

B. Création et gestion des bases de données

MySQL peut gérer un très grand nombre de bases de données, tout dépend des performances du serveur. Généralement, on ne crée qu'une seule base de données par application.

Nous allons maintenant nous intéresser aux commandes de création et de suppression de bases de données et de tables. Nous verrons aussi les différents types de colonnes gérés par MySQL.

1. Création d'une base de données

La commande CREATE DATABASE permet de créer une base de données, en voici la syntaxe générale :

```
CREATE DATABASE dbname
```

où dbname correspond au nom de la base de données à créer.

Si l'utilisateur a les privilèges nécessaires (create dans la table **user** donc au niveau global) et que tout se passe bien, il reçoit un message comme celui-ci :

```
mysql>create database dbname;
Query OK, 1 row affected (0,04 sec)
```

→) Créons la base de données **facsys**. Pour cela, entrons la commande suivante sous le moniteur MySQL :

```
mysql>create database facsys;
```

```
mysql> create database facsys;
Query OK, 1 row affected (0.08 sec)

mysql> _
```

2. Suppression d'une base de données

La commande DROP DATABASE permet de supprimer une base de données, en voici la syntaxe générale :

```
DROP DATABASE dbname
```

où dbname correspond au nom de la base de données à supprimer. L'utilisateur doit avoir le privilège de suppression (drop) au niveau global (table **user**) ou au niveau de la base de données (table **db**).

→) Saisissons les commandes suivantes pour supprimer la base de données **facsys** :

```
shell>mysql -u root -p
Enter password:*****
mysql>drop database facsys;
```

```
mysql> drop database facsys;
Query OK, 0 rows affected (0.00 sec)

mysql> _
```

Pour poursuivre les manipulations, nous devons disposer de la base de données **facsys**, nous devons donc la recréer :

```
mysql>create database facsys;
```

3. Création d'une table

La commande CREATE TABLE permet de créer une table, en voici la syntaxe générale :

```
CREATE TABLE tablename(columns)
```

où `tablename` correspond au nom de la table que nous souhaitons créer, et `columns` à la liste des colonnes, séparées par des virgules. L'utilisateur doit avoir les privilèges de création (`create`).

La même commande plus détaillée est :

```
CREATE TABLE tablename(
column1 type(lenght) [NOT NULL] [AUTO_INCREMENT] [PRIMARY KEY],
column2 type...
column3 type...,
...
)
```

où

`column1, column2...` correspondent aux noms des différentes colonnes de la table.

`type` correspond au type de la colonne. Il en existe un nombre important que nous détaillerons dans la section B - 7 - Les différents types de colonnes de ce chapitre.

`lenght` indique la longueur ou le format de la colonne (nous détaillerons ce paramètre dans la section B - 7 - Les différents types de colonnes de ce chapitre).

`NOT NULL` signifie que toutes les lignes de la table doivent contenir une valeur pour cette colonne. Le champ ne peut pas être vide (`NULL`).

AUTO_INCREMENT est une option particulière qui peut être utilisée sur une colonne de type entier. Elle spécifie que, si nous ne précisons pas de valeur pour cette colonne lors de l'insertion d'une nouvelle ligne, MySQL génèrera automatiquement une valeur unique. Cette valeur correspond à la valeur maximale existant dans la colonne, incrémentée de 1. Les colonnes qui utilisent cette option doivent être indexées. Cette option ne peut être utilisée qu'une seule fois par table. Elle est très pratique lorsque nous devons créer une table pour laquelle nous n'avons pas de moyen de différencier de manière unique chacune des lignes. Dans ce cas, nous créons une colonne de type entier AUTO_INCREMENT.

PRIMARY KEY spécifie que la colonne sert de clé primaire pour la table, c'est-à-dire que cette colonne sera prioritairement utilisée pour toutes les opérations sur les lignes. Les valeurs d'une telle colonne doivent être uniques. MySQL indexe automatiquement ce type de colonne. Typiquement, nous mettons l'option PRIMARY KEY sur la colonne de type entier AUTO_INCREMENT vu précédemment.

Une autre syntaxe existe pour l'option PRIMARY KEY, elle permet de déclarer une clé primaire constituée de plusieurs colonnes. Par exemple, la clé primaire de la table **user** de la base de données **mysql** est constituée des colonnes **Host** et **User**.

Ce sont ces deux colonnes qui permettent d'identifier de manière unique toute ligne de cette table :

```
CREATE TABLE tablename(
column1 type(lenght) [NOT NULL] [AUTO_INCREMENT],
column2 type ...,
column3 type...,
...,
PRIMARY KEY (column1, column3, ...)
)
```

→) Pour créer la table **clients** de la base de données **facsys**, tapons les instructions suivantes sous le moniteur MySQL :

```
mysql>use facsys;
mysql>create table clients (
      idclient CHAR(5) NOT NULL,
      nom CHAR(30),
      prenom CHAR(30),
      adresse VARCHAR(50),
      codepostal INT(5),
      ville VARCHAR(30),
      telephone INT(10),
      PRIMARY KEY(idclient)
);
```

```
mysql> use facsys
Database changed
mysql> create table clients (idclient CHAR(5) NOT NULL, nom CHAR(30), prenom CHA
R(5), adresse VARCHAR (50), codepostal INT(5), ville VARCHAR (30), telephone INT
(10), PRIMARY KEY (idclient));
Query OK, 0 rows affected (0.00 sec)

mysql>
```

4. Suppression d'une table

La commande DROP TABLE permet de supprimer une table, en voici la syntaxe générale :

```
DROP TABLE tablename
```

où tablename correspond au nom de la table à supprimer. L'utilisateur doit avoir le privilège de suppression (drop).

→) Entrons la commande suivante pour supprimer la table **clients** :

```
mysql>use facsys;
mysql>drop table clients;
```

```
mysql> use facsys
Reading table information for completion of table and column names
You can turn off this feature to get a quicker startup with -A

Database changed
mysql> drop table clients;
Query OK, 0 rows affected (0.00 sec)

mysql>
```

Pour poursuivre les manipulations, nous devons disposer de la table clients, il est donc nécessaire de la recréer en utilisant la commande vue dans la section B - 3 - Création d'une table.

5. Renommer une table

La commande RENAME TABLE permet de renommer une table, en voici la syntaxe générale :

```
RENAME TABLE tablename1 TO newtablename1 [,tablename2 TO
newtablename2,... ]
```

C'est une opération atomique, c'est-à-dire que durant l'opération aucun autre thread (et donc aucune autre requête) ne peut accéder aux tables utilisées dans la commande.

→) Renommons la table **clients** en **nouveaux clients** :

```
mysql>RENAME TABLE clients TO nouveauclients;
```

6. Modification d'une table

La commande `ALTER TABLE` permet de modifier la structure d'une table existante. Nous pouvons, par exemple, ajouter, supprimer ou renommer une colonne. Nous pouvons aussi changer les commentaires ou le nom d'une table.

Voici la syntaxe générale :

```
ALTER [IGNORE] TABLE tablename alterspec [,alterspec ...]
```

où `alterspec` vaut l'une des options suivantes :

```
ADD [COLUMN] createfefinition [FIRST | AFTER columnname]
ADD [COLUMN] (createfefinition, createfefinition, ...)
ADD INDEX [indexname] (indexcolname, )
ADD PRIMARY KEY (indexcolname,...)
ADD UNIQUE [indexname] (indexcolname,...)
ADD FULLTEXT [indexname] (indexcolname, ...)
ADD [CONSTRAINT symbol] FOREIGN KEY indexname (indexcolname, ...)
[referencedefinition]
ALTER COLUMN colname {SET DEFAULT literal | DROP DEFAULT}
CHANGE [COLUMN] oldcolname newcolname [FIRST | AFTER colname]
MODIFY [COLUMN] createdefinition [FIRST | AFTER columnname]
DROP [COLUMN] colname
DROP PRIMARY KEY
DROP INDEX indexname
RENAME [TO] newtablename
ORDER BY col
Tableoptions
```

Dans certains cas, MySQL n'effectue pas les modifications demandées. Par exemple avec la commande ALTER TABLE... MODIFY COLUMN... les colonnes de type VARCHAR d'une longueur inférieure à quatre caractères sont automatiquement converties en CHAR. Nous pouvons vérifier si MySQL a modifié une option spécifiée en utilisant la commande DESCRIBE table-name vue précédemment.

ALTER TABLE effectue une copie temporaire de la table à modifier. Les modifications sont effectuées sur la copie, la table originelle est ensuite détruite puis la copie est renommée. Lorsque la commande s'exécute, la table originelle n'est accessible qu'en lecture pour les autres requêtes. Les insertions et les modifications d'enregistrements sont mises en attente tant que la commande ALTER TABLE s'exécute. Toutefois, dans les cas où l'option RENAME est utilisée, MySQL n'a pas besoin de créer de table temporaire.

Pour utiliser cette commande, l'utilisateur doit bénéficier des privilèges Insert, Update et Delete sur la table à modifier.

Le paramètre [IGNORE] contrôle le fonctionnement de la commande ALTER TABLE si une création d'index est tentée sur une colonne contenant des valeurs non uniques. Si [IGNORE] n'est pas spécifié, la commande est annulée. Si l'option est spécifiée, pour les enregistrements qui ont un index identique, seul le premier est gardé, les autres sont supprimés.

Le paramètre [COLUMN] est un paramètre mort, c'est-à-dire qu'il n'est pas nécessaire. Comme le paramètre [TO].

Si nous essayons de supprimer une colonne d'une table qui ne comporte qu'une seule colonne, la commande échoue. Nous devons dans ce cas utiliser la commande DROP table.

ORDER BY permet de créer une nouvelle table avec des enregistrements triés dans l'ordre demandé. Après des insertions, modifications et suppressions, l'ordre n'est plus respecté.

Pour l'instant, les paramètres [FOREIGN KEY], [CHECK] et [REFE-RENCES] n'ont aucun effet. Ces options sont présentes pour la compatibilité avec des scripts SQL provenant d'un autre SGBDR. Elles seront implémentées dans une future version.

→) Si nous voulons renommer la table **clients** de la base de données **facsys**, nous employons la requête suivante :

```
mysql>ALTER TABLE clients RENAME nouveauclients;
```

→) Pour ajouter la colonne **datecree** de type TIMESTAMP après la colonne **idclient**, employons la commande suivante :

```
mysql>ALTER TABLE clients ADD datecree TIMESTAMP AFTER idclient;
```

→) Pour modifier le type de la colonne **nom**, employons la commande suivante :

```
mysql>ALTER TABLE clients MODIFY nom VARCHAR(50) NOT NULL;
```

→) Et pour supprimer la colonne **datecree**, nous tapons :

```
mysql>ALTER TABLE clients DROP datecree;
```

7. Les différents types de colonnes

a. Les types numériques

Les types numériques permettent de stocker des nombres entiers ou à virgules flottantes. Le format global d'un tel type est :

```
type[(M[,D])] [UNSIGNED] [ZEROFILL]
```

La valeur optionnelle M permet de spécifier le nombre maximal de chiffres. M est compris entre 1 et 64. Attention à d'éventuelles incompatibilités avec les versions antérieures de MySQL car auparavant ce nombre était compris entre 1 et 254. C'est l'avènement du nouveau moteur mathématique qui introduit ces modifications.

Pour obtenir plus d'informations sur le moteur mathématique, reportez-vous dans ce même chapitre à la section D - 7 - Les opérateurs mathématiques et les fonctions.

La valeur D permet de spécifier la précision, c'est-à-dire le nombre de chiffres après la virgule pour les numériques à virgules flottantes. D est compris entre 1 et 30, mais ne peut en aucun cas être supérieur à M.

Nous pouvons spécifier l'attribut UNSIGNED pour les types entiers, pour accepter des nombres positifs uniquement.

Pour tous les types numériques, nous pouvons spécifier l'attribut ZERO-FILL. Cette option justifie les nombres à gauche avec des 0. Par exemple, dans une colonne de type INT(6), la valeur 50 sera affichée 000050.

Types de données entiers

Type	Intervalle	Taille (en octets)	Description
TINYINT[(M)]	-127 à 128	1	Entiers très courts
TINYINT[(M)] UNSIGNED	0 à 255	1	Entiers très courts
SMALLINT[(M)]	-32 768 à 32 767	2	Entiers courts
SMALLINT[(M)] UNSIGNED	0 à 65 535	2	Entiers courts
MEDIUMINT[(M)]	-8 388 608 à 8 388 607	3	Entiers de taille moyenne
MEDIUMINT[(M)] UNSIGNED	0 à 16 777 215	3	Entiers de taille moyenne

Type	Intervalle	Taille (en octets)	Description
INT[(M)]	-2^{31} à $2^{31}-1$	4	Entiers
INT[(M)] UNSIGNED	0 à $2^{32}-1$	4	Entiers
INTEGER[(M)]			Synonyme de INT
BIGINT[(M)]	-2^{63} à $2^{63}-1$	8	Entiers larges
BIGINT[(M)] UNSIGNED	0 à $2^{64}-1$	8	Entiers larges

Types de données à virgule flottante

Type	Intervalle	Taille (en octets)	Description
FLOAT (precision)	Dépend de la précision	varie	precision peut être <=24 pour un nombre en simple précision et >24 et <=53 pour un nombre en double précision.
FLOAT[(M,D)]	+ ou -1.175494351E-38 à + ou - 3.402823466E+38	4	Simple précision. Équivalent à FLOAT(4), en spécifiant une largeur d'affichage et un nombre de chiffres après la virgule.
DOUBLE [(M,D)]	+ ou -1.7976931348623157E+308 à + ou -2.2250738585072014E-308	8	Double précision. Équivalent à FLOAT(8), en spécifiant une largeur d'affichage et un nombre de chiffres après la virgule.

Type	Intervalle	Taille (en octets)	Description
DOUBLE PRECISION [(M,D)]			Synonyme de DOUBLE[(M.D)]
REAL[(M,D)]			Synonyme de DOUBLE[(M.D)]
DECIMAL [(M[,D])]	varie	M+2	Nombre à virgule flottante.
NUMERIC			Synonyme de DECIMAL

b. Les types Date et heure

MySQL dispose de nombreux types pour stocker les dates et les heures. Avec tous ces types, il est possible de stocker les données sous forme de chaîne de caractères ou de numériques.

Le format TIMESTAMP est particulier. Lors de l'insertion d'une ligne dans une table contenant un champ TIMESTAMP, si nous ne précisons pas de valeur pour ce champ, il prend automatiquement valeur de la date et de l'heure courantes. Cette particularité est très intéressante pour conserver une trace des transactions.

Si une table est composée de plusieurs colonnes TIMESTAMP, seule la première colonne est mise à jour automatiquement. Nous pouvons affecter la date et l'heure courante dans les autres colonnes à l'aide de la fonction NOW(). Ce type de colonne est utilisé dans les tables **tables_priv** et **columns_priv** de la base de données **mysql**.

Type de données date et heure

Type	Intervalle	Description
DATE	1000-01-01à 9999-12-31	Une date, affichée au format YYYY - MM- DD.
TIME	-838:59:59 à 838:59:59	Une heure, affichée au format HH : MM : SS. Remarquons que cet intervalle est beaucoup plus grand que ce que l'on utilise ordinairement.
DATETIME	1000-01-01 00:00:00 à 9999-12-31 23:59:59	Une date et une heure, affichées au format YYYY- MM- DD HH : MM : SS.
TIMESTAMP[(M)]	1970-01-01 00:00:00	Une date complète, utile pour identifier les transactions. Le format d'affichage dépend de la valeur de M. Voir tableau suivant.
YEAR[(2)]	70 à 69 (1970 à 2069)	Une année, au format 2 ou 4 chiffres. Un intervalle différent correspond à chacun de ces formats.
YEAR[(4)]	1901 à 2155	

Type de données TIMESTAMP

Type	Affichage
TIMESTAMP	YYYYMMDDHHMMSS
TIMESTAMP(14)	YYYYMMDDHHMMSS
TIMESTAMP(12)	YYMMDDHHMMSS
TIMESTAMP(10)	YYMMDDHHMM
TIMESTAMP(8)	YYYYMMDD

Type	Affichage
TIMESTAMP(6)	YYMMDD
TIMESTAMP(4)	YYMM
TIMESTAMP(2)	YY

c. Les types de chaînes

Il existe trois catégories de chaînes.

Types de données de chaîne classique

Tout d'abord les chaînes classiques de type CHAR (longueur fixe) ou VARCHAR (longueur variable). Les données de type CHAR sont complétées avec des espaces lorsqu'elles sont de longueur inférieure à la taille de la colonne. La taille d'une colonne de type VARCHAR est adaptée à la longueur de la chaîne à stocker. L'avantage du type VARCHAR est le gain d'espace disque alors que le type CHAR favorisera les performances. Dans les deux cas, la longueur maximale d'une telle chaîne est de 255 caractères.

Si une table contient au moins une colonne de type VARCHAR, alors toutes les colonnes de type CHAR de plus de quatre caractères sont automatiquement convertis en VARCHAR de même longueur.

Type	Longueur	Description
[NATIONAL] CHAR(M) [BINARY]	1 à 255	Chaîne de longueur fixe où M varie entre 1 et 255. Le mot-clé optionnel NATIONAL spécifie que le jeu de caractères par défaut doit être utilisé, c'est le comportement par défaut.
[NATIONAL] VARCHAR(M) [BINARY]	1 à 255	Identique à CHAR sauf que la chaîne est de longueur variable.

Types de données de chaîne TEXT et BLOB

Les types TEXT et BLOB permettent de stocker des données de taille importante.

Ces données peuvent être de type texte ou binaire. Les BLOB, objets binaires de taille importante *(Binary Large OBjects)* permettent de stocker toute information binaire comme une image ou un son. Le type TEXT respecte la casse des données. Du fait du volume de données stocké par ces types de données, nous devons faire très attention à leur utilisation.

Type	Longueur maximale (en caractères)	Description
TINYBLOB	255 (soit 2^8-1)	Objet binaire court
TINYTEXT	255 (soit 2^8-1)	Texte court
BLOB	65 535 (soit 2^{16} 1)	Objet binaire de taille normale
TEXT	65 535 (soit 2^{16}-1)	Texte de taille normale
MEDIUMBLOB	16 777 215 (soit 2^{24}-1)	Objet binaire de taille moyenne
MEDIUMTEXT	16 777 215 (soit 2^{24}-1)	Texte de taille moyenne
LONGBLOB	4 294 967 295 (soit 2^{32}-1)	Objet binaire de grande taille
LONGTEXT	4 294 967 295 (soit 2^{32}-1)	Texte de grande taille

Types de données de chaîne ENUM et SET

Les types ENUM et SET permettent de définir un ensemble de valeurs que pourra prendre une colonne. Le type ENUM permet de prendre une valeur (ou NULL) parmi une liste de valeurs prédéfinies à la création de la colonne. Le type SET permet de prendre un maximum de 64 valeurs parmi une liste de valeurs prédéfinies (ou NULL) à la création de la colonne.

Type	Maximum de valeurs dans l'ensemble	Description
ENUM('valeur1', 'valeur2'...)	65 535	Les valeurs de ce type ne peuvent contenir qu'une seule des valeurs de la liste ou NULL.
SET('valeur1', 'valeur2'...)	64	Les valeurs de ce type peuvent contenir un ensemble de valeurs spécifiées ou NULL.

C. Création de la base de données facsys et des utilisateurs

Nous disposons de toutes les connaissances nécessaires pour créer la base de données **facsys** et les utilisateurs, privilèges et les tables nécessaires.

1. Création de la base de données

Nous avons vu précédemment que MySQL stockait la base de données sous forme de répertoire dans le système de fichiers du système d'exploitation sous-jacent, et que les tables étaient stockées dans ce répertoire sous forme de fichiers. MySQL est donc sensible à la casse pour le nom de la base de données et des tables si le système d'exploitation y est sensible. Pour éviter des erreurs, nous n'utiliserons que des noms en minuscules.

→) Tout d'abord, nous allons nous connecter en tant qu'administrateur (**root**) et créer la base de données **facsys** puis un utilisateur qui sera considéré comme administrateur de la base de données. Appelons cet utilisateur **adminfacsys** et son mot de passe **passfacsys**, nous l'autoriserons à se connecter depuis le serveur lui-même uniquement. Il est recommandé de créer un tel utilisateur et de ne pas utiliser l'administrateur **root** pour des opérations courantes. Étant donné l'étendue de ses privilèges, nous pourrions faire une mauvaise manipulation par erreur.

```
shell>mysql -u root -p
Enter password :*****

mysql>CREATE DATABASE facsys;

mysql>GRANT all ON facsys.* to adminfacsys@localhost IDENTIFIED BY
'passfacsys' WITH GRANT OPTION;
```

→) Nous pouvons maintenant nous connecter en tant que **adminfacsys** et créer les tables de notre base de données.

```
shell>mysql -u adminfacsys -p
Enter password :*****
```

Nous pouvons créer toutes les tables de la base de données en respectant le schéma décrit dans le premier chapitre au paragraphe H-2.

→) Commençons par la table **clients**. Nous décidons que l'identifiant du client (**idclient**) est une chaîne de six caractères (CHAR 6), le nom, le prénom et la ville des chaînes de 30 caractères (CHAR 30), l'adresse une chaîne 50 de caractères (CHAR 50). Le code postal est stocké dans un entier numérique de longueur 5 (INT 5) et enfin le numéro de téléphone dans un entier numérique de longueur 10 (INT 10). Nous aurions pu utiliser le type VARCHAR pour l'adresse par exemple, mais dans ce cas, toutes les colonnes de type CHAR de plus de quatre caractères seraient modifiées en VARCHAR de même longueur, pour la table **clients** toutes les colonnes seraient concernées.

L'**idclient** est la clé primaire, nous précisons que cette colonne ne peut pas contenir de valeur nulle.

```
mysql>CREATE TABLE clients (
idclient CHAR(6) PRIMARY KEY NOT NULL,
nom CHAR(30),
prenom CHAR(30),
adresse CHAR(50),
codepostal INT(5),
ville CHAR(30),
telephone INT(10)
);
```

→) Créons la table **articles**. Le code article est une chaîne fixe de 5 caractères (CHAR 5). Le nom de l'article est une chaîne de 50 caractères. Le prix est un décimal de 5 chiffres et de deux chiffres après la virgule (FLOAT(7,2)). Le stock est un entier positif et nous savons que nous n'aurons jamais plus de 50 000 articles en stock. Le type SMALLINT est le plus petit type entier acceptant la valeur 50000, nous déclarons donc que le stock sera de type SMALLINT UNSIGNED. Nous supposons que nous n'aurons que très peu de catégories puisque le but est de faire des statistiques, nous choisissons donc le type TINYINT UNSIGNED pour l'identifiant de la catégorie.

```
mysql>CREATE TABLE articles (
codearticle CHAR(5) PRIMARY KEY NOT NULL,
nom CHAR(50),
prix FLOAT(7,5),
stock SMALLINT UNSIGNED,
idcategorie TINYINT UNSIGNED
);
```

→) La clé primaire de la table **categories** est de type `TINYINT UNSIGNED` comme la colonne **idcategorie** de la table **articles**. Cette clé est de type `AUTO_INCREMENT`, ainsi nous n'aurons pas à gérer l'unicité de la clé primaire. Le nom est une chaîne variable de 30 caractères (`VARCHAR 30`) et la description une chaîne variable de 200 caractères (`VARCHAR 200`). Ici, nous spécifions des chaînes variables car nous acceptons que toutes les chaînes de la table soient de ce type.

```
mysql>CREATE TABLE categories (
idcategorie TINYINT UNSIGNED AUTO_INCREMENT PRIMARY KEY,
nom VARCHAR(30),
description VARCHAR(50)
);
```

→) La table **commandes** est composée de la colonne **numcommande**, sa clé primaire. C'est un entier positif (`INT`), nous pourrons donc créer plus de quatre milliards de factures. L'**idclient** est une chaîne de 6 caractères (`CHAR(6) NOT NULL`) comme pour la colonne **idclient** de la table **clients**. Nous choisissons le format `TIMESTAMP` pour stocker la date, une colonne de type `TIMESTAMP` présentant l'avantage de se valoriser automatiquement à l'insertion d'un enregistrement sans que nous ayons à préciser de valeur.

```
mysql>CREATE TABLE commandes (
numcommande INT UNSIGNED PRIMARY KEY AUTO_INCREMENT,
idclient CHAR(6) NOT NULL,
date TIMESTAMP
);
```

→ La clé primaire de la table **details** est composée de deux colonnes, nous changeons donc la syntaxe de la commande CREATE TABLE. Les colonnes ne doivent pas être vides. La colonne **numcommande** est de type entier (INT) comme pour la table **commandes** et le numéro de la ligne de commande (**numordre**) de type entier positif de valeur maximale 255 (TINYINT UNSIGNED). Le code article est une chaîne de 5 caractères entier (CHAR (5) NOT NULL) comme pour la table **articles**. La quantité est un entier (SMALLINT UNSIGNED) comme pour le stock de la table **articles**. Enfin, le prix est du même type que la colonne **prix** de la table **articles**.

```
mysql>CREATE TABLE details (
numcommande INT UNSIGNED NOT NULL,
numordre TINYINT UNSIGNED NOT NULL,
codearticle CHAR(5),
quantite SMALLINT UNSIGNED,
prix FLOAT(7,5),
PRIMARY KEY (numcommande, numordre)
);
```

2. Création des utilisateurs et de leurs privilèges

Nous devons créer des utilisateurs et leur attribuer des privilèges. L'utilisateur **adminfacsys** est administrateur de la base de données **facsys**. Cependant, il n'a aucun droit sur la base de données **mysql**, il ne peut donc pas y ajouter des données et ne peut donc pas créer les utilisateurs. Son privilège GRANT lui permet de donner ses privilèges à d'autres utilisateurs existants. Nous demandons donc à **root** de créer les utilisateurs mais sans privilèges et nous leur attribuerons les privilèges ensuite.

Nous aurions pu donner le privilège CREATE USER à **adminfacsys**, mais dans ce cas l'administrateur n'a plus de contrôle sur le nombre d'utilisateurs créés sur le serveur.

→) Créons un utilisateur pour gérer les articles, cet utilisateur est chargé par le service Achat de référencer tous les produits que la société vend. Ce service gère aussi l'approvisionnement et les catégories. Nommons cet utilisateur **usrfacsysachat** et son mot de passe **passachat**. Donnons-lui les privilèges de lecture, mise à jour et écriture sur les tables **articles** et **categories**. Donnons-lui aussi le privilège de supprimer des catégories et le privilège de supprimer des articles, il faudra par contre qu'il vérifie auparavant que l'article n'est pas présent dans une commande. S'il supprime un tel article, alors nous ne pourrions plus éditer la facture puisque la table **details** contient une clé étrangère vers l'article. Puisque l'utilisateur devra vérifier la table **details** avant de supprimer l'article, nous devons lui donner le privilège de lire cette table. Accordons le privilège select sur les colonnes **numcommande** et **codearticle**, ces deux colonnes devraient suffirent.

```
shell>mysql -u root -p
Enter password :*****

mysql> GRANT  usage  ON  facsys.*  TO  usrfacsysachat@"%"  IDENTIFIED  BY
'passachat';
mysql>exit
```

```
shell>mysql -u adminfacsys -p
Enter password :*****

mysql>GRANT  select,  update,  insert,  delete  ON  facsys.articles  TO
usrfacsysachat@"%";

mysql>GRANT  select,  update,  insert,  delete  ON  facsys.categories  TO
usrfacsysachat@"%";

mysql>GRANT    select(numcommande,  numordre) ON    facsys.details    TO
usrfacsysachat@"%";

mysql>exit
```

→) Nous créons aussi l'utilisateur **usrfacsyscommand**, dont le rôle est de saisir et d'éditer les factures. Cet utilisateur a accès aux tables **clients**, **commandes**, **details** et **articles**. Il a un droit de lecture uniquement pour la table **articles** sauf pour la colonne `stock` qu'il peut décrémenter en fonction des commandes. Il a un accès en lecture, écriture, mise à jour et suppression sur les autres tables. Son mot de passe est `passcommand` et il peut se connecter depuis n'importe quel poste.

```
shell>mysql -u root -p
Enter password :*****

mysql> GRANT usage ON facsys.* TO usrfacsyscommand@"%" IDENTIFIED BY
'passcommand';
mysql>exit
```

```
shell>mysql -u adminfacsys -p
Enter password :*****
mysql>GRANT select(codearticle, nom, prix, idcategorie) ON
facsys.articles TO usrfacsyscommand@"%";
mysql>GRANT select(stock), update(stock) ON
facsys.articles TO usrfacsyscommand@"%";
mysql>GRANT select, insert, update, delete ON
facsys.clients TO usrfacsyscommand@"%";
mysql>GRANT select, insert, update, delete ON
facsys.commandes TO usrfacsyscommand@"%";
myqsl>GRANT select, insert, update, delete ON
facsys.details TO usrfacsyscommand@"%";
mysql>exit
```

D.Manipulation des données

À cette étape, nous savons créer une base de données et des utilisateurs. Nous allons maintenant voir comment manipuler les données. Les données sont stockées dans des fichiers d'extension **.MYD**.

1. Insertion de données

L'utilisateur MySQL désirant ajouter des données doit disposer du privilège insert sur l'objet dans lequel il veut insérer des données. L'objet peut être une table, une colonne ou un ensemble de colonnes. Regardons la syntaxe générale de la commande INSERT :

```
INSERT [LOW_PRIORITY | DELAYED] [IGNORE] [INTO] tablename
[(colname1, colname2, ...)] VALUES
(enreg1col1| DEFAULT), (enreg1col2 | DEFAULT), ...),
(enreg2col1| DEFAULT), (enreg2col2 | DEFAULT), ...),...
```

Ou

```
INSERT [LOW_PRIORITY | DELAYED] [IGNORE] [INTO] tablename
[(colname1, colname2, ...)] SELECT ...
```

Ou

```
INSERT [LOW_PRIORITY | DELAYED] [IGNORE] [INTO] tablename
SET colname1=(expression | DEFAULT), colname2=(expression |
DEFAULT), ...
```

Les paramètres entre crochets sont optionnels.

LOW_PRIORITY permet de demander à MySQL d'attendre qu'il n'y ait plus d'autres demandes sur l'objet concerné par l'insertion. Nous utilisons cette option lorsque les enregistrements que nous voulons ajouter ne sont pas une priorité et que nous préférons laisser la priorité aux autres threads.

DELAYED permet de ne pas attendre la fin de l'exécution de l'insertion pour reprendre la main. En fait, MySQL va différer l'insertion par rapport au thread utilisateur. Un autre avantage est que MySQL regroupe toutes les insertions ayant l'option DELAYED, l'opération sera donc plus rapide qu'en effectuant des insertions unitaires.

IGNORE, s'il est spécifié avec des insertions multiples, demande à MySQL de ne pas tenir compte des enregistrements dont les clés primaires existent déjà. Si l'option n'est pas spécifiée et si un enregistrement contient une clé déjà existante, alors MySQL abandonne l'insertion en cours.

INTO est un mot mort, c'est-à-dire qu'il peut être ou ne pas être spécifié, peu importe.

Si nous insérons un enregistrement dans une table contenant une colonne de type AUTO_INCREMENT, alors nous ne sommes pas obligé de spécifier de valeur pour cette colonne. MySQL génère automatiquement la valeur.

DEFAULT permet de spécifier une valeur par défaut pour la colonne. Si aucune valeur n'est fournie lors d'une insertion, MySQL valorise la colonne avec cette valeur. Lors de l'insertion d'un enregistrement, chaque fois c'est possible, nous devons indiquer la valeur DEFAULT, MySQL effectue l'insertion plus rapidement.

La première syntaxe avec le mot VALUES permet d'insérer un ou plusieurs enregistrements dans une table. Si colname1, colname2... ne sont pas spécifiés, alors nous devons préciser des valeurs pour toutes les colonnes et dans l'ordre des colonnes. Si nous ne connaissons pas l'ordre des colonnes, nous pouvons utiliser la commande describe tablename pour obtenir des informations.

Si nous utilisons la syntaxe avec SELECT, nous pouvons insérer dans une table des enregistrements provenant d'une autre table.

La requête utilisant le mot SET, bien que moins utilisée, permet une lecture aisée de la syntaxe.

→) Nous pouvons maintenant enrichir notre base de données. Supposons que le service Achat crée des catégories et des articles :

```
shell>mysql -u usrfacsysachat -p
Enter password:*****
mysql>use facsys
mysql>INSERT INTO categories(nom, description) VALUES
mysql>('peche', 'Les articles de peche en riviere et en mer'),
mysql>('Squash', NULL),
mysql>('Habillement pour enfant', 'Du 0 au 16 ans');

mysql>exit
```

→) Créons les premiers articles :

```
shell>mysql -u usrfacsysachat -p
Enter password:*****
mysql>use facsys
mysql>INSERT INTO articles VALUES
mysql>('CAP01', 'canne a peche', 80.40, 4, 1),
mysql>('RAQ01', 'raquette de squash', 62, 3, 2),
mysql>('BAL45', 'Balle squash debutant', 5, 35, 2),
mysql>('BOU89', 'Bouchon rond', 43, 2, 1),
mysql>('SHR3', 'Short court', 17.50, 1, 3);
mysql>exit
```

→) Pour les besoins de ce livre, créons quelques clients et quelques factures :

```
shell>mysql -u usrfacsyscommand -p
Enter password:*****
mysql>use facsys
mysql>INSERT INTO clients VALUES
mysql>('DUR001', 'Durand', 'Pierre', 'Rue du menhir', 44500, 'Nantes',
0240955689),
mysql>('BLI034', 'Blineau', 'Daniel', 'La motte', 85260, 'Herbergement',
0251429803),
mysql>('TES23', 'Tesson', 'Alain', '1 av de la mer', 56546,
'Saint Florent', NULL),
mysql>('DUR004', 'Durand', 'Sylvain', 'Place mayeu', 75000, 'Paris',
0109457698);
mysql>INSERT INTO commandes(idclient, date) VALUES
mysql>('DUR001', '20020502145639'),
mysql>('BLI034', '20021023093300'),
mysql>('TES23', '20021023160518'),
mysql>('DUR001', '20030108152957');
mysql>INSERT INTO details VALUES
mysql>(1, 1, 'CAP01', 2, 80.40),
mysql>(1, 2, 'BAL45', 3, 5),
mysql>(1, 3, 'RAQ01', 1, 62),
mysql>(2, 1, 'SHR3', 1, 17.50);
mysql>exit
```

Pour la table **commandes**, nous spécifions des dates bien que nous n'y soyons pas obligé car la colonne date est de type TIMESTAMP. Nous le faisons pour donner un sens plus "réaliste" dans la chronologie de nos factures.

2. Modification des données

L'utilisateur MySQL désirant modifier des données doit disposer du privilège `update` sur la table ou la colonne à modifier. Regardons la syntaxe générale de la commande UPDATE :

```
UPDATE [LOW_PRIORITY] [IGNORE] tablename
SET colname1=expression1 [,colname2=expression2]
[WHERE WhereDefinition]
[LIMIT #]
```

Les paramètres entre crochets sont optionnels.

`LOW_PRIORITY` permet de demander à MySQL d'attendre qu'il n'y ait plus d'autre demande sur les enregistrements à modifier. Nous utilisons cette option lorsque les enregistrements que nous voulons modifier ne sont pas une priorité et que nous préférons laisser la priorité aux autres threads.

`IGNORE`, s'il est spécifié avec des modifications multiples, demande à MySQL de ne pas modifier les enregistrements dont la mise à jour créerait des doublons de clés primaires après la modification. Si l'option n'est pas spécifiée et si un enregistrement contient une clé déjà existante, alors MySQL abandonne la modification en cours.

Après l'attribut `SET`, nous indiquons les champs à modifier. Chaque champ est fourni sous la forme `nomchamp=valeur`. Pour spécifier plusieurs champs, nous les séparons par des virgules.

La clause `WHERE`, si elle est spécifiée, permet de limiter la mise à jour à certains enregistrements. Si nous ne précisons pas la clause `WHERE`, tous les enregistrements de la table sont modifiés.

→) Nous utilisons par exemple la syntaxe suivante pour augmenter tous les prix de 20 % :

```
mysql>update articles set prix=prix*1.20;
```

La clause `whereDefinition` peut prendre plusieurs formes. Nous pouvons modifier un enregistrement en l'identifiant de manière unique.

→) Nous utiliserons par exemple la commande suivante pour diminuer le stock d'articles à chaque fois qu'un article sera acheté :

```
mysql>update articles set stock=stock-1 where codearticle='BAL45';
```

Si nous ne connaissons pas exactement la valeur du ou des enregistrements à modifier, nous utilisons le mot `LIKE` qui nous permet de fournir un motif représentant les enregistrements à modifier.

→) La commande suivante permet d'ajouter la lettre `P` au début du code article de tous les articles contenant le mot `short` dans leur nom :

```
mysql>update articles set codearticle=concat('P', codearticle) where nom like '%short%';
```

→) Et la commande suivante modifie le prix de l'article contenant le mot peche dans son nom :

```
mysql>update articles set prix=67 where nom like '%peche%';
```

La clause `LIMIT #`, où # est un nombre, permet de limiter le nombre d'enregistrements mis à jour.

3. Suppression de données

La syntaxe de la commande `DELETE` est proche de celle de la commande `UPDATE`. L'utilisateur doit disposer du privilège `delete` pour effectuer des suppressions.

```
DELETE [LOW_PRIORITY | QUICK] FROM tablename
[WHERE WhereDefinition]
[ORDER BY OrderByDefinition [DESC]]
[LIMIT #]
```

La commande `DELETE` permet de supprimer les enregistrements respectant la clause `WHERE` si elle est spécifiée et tous les enregistrements si elle ne l'est pas.

La clause `WHERE` offre les mêmes possibilités que pour la commande `UPDATE`.

Si le paramètre `LOW_PRIORITY` est spécifié, MySQL attend que tous les autres threads accédant à la table aient terminé leurs opérations.

En spécifiant le paramètre `QUICK`, la suppression est plus rapide dans certains cas.

→) Supprimons l'article ayant pour code BAL45 :

```
mysql>DELETE FROM articles WHERE codearticle='BAL45';
```

→) Supprimons tous les articles contenant le mot peche dans le nom :

```
mysql>DELETE FROM articles WHERE LIKE='%peche%';
```

La clause `ORDER BY` permet de supprimer les enregistrements répondant à la clause `WHERE` mais dans l'ordre spécifié par la clause `ORDER BY`. Le mot-clé `DESC` trie les enregistrements dans l'ordre inverse.

La clause `LIMIT #` limite la suppression aux # premiers enregistrements répondant à la clause `WHERE`.

→) Supprimons par exemple la dernière facture saisie. Cet exemple n'est pas complet puisque nous devrions normalement supprimer le détail de la commande avant de supprimer la commande elle-même.

```
mysql>DELETE FROM commandes ORDER BY date DESC LIMIT 1;
```

4. Lecture de données

a. Syntaxe générale

La commande SELECT permet de lire des enregistrements, l'utilisateur doit pour cela disposer du privilège select. La commande SELECT offre de très nombreuses options.

Voyons la syntaxe générale :

```
SELECT [DISTINCT] ListeExpression
[INTO {OUTFILE | DUMPFILE} filename options]
[WHERE WhereDefinition]
[GROUP BY GroupByDefinition]
[HAVING HavingDefinition]
[ORDER BY OrderByDefinition]
[LIMIT [debut,]nbenregistrements]
```

La commande SELECT la plus simple permet de sélectionner toutes les colonnes et toutes les lignes d'une table. Nous l'avons utilisée dans le chapitre précédent.

→) Sélectionnons toutes les lignes de la table articles :

```
mysql>SELECT * FROM articles;
```

```
mysql> select * from articles;
+-------------+-------------------------+-------+-------+-------------+
| codearticle | nom                     | prix  | stock | idcategorie |
+-------------+-------------------------+-------+-------+-------------+
| SHR3        | Short court             | 17.5  |     7 |           3 |
| BOU89       | Bouchon rond            | 43.0  |     2 |           1 |
| CAP01       | canne a peche           | 80.4  |     4 |           1 |
| RAQ01       | raquette de squash      | 62.0  |     3 |           2 |
| BAL45       | Balle de squash debutant|  5.0  |    35 |           2 |
+-------------+-------------------------+-------+-------+-------------+
5 rows in set (0.00 sec)

mysql> _
```

→) Nous pouvons sélectionner le **code** et le **nom** de tous les articles en spécifiant les champs à afficher. Il est conseillé de ne lire que les données nécessaires pour améliorer les performances :

```
mysql>SELECT codearticle, nom FROM articles;
```

```
mysql> select codearticle, nom from articles;
+-------------+-------------------------+
| codearticle | nom                     |
+-------------+-------------------------+
| SHR3        | Short court             |
| BOU89       | Bouchon rond            |
| CAP01       | canne a peche           |
| RAQ01       | raquette de squash      |
| BAL45       | Balle de squash debutant|
+-------------+-------------------------+
5 rows in set (0.00 sec)

mysql>
```

Si nous précisons le paramètre DISTINCT, MySQL renvoie une seule occurrence des enregistrements en double ou plus.

MySQL supporte les sous-requêtes. On peut donc effectuer une requête du type :

```
select * from articles where idcategorie in (select
idcategorie from categories where nom like '%e%').
```

Ce qui revient, dans notre exemple, à exécuter la commande :

```
select * from articles where idcategorie in (1, 3);
```

b. Les clauses OUTFILE et DUMPFILE

Les options OUTFILE et DUMPFILE permettent d'exporter les données lues dans un fichier texte sur le serveur. L'utilisateur doit disposer du privilège file pour effectuer l'opération.

Si le fichier d'exportation précisé existe déjà, l'opération échoue, le but étant d'éviter toute mauvaise manipulation qui effacerait le contenu d'un fichier important tel qu'une table.

Les options possibles pour cette commande sont les mêmes que pour la commande LOAD DATA INFILE. Voir le paragraphe D - 5 - Chargement des données à partir d'un fichier dans cette même section.

- FIELDS TERMINATED BY

- LINES TERMINATED BY

- ESCAPED BY

L'instruction OUTFILE permet de créer un fichier texte avec les éventuels caractères d'échappement nécessaires. C'est l'instruction la plus fréquemment utilisée.

L'instruction DUMPFILE permet d'exporter des données au format binaire. Elle est utilisée pour exporter les champs de type BLOB par exemple. Attention, un seul enregistrement peut être exporté à la fois avec l'instruction DUMPFILE.

Exportons toutes les données de la table **articles** dans le fichier **/tmp/monfichier.txt** :

```
mysql>SELECT * INTO OUTFILE '/tmp/monfichier.txt' from articles;
```

```
mysql> select * into outfile '/tmp/monfichier.txt' from articles;
Query OK, 5 rows affected (0.00 sec)

mysql>
```

Les fichiers créés par le serveur MySQL peuvent être lus par tous les utilisateurs connectés au système d'exploitation sous lequel MySQL est lancé. Le serveur MySQL est démarré avec les privilèges d'un utilisateur bien défini (voir chapitre 5 - Administration), donc les fichiers exportés lui appartiennent. Si le droit de lecture n'était pas donné à tous les utilisateurs, il ne serait pas possible de lire le fichier.

c. La clause WHERE

Nous pouvons lire les enregistrements répondant à certaines conditions à l'aide de l'option WHERE, la clause whereDefinition pouvant prendre plusieurs formes. Nous pouvons lire un enregistrement en l'identifiant de manière unique.

→) La commande suivante permet d'obtenir le nom de l'article dont le code est BAL45 :

```
mysql>SELECT nom FROM articles WHERE codearticle='BAL45';
```

```
mysql> select nom from articles where codearticle ='BAL45';
+---------------------------+
| nom                       |
+---------------------------+
| Balle de squash debutant  |
+---------------------------+
1 row in set (0.00 sec)

mysql> _
```

→) Si nous voulons sélectionner les articles dont le prix est égal à une valeur ou à une autre, nous utilisons le mot-clé IN. Par exemple :

```
mysql>SELECT nom FROM articles WHERE prix IN (5, 34);
```

```
mysql> select * from articles where prix in (5, 34);
+-------------+------------------------+-------+-------+-------------+
| codearticle | nom                    | prix  | stock | idcategorie |
+-------------+------------------------+-------+-------+-------------+
| BAL45       | Balle de squash debutant | 5.00 |    35 |           2 |
| test        | test                   | 34.00 |    34 |           1 |
+-------------+------------------------+-------+-------+-------------+
2 rows in set (0.00 sec)

mysql>
```

Si nous ne connaissons pas exactement la valeur du ou des enregistrements à lire, nous utilisons le mot LIKE qui nous permet de lire les enregistrements répondant au motif introduit par LIKE.

→) Nous voulons lire les enregistrements contenant le mot squash dans le nom de l'article :

```
mysql>select * from articles where nom like '%squash%' ;
```

```
mysql> select * from articles where nom like '%squash%';
+-------------+----------------------+------+-------+-------------+
| codearticle | nom                  | prix | stock | idcategorie |
+-------------+----------------------+------+-------+-------------+
| RAQ01       | raquette de squash   | 62.0 |     3 |           2 |
| BAL45       | Balle de squash debutant | 5.0 |  35 |           2 |
+-------------+----------------------+------+-------+-------------+
2 rows in set (0.00 sec)

mysql> _
```

Nous pouvons aussi utiliser la clause WHERE pour créer un lien entre deux tables et en extraire des données.

→) Récupérons par exemple des enregistrements contenant le code client, le numéro de commande et le code article pour toutes les factures. Nous devons effectuer une lecture dans les tables **commandes** et **details** en même temps. La colonne **numcommande** sert de lien entre les tables :

```
mysql>select idclient, commandes.numcommande, codearticle
from commandes, details where commandes.numcommande=details
.numcommande;
```

```
mysql> select idclient, commandes.numcommande, codearticle from commandes,detail
s where commandes.numcommande=details.numcommande;
+----------+-------------+-------------+
| idclient | numcommande | codearticle |
+----------+-------------+-------------+
| DUR001   |           1 | CAP01       |
| DUR001   |           1 | BAL45       |
| DUR001   |           1 | RAQ01       |
| BL1034   |           2 | SHR3        |
+----------+-------------+-------------+
4 rows in set (0.00 sec)

mysql>
```

→) Nous pouvons chercher les articles dont le nom contient le mot `squash` et renvoyer les noms des clients qui ont commandé ces articles :

```
mysql>select clients.nom, prenom, articles.nom from clients,
commandes, details, articles where clients.idclient=
commandes.idclient and commandes.numcommande=details.
numcommande and details.codearticle=articles.codearticle
and articles.nom like '%squash%';
```

```
mysql> select clients.nom,prenom,articles.nom from clients, commandes, details,
articles where clients.idclient=commandes.idclient and commandes.numcommande=det
ails.numcommande and details.codearticle=articles.codearticle and articles.nom l
ike '%squash%';
+--------+--------+--------------------------+
| nom    | prenom | nom                      |
+--------+--------+--------------------------+
| Durand | Pierre | Balle de squash debutant |
| Durand | Pierre | raquette de squash       |
+--------+--------+--------------------------+
2 rows in set (0.00 sec)

mysql> _
```

administration et programmation

⊙ Lorsque le nom d'une colonne est ambigu, nous le préfixons par le nom de la table et un point pour les séparer. Par exemple dans la requête précédente, nous précisons `clients.nom` car il existe également une colonne `nom` dans la table **articles**. Par contre, une seule colonne `prenom` existe dans l'ensemble des tables interrogées par la requête. Il est généralement recommandé de nommer explicitement le nom de la table et le nom de la colonne pour faciliter la relecture de la requête.

d. La clause GROUP BY

La clause `GROUP BY` permet de créer un agrégat d'enregistrements en regroupant des enregistrements qui ont une propriété commune pour en obtenir une seule occurence.

→) Si nous voulons obtenir le nom et le prénom de tous les clients qui ont déjà passé au moins une commande, alors nous pouvons exécuter la requête suivante :

```
mysql>select nom, prenom from clients, commandes where
clients.idclient=commandes.idclient;
```

```
mysql> select nom,prenom from clients,commandes where clients.idclient=commandes
.idclient;
+---------+---------+
| nom     | prenom  |
+---------+---------+
| Durand  | Pierre  |
| Blineau | Daniel  |
| Tesson  | Alain   |
| Durand  | Pierre  |
+---------+---------+
4 rows in set (0.00 sec)

mysql>
```

Nous obtenons le résultat voulu, mais il serait intéressant d'obtenir une seule fois le nom de chaque client. Pour cela, utilisons la clause `GROUP BY` en spécifiant une expression permettant d'identifier les enregistrements de manière unique. Dans notre cas, nous voulons sélectionner des clients, l'**idclient** permet d'identifier chaque client de manière unique.

→) Exécutons la requête suivante :

```
mysql>select nom, prenom from clients, commandes where clients.
idclient=commandes.idclient group by clients.idclient;
```

```
mysql> select nom,prenom from clients,commandes where clients.idclient=commandes
.idclient group by clients.idclient;
+--------+--------+
| nom    | prenom |
+--------+--------+
| Blineau| Daniel |
| Durand | Pierre |
| Tesson | Alain  |
+--------+--------+
3 rows in set (0.00 sec)

mysql>
```

La clause GROUP BY découpe une table en groupes contenant les lignes ayant la même valeur pour un ou plusieurs attributs. Si elles sont situées après un SELECT, les fonctions d'agrégation telles que COUNT(), SUM()..., ne sont plus exécutées sur l'ensemble des enregistrements mais sur chaque groupe.

→) Nous pouvons par exemple calculer le montant de chaque commande :

```
mysql>select numcommande, SUM(quantite * prix) as montant
from details group by numcommande;
```

```
mysql> select numcommande, SUM(quantite * prix) as montant from details group by
 numcommande;
+-------------+---------+
| numcommande | montant |
+-------------+---------+
|           1 |  237.00 |
|           2 |   17.50 |
+-------------+---------+
2 rows in set (0.00 sec)

mysql>
```

Remarquons l'utilisation du mot AS pour donner un nom à la colonne renvoyée par la fonction SUM(). Le mot-clé AS permet de spécifier un alias pour une colonne. Lorsqu'une requête est complexe, il est plus facile de la lire si des alias ont été spécifiés.

e. La clause HAVING

La clause HAVING est au GROUP BY ce que le WHERE est au SELECT, elle sert à restreindre le nombre de lignes renvoyées par la clause GROUP BY.

➥ Listons le numéro des commandes dont le montant est supérieur à 100 Euros :

```
mysql> select numcommande, SUM(quantite * prix) as montant
from details group by numcommande having montant > 100;
```

```
mysql> select numcommande, SUM(quantite * prix) as montant from details group by
 numcommande having montant > 100;
+-------------+---------+
| numcommande | montant |
+-------------+---------+
|           1 |  237.80 |
+-------------+---------+
1 row in set (0.00 sec)

mysql>
```

Les clauses WHERE et HAVING peuvent être utilisées dans une même requête, il faut alors faire attention aux performances de la requête. En effet, il vaut mieux effectuer le GROUP BY sur un nombre d'enregistrements restreint par un WHERE (plus rapide) et ensuite utiliser la clause HAVING. L'utilisation d'un WHERE au lieu d'un HAVING ou inversement est souvent à l'origine de nombreuses requêtes peu performantes.

f. La clause ORDER BY

Si nous voulons que MySQL trie les enregistrements avant de les renvoyer, nous utilisons l'option ORDER BY. L'option DESC permet de spécifier l'ordre de tri inverse.

→) Listons les prénom et nom de chaque client et trions le résultat par prénom puis nom :

```
mysql>select prenom, nom from clients ORDER BY prenom, nom;
```

```
mysql> select prenom, nom from clients order by prenom, nom;
+---------+---------+
| prenom  | nom     |
+---------+---------+
| Alain   | Tesson  |
| Daniel  | Blineau |
| Pierre  | Durand  |
| Sylvain | Durand  |
+---------+---------+
4 rows in set (0.00 sec)

mysql>
```

→) Si nous voulons lire les clients mais en les classant dans l'ordre inverse :

```
mysql>select prenom, nom from clients ORDER BY prenom desc, nom
desc;
```

```
mysql> select prenom, nom from clients order by prenom desc, nom desc;
+---------+---------+
| prenom  | nom     |
+---------+---------+
| Sylvain | Durand  |
| Pierre  | Durand  |
| Daniel  | Blineau |
| Alain   | Tesson  |
+---------+---------+
4 rows in set (0.00 sec)

mysql>
```

administration et programmation

g. La clause LIMIT

Cette clause permet de spécifier le nombre d'enregistrements que la requête doit renvoyer. Nous pouvons spécifier l'enregistrement de départ sachant que le premier enregistrement porte le numéro 0.

La clause LIMIT est particulièrement utilisée par les moteurs de recherche sur Internet pour afficher par exemple 10 résultats par page.

→) Si nous voulons créer un moteur de recherche d'articles pour notre base de données, nous employons une requête du type :

```
mysql>select nom from articles where nom like
'%ma recherche%';
```

→) Si nous voulons afficher les résultats sur plusieurs pages avec un maximum de 10 enregistrements par page, modifions la requête ainsi pour obtenir les 10 premiers enregistrements :

```
mysql>select nom from articles where nom like
'%ma recherche%' limit 10;
```

→) Récupérons maintenant les 10 articles suivants. Puisque le premier enregistrement porte le numéro 0, nous demandons les articles à partir du numéro 10 :

```
mysql>select nom from articles where nom like
'%ma recherche%' limit 10,10;
```

→) et pour obtenir les 10 articles suivants :

```
mysql>select nom from articles where nom like
'%ma recherche%' limit 20,10;
```

5. Chargement des données à partir d'un fichier (LOAD DATA)

L'instruction INSERT permet d'ajouter des données dans une table. Par contre, si nous voulons insérer une grande quantité d'enregistrements, le moyen le plus rapide est de créer un fichier texte dont chaque ligne représente un enregistrement.

Nous utilisons alors l'instruction LOAD DATA pour charger le contenu de ce fichier dans une table.
LOAD DATA INFILE est l'inverse de SELECT ... INTO OUTFILE.

Voici la syntaxe générale :

```
LOAD DATA [LOW_PRIORITY | CONCURRENT] [LOCAL] INFILE 'fichier.txt'
  [REPLACE | IGNORE]
  INTO TABLE table_name
  [FIELDS
    [TERMINATED BY '\t']
    [[OPTIONALLY] ENCLOSED BY '']
    [ESCAPED BY '\\']
  ]
  [LINES TERMINATED BY '\n']
  [IGNORE number LINES]
  [(colname1, colname2, ...)
```

LOW_PRIORITY permet de demander à MySQL d'attendre qu'il n'y ait plus d'autres requêtes en cours. Nous utilisons cette option lorsque l'ajout d'enregistrements n'est pas une priorité et que nous préférons laisser la priorité aux autres threads.

CONCURRENT spécifie que les nouveaux enregistrements sont disponibles au fur et à mesure de leur insertion, c'est-à-dire qu'un autre thread peut voir les enregistrements déjà insérés même s'ils ne sont pas tous encore insérés.

LOCAL permet de spécifier que le fichier doit être lu sur la machine cliente. Par défaut, le fichier est lu sur le serveur. La lecture depuis le poste client est plus lente car les données sont transférées sur le réseau. Pour charger des données depuis le serveur, l'utilisateur doit disposer du privilège file.

Si un chemin complet est fourni (/tmp/monfichier.txt par exemple), l'utilisateur qui démarre le serveur MySQL doit disposer des droits pour lire le fichier.

Si seul un nom de fichier est fourni, MySQL cherche celui-ci dans le répertoire de la base de données.

Dans l'exemple suivant, le fichier **monfichier.txt** est recherché dans le dossier /var/lib/mysql/facsys :

```
LOAD DATA INFILE "monfichier.txt" INTO TABLE facsys.articles;
```

Par contre, si un chemin relatif est fourni, le fichier est recherché à partir du répertoire des bases de données soit /var/lib/mysql pour Redhat par exemple.

Dans l'exemple suivant, le fichier **monfichier.txt** est recherché dans le dossier /var/lib/mysql :

```
LOAD DATA INFILE "./monfichier.txt" INTO TABLE facsys.articles;
```

Les options REPLACE et IGNORE spécifient l'action à entreprendre si une ligne du fichier à insérer dispose d'une clé primaire identique à un enregistrement déjà existant dans la table. Avec l'option REPLACE, l'enregistrement est mis à jour avec le contenu du fichier texte, et avec IGNORE, le contenu du fichier texte est ignoré.

Par défaut, le fichier texte doit ressembler à ceci :

```
SHR3      Short court         17.50    7  3
BOU89     Bouchon rond        43.00    2  1
CAP01     canne a peche       80.40    4  1
RAQ01     raquette de squash  62.00    3  2
```

Les champs sont séparés par des tabulations (TERMINATED BY '\t'), à moins qu'un autre séparateur ne soit spécifié.

Les champs ne sont pas entourés de caractères (ENCLOSED BY ''), à moins que l'option ENCLOSED BY ne soit spécifiée.

Le caractère d'échappement est anti-slash (ESCAPED BY '\\'), à moins que l'option ESCAPED BY ne soit spécifiée.

Le séparateur d'enregistrement est le passage à la ligne (LINES TERMINATED BY '\n'), à moins que l'option LINES TERMINATED ne soit spécifiée.

L'option IGNORE number LINES permet de commencer la lecture à partir de la ligne number + 1. Cette option est pratique par exemple pour éviter la première ligne d'un fichier si celle-ci contient le nom des colonnes.

Si le fichier texte ne contient pas tous les champs, il est possible de les spécifier dans la requête LOAD DATA.

Analysons un exemple complet.

Le fichier se nomme **monfichier.txt** et se trouve dans /var/lib/MySQL/ facsys :

```
Code   Nom  Prix
SHR3   Short court   17.50
BOU89     Bouchon rond   43.00
CAP01     canne a peche   80.40
RAQ01     raquette de squash   62.00
```

Nous remarquons que les champs ne sont pas alignés. En fait chaque champ est séparé par une tabulation, donc l'affichage du fichier n'est pas parfait.

→) L'instruction suivante permet d'ajouter le contenu du fichier dans la table **articles** :

```
mysql> LOAD DATA INFILE 'monfichier.txt' IGNORE INTO TABLE
facsys.articles IGNORE 1 LINES (codearticle, nom, prix);
```

```
mysql> LOAD DATA INFILE 'monfichier.txt' IGNORE INTO TABLE facsys.articles IGNOR
E 1 LINES (codearticle, nom ,prix);
Query OK, 5 rows affected (0.01 sec)
Records: 5  Deleted: 0  Skipped: 0  Warnings: 0

mysql> _
```

6. Les jointures

a. Généralités

Ces opérations permettent d'extraire des données issues de plusieurs tables qui doivent posséder un champ de valeur identique (éventuellement après conversion vers un type commun). Le champ utilisé pour la jointure est souvent la clé primaire. Si nous devons faire une jointure à l'aide d'une colonne autre que celle de la clé primaire, il est recommandé dans la majorité des cas que cette colonne soit indexée (la notion d'index est abordée à la section D - 8 de ce chapitre).

Les champs permettant la jointure sont introduits soit par le mot-clé WHERE, soit par le mot-clé USING(colonne) si le champ faisant l'objet de la jointure porte le même nom dans les deux tables.

b. La jointure croisée (CROSS JOIN)

Elle effectue le produit cartésien des tables, c'est-à-dire que la requête renvoie toutes les combinaisons possibles de lignes entre les deux tables. Une telle requête est rarement utilisée :

```
mysql>select codearticle, articles.nom, categories.nom from
articles cross join categories;
```

```
mysql> select codearticle, articles.nom, categories.nom from articles cross join
  categories;
+-------------+--------------------------+------------------------+
| codearticle | nom                      | nom                    |
+-------------+--------------------------+------------------------+
| SHR3        | Short court              | peche                  |
| BOU89       | Bouchon rond             | peche                  |
| CAP01       | canne a peche            | peche                  |
| RAQ01       | raquette de squash       | peche                  |
| BAL45       | Balle de squash debutant | peche                  |
| SHR3        | Short court              | Squash                 |
| BOU89       | Bouchon rond             | Squash                 |
| CAP01       | canne a peche            | Squash                 |
| RAQ01       | raquette de squash       | Squash                 |
| BAL45       | Balle de squash debutant | Squash                 |
| SHR3        | Short court              | Habillement pour enfant|
| BOU89       | Bouchon rond             | Habillement pour enfant|
| CAP01       | canne a peche            | Habillement pour enfant|
| RAQ01       | raquette de squash       | Habillement pour enfant|
| BAL45       | Balle de squash debutant | Habillement pour enfant|
+-------------+--------------------------+------------------------+
15 rows in set (0.01 sec)

mysql>
```

c. La jointure interne (INNER JOIN)

Elle permet de renvoyer les enregistrements de la première table qui ont une correspondance dans la deuxième table. C'est le type par défaut. Il suffit d'utiliser le mot-clé JOIN pour réaliser une jointure interne. Jusqu'à présent, nous utilisions la virgule qui est une troisième manière d'effectuer une requête INNER JOIN.

Exemple :

```
mysql>SELECT codearticle, articles.nom, categories.nom FROM
articles, categories WHERE articles.idcategorie =
categories.idcategorie;
```

est équivalente à :

```
mysql>SELECT codearticle, articles.nom, categories.nom FROM
articles JOIN categories WHERE articles.idcategorie =
categories.idcategorie;
```

et aussi à :

```
mysql>SELECT codearticle, articles.nom, categories.nom FROM
articles INNER JOIN categories ON articles.idcategorie =
categories.idcategorie;
```

et encore à :

```
mysql>SELECT codearticle, articles.nom, categories.nom FROM
articles INNER JOIN categories USING(idcategorie);
```

```
mysql> select codearticle, articles.nom, categories.nom from articles, categorie
s where articles.idcategorie = categories.idcategorie;
+-------------+---------------------------+--------------------------+
| codearticle | nom                       | nom                      |
+-------------+---------------------------+--------------------------+
| BOU89       | Bouchon rond              | peche                    |
| CAP01       | canne a peche             | peche                    |
| RAQ01       | raquette de squash        | Squash                   |
| BAL45       | Balle de squash debutant  | Squash                   |
| SHR3        | Short court               | Habillage pour enfant    |
+-------------+---------------------------+--------------------------+
5 rows in set (0.01 sec)

mysql> _
```

d. La jointure externe (OUTER JOIN)

Jusqu'à maintenant nous avons réalisé des jointures par égalité, c'est-à-dire que nous recherchions les enregistrements ayant une correspondance dans les deux tables. Une jointure de type OUTER JOIN permet aussi de renvoyer les enregistrements ne répondant pas à la condition de la jointure et qui se verront attribuer la valeur NULL pour certaines colonnes. Le mot-clé OUTER est optionnel.

Cette jointure externe peut être à gauche ou à droite. L'instruction LEFT JOIN ou LEFT OUTER JOIN permet d'afficher tous les enregistrements de la table de gauche avec la valeur NULL pour les colonnes n'ayant pas de correspondance dans la table de droite.

L'instruction RIGHT JOIN ou RIGHT OUTER JOIN permet d'afficher tous les enregistrements de la table de droite avec la valeur NULL pour les colonnes n'ayant pas de correspondance dans la table de gauche.

Par exemple, nous voulons connaître le nom et le prénom des clients n'ayant jamais commandé. Nous demandons à MySQL de renvoyer un tableau contenant au moins une fois chaque client. Si le client a déjà commandé, MySQL renvoie une ligne par commande, sinon MySQL renvoie les informations du client et NULL pour la commande.

Voici la syntaxe d'une telle commande :

```
mysql>select nom, prenom, numcommande from clients LEFT
JOIN commandes ON clients.idclient=commandes.idclient;
```

```
mysql> select nom,prenom,numcommande from clients left join commandes on clients
.idclient=commandes.idclient;
+---------+---------+-------------+
| nom     | prenom  | numcommande |
+---------+---------+-------------+
| Durand  | Pierre  |           1 |
| Durand  | Pierre  |           4 |
| Blineau | Daniel  |           2 |
| Tesson  | Alain   |           3 |
| Durand  | Sylvain |        NULL |
+---------+---------+-------------+
5 rows in set (0.00 sec)

mysql>
```

→) Complétons notre requête en ajoutant une clause WHERE pour ne retenir que les enregistrements dont le numéro de commande est égal à NULL et nous obtenons la liste des clients qui n'ont jamais commandé.

La syntaxe est alors :

```
mysql>select nom, prenom, numcommande from clients LEFT JOIN
commandes ON clients.idclient=commandes.idclient WHERE
numcommande IS NULL;
```

```
mysql> select nom,prenom,numcommande from clients left join commandes on clients
.idclient=commandes.idclient where numcommande is null;
+---------+---------+-------------+
| nom     | prenom  | numcommande |
+---------+---------+-------------+
| Durand  | Sylvain |        NULL |
+---------+---------+-------------+
1 row in set (0.01 sec)

mysql> _
```

7. Les opérateurs mathématiques et les fonctions

Avec la version 5 de MySQL, un nouveau moteur mathématique remplace le précédent et apporte de nombreuses améliorations, en particulier dans la précision des calculs avec décimales.

Auparavant, si nous additionnions 10000 fois le nombre 0.0001, le résutat était une valeur approchée de 1 mais pas 1 ; maintenant un nombre tel que 0.0001 est stocké comme une valeur exacte et non plus comme une approximation.

a. Les opérateurs mathématiques

MySQL dispose de tous les opérateurs mathématiques courants.

Nous avons déjà utilisé l'opérateur de multiplication :

```
mysql>select numcommande, SUM(quantite * prix) as montant
from details group by numcommande;
```

Les tableaux suivants présentent tous ces opérateurs regroupés par catégories.

Les opérateurs arithmétiques

Nom	Description
+	addition
-	soustraction
*	multiplication
/	division
( )	Les parenthèses permettent de définir la priorité. Exemple : SELECT (1+3) * 24;

Les opérateurs logiques

Nom	Description
!	NON logique Exemple : SELECT NOT 1; retourne 0

Nom	Description
||	OU logique Exemple : `SELECT 1 || 0;` retourne 1
&&	ET logique Exemple : `SELECT 1 && 0;` retourne 0
XOR	XOR exclusif Exemple : `SELECT 1 XOR 1;` retourne 0

Les opérateurs de comparaison

Les requêtes de comparaison retournent 1 (VRAI) si la comparaison est vérifiée, 0 (FAUX) si la comparaison est fausse et NULL si le résultat de la comparaison est NULL (excepté pour l'opérateur <=>).

Nous avons précédemment utilisé une requête de comparaison pour sélectionner les commandes dont le montant est supérieur à 100 Euros :

```
mysql> select numcommande, SUM(quantite * prix) as montant
from details group by numcommande having montant > 100;
```

Nom	Description
=	égalité Exemple : `SELECT 1 = 1;` retourne 0
!= ou <>	Non égalité Exemple : `SELECT 1 <> 0;` retourne 1
< <=	Infériorité Infériorité ou égalité
> >=	supériorité supériorité ou égalité
<=>	Egalité gérant la nullité Exemple : `SELECT 1 <=> NULL;` retourne 0
IS NULL IS NOT NULL	Nullité Non nullité

b. Les fonctions mathématiques

MySQL dispose de l'essentiel des fonctions mathématiques courantes. Le tableau ci-dessous en donne la liste.

Nom	Description
ABS(nbr)	Retourne la valeur absolue de nbr. Exemple : `SELECT ABS(-99);` retourne 99
SIGN(nbr)	Retourne -1, 0 ou 1 en fonction du signe de nbr. Exemple : `SELECT SIGN(-13);` retourne -1
MOD(nbr1, nbr2)	Modulo. Retourne le reste de la division de nbr1 par nbr2. Exemple : `SELECT MOD(25, 3);` retourne 1
FLOOR(nbr)	Retourne la plus grande valeur entière inférieure à nbr. Exemple : `SELECT FLOOR(25.3);` retourne 25
CEILING(nbr)	Retourne la plus petite valeur entière supérieure à nbr. Exemple : `SELECT CEILING(25.3);` retourne 26
ROUND(nbr)	Retourne l'arrondi entier le plus proche. Exemple : `SELECT ROUND(25.37);` retourne 25
ROUND(nbr, D)	Retourne l'arrondi à D décimales le plus proche. Exemple : `SELECT ROUND(25.37, 1);` retourne 25.4
EXP(nbr)	Retourne l'exponentielle de nbr. Exemple : `SELECT EXP(2);` retourne 7.389056
POW(nbr, nbr2)	Retourne nbr à la puissance nbr2. Exemple : `SELECT POW(2, 3);` retourne 8
SQRT(nbr)	Retourne la racine de nbr. Exemple : `SELECT SQRT(25);` retourne 5
PI()	Retourne le nombre PI. Exemples : `SELECT PI();` retourne 3.141593 `SELECT PI() + 0.0000000000;` retourne 3.1415926535
COS(nbr)	Retourne le cosinus de nbr.
ACOS(nbr)	Retourne l'arc cosinus de nbr.
SIN(nbr)	Retourne le sinus de nbr.

Nom	Description
ASIN(nbr)	Retourne l'arc sinus de nbr.
TAN(nbr)	Retourne la tangente de nbr.
ATAN(nbr)	Retourne l'arc tangent de nbr.
COT(nbr)	Retourne la cotangente de nbr.
RAND() RAND(nbr)	Retourne un nombre aléatoire à virgule flottante compris entre 0 et 1.0. Il est possible de spécifier l'argument nbr pour préciser la limite haute. Exemples : `SELECT RAND();` retourne 0.940192... `SELECT RAND(50);` retourne 0.476574...
LEAST(nbr1, nbr2...)	Retourne le plus petit des nbrX spécifiés. Exemple : `SELECT LEAST(18, 3, 9);` retourne 3
GREATEST(nbr1, nbr2...)	Retourne le plus grand des nbrX spécifiés. Exemple : `SELECT GREATEST(18, 3, 9);` retourne 18
DEGREES(nbr)	Convertit nbr depuis des gradients vers des degrés.
RADIANS(nbr)	Convertit nbr depuis des degrés vers des gradients.
TRUNCATE(nbr, D)	Retourne nbr tronqué à D décimales Exemple : `SELECT TRUNCATE(18.23, 1);` retourne 18.2 Depuis la version MySQL 3.23.51, il est possible de spécifier un D négatif. Exemple : `SELECT TRUNCATE(182, -2);` retourne 100

c. Les fonctions de chaînes

Le tableau suivant présente les fonctionnalités offertes par MySQL pour effectuer des opérations sur les chaînes de caractères.

Nom	Description
LIKE(motif)	Permet d'effectuer une comparaison en fonction d'un motif. Exemple : `SELECT 'machaine' LIKE 'machaine';` retourne 1
NOT LIKE(motif)	L'inverse de LIKE. Permet de retenir les valeurs ne répondant pas à un motif. Exemple : `SELECT 'machaine' NOT LIKE 'machaine';` retourne 0
_ (caractère souligné)	Permet de remplacer un caractère dans une chaîne pour créer un motif. Exemple : `SELECT 'machaine' LIKE 'ma_haine';` retourne 1
%	Permet de remplacer un ou plusieurs caractères dans une chaîne pour créer un motif. Exemple : `SELECT 'machaine' LIKE 'ma%ain%';` retourne 1
\	Caractère d'échappement. Il doit être précisé pour rechercher les caractères interprétés. Exemple : `SELECT 'machaine%' LIKE 'machaine\%';` retourne 1
BINARY	Par défaut, les comparaisons de chaînes ne sont pas sensibles à la casse. En précisant BINARY, la comparaison est sensible à la casse. Exemples : `SELECT 'Ma' LIKE 'MA'` ; retourne 1 `SELECT 'Ma' LIKE BINARY 'MA'` ; retourne 0
STRCMP(chaîne1, chaîne2)	Compare les deux chaînes et retourne : -1 si chaîne1 < chaîne2 0 si chaîne1 = chaîne2 1 si chaîne1 > chaîne2
MATCH	Est utilisé pour les recherches de texte intégral (voir Chapitre 3 - D - 8 - d - Recherche de texte intégrale).
UPPER('machaine')	Transforme les minuscules de la chaîne en majuscules. Exemple : `SELECT UPPER('mA');` retourne 'MA'

Nom	Description
LOWER ('MACHAINE')	Transforme les majuscules de la chaîne en minuscules. Exemple : `SELECT UPPER('mA');` retourne 'ma'

d. Les fonctions de dates

Les fonctions de dates donnent la possibilité de manipuler les dates de manière extrêmement souple.

Toutes ces fonctions acceptent un paramètre `date`. Ce paramètre `date` représente une chaîne ('2003-03-15', '2003-03-15 07:20:23'), la valeur contenue dans une colonne de type date, la valeur retournée par la fonction `NOW()` ou toute autre forme de date.

Nom	Description
NOW()	Retourne la date et l'heure selon le format '2003-03-15 07:41:00'
DATE_FORMAT (date, format)	Retourne la date selon le format spécifié. Pour obtenir plus d'informations sur le format, voir le tableau suivant.
DAYOFWEEK(date)	Retourne un chiffre représentant le jour de la semaine (1 pour dimanche, 2 pour lundi... 7 pour samedi). Respecte les spécifications ODBC. Exemple : `SELECT DAYOFWEEK(NOW());`
WEEKDAY(date)	Identique à DAYOFWEEK(). Retourne un chiffre représentant le jour (0 pour lundi... 7 pour dimanche). Exemple : `SELECT WEEKDAY(NOW());`
DAYOFMONTH(date)	La valeur retournée est comprise entre 1 et 31 et correspond au jour du mois. Exemple : `SELECT DAYOFMONTH('2003-03-15');` retourne 15
DAYOFYEAR(date)	La valeur retournée est comprise entre 1 et 366 et correspond au jour de l'année. Exemple : `SELECT DAYOFYEAR('2003-03-15');` retourne 74

Nom	Description
MONTH(date)	La valeur retournée est comprise entre 1 et 12 et correspond au mois. Exemple : `SELECT MONTH('2003-03-15 07: 41:00');` retourne 3
DAYNAME(date)	Retourne le nom du jour (lundi, mardi, ...). Exemple : `SELECT DAYNAME('2003-03-15 07:41:00');` retourne samedi
MONTHNAME(date)	Retourne le nom du mois. Exemple : `SELECT MONTNAME(NOW());`
QUARTER(date)	La valeur retournée est comprise entre 1 et 4 et correspond au trimestre. Exemple : `SELECT QUARTER('2003-03-15 07:41:00');` retourne 1
WEEK(date [, depart])	La valeur retournée est comprise entre 1 et 52 et correspond à la semaine de l'année. Le paramètre `depart` s'il n'est pas spécifié ou vaut 0 permet de spécifier que la semaine commence le samedi. En France, nous devons spécifier la valeur 1 pour `depart` car notre semaine commence le lundi. 0 et 1 sont les deux seules valeurs acceptées pour l'argument `depart`. Exemple : `SELECT WEEK('2003-03-30 07:41:00');` retourne 14 Exemple : `SELECT WEEK('2003-03-30 07:41:00', 1);` retourne 13
YEAR(date)	La valeur retournée est comprise entre 1000 et 9999 et correspond à l'année. Exemple : `SELECT YEAR(NOW());`
HOUR(date)	Retourne l'heure. Exemple : `SELECT HOUR('2003-03-30 07:41:00');` retourne 7
MINUTE(date)	Retourne les minutes. Exemple : `SELECT MINUTE('2003-03-30 07:41:00');` retourne 41

Nom	Description
SECOND(date)	Retourne les secondes. Exemple : `SELECT SECOND('2003-03-30 07:41:00');` retourne 0
TO_DAYS(date)	Retourne le nombre de jours écoulés depuis l'an 0 jusqu'à la date. Exemple : `SELECT TO_DAYS('2003-03-30 07:41:00');` retourne `731669`
FROM_DAYS(nbr)	Retourne la date en fonction d'un nombre de jours écoulés depuis l'an 0. C'est l'inverse de `FROM_DAYS()`. Exemple : `SELECT FROM_DAYS(731669);` retourne `'2003-03-30'`
CURDATE() CURRENT_DATE()	Retourne la date courante selon le format 'AAAA-MM-JJ'. Exemple : `SELECT CURDATE();` retourne `2003-03-30`
CURTIME() CURRENT_TIME()	Retourne la date courante selon le format 'HH:MM:SS'. Exemple : `SELECT CURTIME();` retourne `22:54:12`
UNIX_TIMESTAMP ([date])	Retourne la date et l'heure au format UNIX. C'est un entier non signé représentant le nombre de secondes écoulées depuis la date '1970-01-01 00:00:00'. En effet, UNIX gère toutes les dates selon ce format, ce qui permet d'avoir une référence unique. Il n'existe pas d'équivalent sous Windows. Si l'argument `date` est spécifié, la fonction retourne le nombre de secondes écoulées depuis la date de référence jusqu'à la date spécifiée.
FROM_UNIXTIME(unix_timestamp [, format])	Retourne une date et heure en fonction d'une valeur correspondant au nombre de secondes écoulées depuis la date '1970-01-01 00:00:00'. Voir la fonction UNIX_TIMESTAMP(). L'argument optionnel `format` permet de spécifier le format de la date retournée (voir le tableau suivant pour le détail des possibilités).

Motifs de date

Pour les fonctions DATE_FORMAT(date, format) et FROM_UNIX-TIME(unix_timestamp [, format]), le paramètre format représente un motif selon lequel la date doit être retournée. Le tableau suivant présente les possibilités offertes pour créer le motif.

Représentation	Description
%M	Le mois (janvier, février ...)
%W	Le jour de la semaine (lundi, mardi, ...)
%D	La date du mois avec les suffixes anglais (1st, 2nd, 3rd, ...)
%Y	L'année selon le format YYYY. Par exemple, 2003
%y	L'année selon le format YY. Par exemple, 03
%a	Abréviation du jour (lun, .. ,dim)
%d	Le jour du mois de 00 à 31
%m	Le numéro du mois de 1 à 12
%b	Abréviation du mois (jan. .. déc)
%j	Jour de l'année de 001 à 366
%H	L'heure de 00 à 23
%h	L'heure de 01 à 12
%i	Les minutes de 00 à 59
%r	L'heure au format américain sur 12 heures (hh.mm:ss [A | P] M)
%T	L'heure au format sur 24 heures (hh:mm:ss)
%S	Les secondes de 00 à 59
%p	AM ou PM
%w	Le numéro du jour de la semaine (0 = dimanche, 1= lundi...)
%U	Le numéro de la semaine de l'année de 00 à 52 en considérant que les semaines commencent le dimanche.

Représentation	Description
%u	Le numéro de la semaine de l'année de 00 à 52 en considérant que les semaines commencent le lundi.
%%	Affiche le symbole % dans la chaîne.

Il est possible de combiner ces représentations pour former une chaîne complète. Par exemple :

```
mysql>select DATE_FORMAT(now(), '%W %d %M %Y');
```

```
mysql> select DATE_FORMAT(now(), '%W %d %M %Y');
+----------------------------------+
| DATE_FORMAT(now(), '%W %d %M %Y') |
+----------------------------------+
| Wednesday 09 April 2003          |
+----------------------------------+
1 row in set (0.02 sec)

mysql>
```

e. Les fonctions de contrôle

Les fonctions de contrôle donnent la possibilité d'évaluer une expression afin de renvoyer une valeur.

Nom	Description
IF(expr1, expr2, expr3)	Si la condition `expr1` est vraie, alors `expr2` est retournée sinon `expr3` est retournée. Exemple : `SELECT IF(25>13, 'VRAI', NULL);` retourne VRAI
IFNULL(expr1, expr2)	Si `expr1` est `NULL`, alors `expr2` est retournée sinon `expr1` est retournée. Exemple : `SELECT IFNULL(25/0, 'VRAI');` retourne VRAI Exemple : `SELECT IFNULL(25/2, 'VRAI');` retourne 12.5

Nom	Description
NULLIF(expr1, expr2)	Si `expr1 = expr2`, alors `NULL` est retournée sinon `expr1` est retournée. Exemple : `SELECT NULLIF(25/2, 10);` retourne 12.5 Exemple : `SELECT NULLIF(25/5, 2.5*2);` retourne 5

CASE value
WHEN comp1
THEN res1
[WHEN comp2
THEN res2]
[ELSE elseres]
END
	Cette fonction compare `value` à chacun des `compX`, si une égalité est vérifiée, le `resX` correspondant est retourné, sinon `elseres` est retournée.
	Exemple :
	`SELECT CASE 3*2`
	`WHEN 2 THEN 'la valeur est 2'`
	`WHEN 6 THEN 'la valeur est 6'`
	`END;`
	retourne "la valeur est 6".
	
	Exemple :
	`SELECT CASE BINARY 'ma'`
	`WHEN 'Ma' THEN 1`
	`WHEN 'MA' THEN 2`
	`ELSE NULL`
	`END;`
	retourne NULL

f. Les fonctions d'agrégation

MySQL met à disposition plusieurs fonctions d'agrégation. Par exemple, si nous voulons connaître l'article ayant le prix le plus élevé, nous utilisons la fonction `MAX()`. Nous pouvons aussi connaître le nombre de factures avec la fonction `COUNT()`.

Voyons les différentes fonctions disponibles :

Nom	Description
AVG(column)	Moyenne des valeurs de la colonne spécifiée.
COUNT(items)	En spécifiant une colonne, la fonction renvoie le nombre de valeurs non nulles contenues dans cette colonne. En ajoutant le mot DISTINCT devant le nom de la colonne, la fonction renvoie le nombre de valeurs distinctes. En spécifiant COUNT(*), nous obtenons le nombre de valeurs y compris les valeurs NULL.
MIN(column)	Valeur minimum contenue dans la colonne spécifiée.
MAX(column)	Valeur maximale contenue dans la colonne spécifiée.
STD(column)	Ecart type des valeurs dans la colonne spécifiée. La fonction STDDEV(column) est équivalente à STD().
SUM (column)	Somme des valeurs contenues dans la colonne.
BIT_OR(column)	Ou logique (bit à bit) effectué sur les valeurs de la colonne.
BIT_AND(column)	Et logique (bit à bit) effectué sur les valeurs de la colonne.

-) Cherchons l'article le plus cher :

```
mysql>select MAX(prix) from articles;
```

```
mysql> select max(prix) from articles;
+-----------+
| max(prix) |
+-----------+
|      80.4 |
+-----------+
1 row in set (0.00 sec)

mysql>
```

Nous pouvons lier les fonctions d'agrégation à la clause `group by` pour modifier le comportement des fonctions d'agrégation. Nous pouvons écrire une requête renvoyant chaque commande et son montant :

```
mysql>select commandes.numcommande, sum(prix * quantite)
from commandes, details where commande.numcommande=details.
numcommande group by numcommande;
```

```
mysql> select commandes.numcommande, sum(prix*quantite) from commandes, details
where commandes.numcommande=details.numcommande group by numcommande;
+-------------+---------------------+
| numcommande | sum(prix*quantite)  |
+-------------+---------------------+
|           1 |              237.80 |
|           2 |               17.50 |
+-------------+---------------------+
2 rows in set (0.01 sec)

mysql> _
```

g. Les autres fonctions

Les fonctions suivantes ne sont pas des fonctions SQL, mais sont spécifiques à MySQL. Nous en avons déjà utilisé certaines, par exemple la fonction `PASSWORD()`.

Nom	Description
CAST(expression as type) CONVERT(expression, type)	Permet de convertir expression vers le type demandé. Type peut prendre les valeurs BINARY, DATE, DATETIME, SIGNED, TIME, UNSIGNED. Cette fonction existe depuis MySQL 4.0.2. Exemple : SELECT CAST ('2003-03-30' as DATE) ; retourne 2003-03-30.
LAST_INSERT_ID()	Retourne la valeur créée par une colonne de type AUTO_INCREMENT lors de la dernière requête d'insertion.
VERSION()	Retourne la version du serveur MySQL.

Nom	Description
CONNECTION_ID()	Retourne l'identifiant du thread de la connexion courante.
DATABASE()	Retourne la base de données courante ou une chaîne vide si aucune base de données n'est sélectionnée. Exemple : SELECT DATABASE(); retourne facsys
USER()	Retourne l'utilisateur courant Exemple : SELECT USER(); retourne adminfacsys@10.0.1.233
PASSWORD(chaîne)	Permet d'encrypter un mot de passe ou toute autre chaîne. C'est une fonction de hachage, il n'est pas possible de décoder la chaîne cryptée retournée.
ENCRYPT(chaîne, [, force])	Permet d'encrypter une chaîne à l'aide de la fonction Unix crypt(). Le paramètre optionnel force est une chaîne permettant de renforcer l'encodage.
ENCODE(chaîne, mdp)	Encode la chaîne avec mot de passe mdp.
DECODE(chaîne, mdp)	Décode la chaîne avec mot de passe mdp.
MD5(chaîne)	Retourne une chaîne encodée à la norme MD5 128 bits.
SHA1()	Retourne une chaîne encodée à la norme SHA1 160 bits.

8. Les index

a. Généralités

Lors d'une recherche, si la colonne faisant l'objet de la condition n'est pas indexée, MySQL parcourt tous les enregistrements de la table les uns après les autres jusqu'à ce qu'il trouve les enregistrements recherchés.

Les index permettent de trouver plus rapidement les enregistrements répondant aux critères de recherche.

On peut comparer un index de base de données à un index de livre, où les mots sont triés dans un ordre particulier (alphabétique en l'occurrence) pour trouver facilement la ou les pages contenant un mot. Si le livre ne dispose pas d'index, nous devons parcourir toutes les pages les unes après les autres pour trouver le mot recherché.

Les avantages de l'index sont :

- Meilleures performances des requêtes de lecture avec un critère de recherche (`SELECT ... WHERE`).
- Accélération des tris (`ORDER BY, HAVING`) et regroupement (`GROUP BY`).
- Optimisation des jointures (`JOIN`).
- Optimisation des calculs d'agrégats (`MIN(), MAX()...`).

Par contre, si l'index permet de gagner en vitesse, il a le défaut de coûter du temps pour les autres types de requête (`INSERT(), UPDATE(), DELETE()`) car il faut mettre les index à jour. Les index sont aussi consommateurs d'espace disque, MySQL créant un fichier par index. Ces fichiers portent l'extension **.MYI**.

Toute la difficulté est de savoir quand il est réellement nécessaire d'avoir un index, c'est-à-dire savoir dans quels cas la présence de l'index, et donc l'amélioration des requêtes d'extraction, est à privilègier aux créations et mises à jours d'enregistrement. Typiquement, on peut supposer que pour les sites Web, la priorité est donnée à la consultation des pages Web, donc on privilégie les index.

Dans un exemple précédent, nous avons recherché tous les articles dont le nom comporte le mot squash :

```
mysql>select nom from articles where nom like '%squash%';
```

La colonne **nom** de la table **articles** ne dispose pas d'index. Tant que nous disposons de peu d'articles, il y a peu d'influence sur la vitesse, mais il en sera bien autrement dès que nous gèrerons plus d'articles. Nous considérons que l'ajout d'articles est occasionnel. Nous créons donc un index sur la colonne **nom**.

b. Création d'un index

La syntaxe générale de la commande est :

```
CREATE [UNIQUE | FULLLTEXT] INDEX index_name ON table_name
(colname[(length)],...)
```

Cette commande n'existe que depuis la version 3.22 du serveur MySQL. Elle est une alternative à la commande ALTER TABLE vue dans la section B - 6 de ce chapitre, utilisée avec l'option ADD INDEX que nous n'avons pas détaillée :

```
ALTER TABLE tablename ADD INDEX [indexname]
colname[(length)], ...)
```

Il est possible de créer des index multicolonnes, la valeur de l'index est alors obtenue en concaténant les valeurs des différents champs composant l'index.

Pour les types CHAR et VARCHAR, nous pouvons créer des index composés d'une partie de la longueur totale de la colonne.

→) Créons par exemple un index sur les 10 premières lettres du nom d'un article :

```
mysql>CREATE INDEX part_nom ON articles(nom(10));
```

ou

```
mysql>ALTER TABLE articles ADD INDEX part_nom (nom(10));
```

L'intérêt d'un index partiel réside dans le gain de performances. Un index court est beaucoup plus performant. Et nous pouvons supposer que les 10 premiers caractères du nom sont assez représentatifs.

Le mot-clé FULLTEXT permet de créer un index de recherche intégrale. Ce type d'index est utilisé pour créer les moteurs de recherche des sites Web et est beaucoup plus performant que l'option LIKE. Il est expliqué au paragraphe d.

➨ Analysons notre base de données **facsys**. Le champ **idcategorie** de la table **articles** est une référence sur la table **categories**, il est donc bon d'en faire un index.

```
mysql>CREATE INDEX idcategorie ON articles(idcategorie);
```

c. Suppression d'un index

La syntaxe générale de la commande est :

```
DROP INDEX index_name ON table_name
```

➨ Supprimons l'index sur le nom de l'article créé sur la table **articles** :

```
mysql>DROP INDEX part_nom ON articles;
```

ou :

```
mysql>ALTER TABLE articles DROP INDEX part_nom;
```

d. Recherche de texte intégrale (FULLTEXT)

Les index de texte intégral sont optimisés pour les recherches de mots ou d'expressions en langage courant. Les index standards sont construits suivant des algorithmes mathématiques et les index FULL TEXT suivant des algorithmes alphabétiques. Il est par exemple très pratique d'utiliser ce type d'index pour créer des moteurs de recherche pour sites Web. Cette fonctionnalité est disponible depuis la version 3.23.23 de MySQL.

Il peut s'appliquer aux colonnes de type CHAR et VARCHAR. Il permet une recherche beaucoup plus performante qu'avec un index standard.

Il se crée soit en même temps que la table :

```
mysql>CREATE TABLE clients (
idclient CHAR(6) PRIMARY KEY NOT NULL,
nom CHAR(30),
prenom CHAR(30),
adresse CHAR(50),
codepostal INT(5),
ville CHAR(30),
telephone INT(10),
FULLTEXT (nom, prenom, adresse, ville)
);
```

ou, si la table existe déjà :

```
mysql>ALTER  TABLE  clients  ADD  FULLTEXT  (nom,  prenom,
adresse, ville);
```

ou encore :

```
mysql>CREATE FULLTEXT INDEX iclients ON clients(nom,
prenom, adresse, ville);
```

```
mysql> create fulltext index iclients on clients(nom, prenom, adresse, ville);
Query OK, 4 rows affected (0.03 sec)
Records: 4  Duplicates: 0  Warnings: 0

mysql>
```

Pour effectuer une requête avec un tel index, nous utilisons le mot-clé MATCH au lieu de LIKE.

Exemple :

```
mysql>SELECT nom,prenom FROM clients WHERE MATCH (nom,
prenom, adresse, ville) AGAINST ('sylvain menhir');
```

```
mysql> select nom,prenom from clients where match (nom,prenom,adresse,ville) aga
inst ('sylvain menhir');
+--------+--------+
| nom    | prenom |
+--------+--------+
| Durand | Pierre |
| Durand | Sylvain |
+--------+--------+
2 rows in set (0.04 sec)

mysql> _
```

Cette requête effectue une recherche sur du texte en langage naturel. La recherche est insensible à la casse. Le mot-clé AGAINST() permet de préciser le ou les mots recherchés.

Lorsque le mot-clé MATCH() est utilisé avec la clause WHERE comme dans notre exemple, les enregistrements sont retournés dans un ordre de pertinence, le premier étant le plus pertinent. La pertinence est un nombre positif à virgule flottante qui vaut zéro s'il n'y a pas de correspondance. Donc plus le nombre est grand, meilleur est le résultat. Ce nombre est calculé en fonction du nombre de mots correspondant à la recherche, en fonction de l'unicité des mots recherchés, du nombre d'enregistrements trouvés, de la pertinence du résultat face aux autres enregistrements.

Il est possible de connaître l'indice de pertinence avec une requête comme celle-ci :

```
mysql>SELECT nom, prenom, MATCH(nom, prenom, adresse, ville)
AGAINST ('sylvain menhir') as pertinence from clients;
```

```
mysql> select nom, prenom, match(nom, prenom, adresse, ville) against ('sylvain
menhir') as pertinence from clients;
+---------+---------+-----------------+
| nom     | prenom  | pertinence      |
+---------+---------+-----------------+
| Durand  | Pierre  | 1.0502985262096 |
| Blineau | Daniel  |               0 |
| Tesson  | Alain   |               0 |
| Durand  | Sylvain | 1.0388768903895 |
+---------+---------+-----------------+
4 rows in set (0.00 sec)

mysql>
```

Par contre, puisque nous n'avons pas utilisé de clause WHERE ou ORDER BY, les enregistrements ne sont pas triés par ordre de pertinence.

Complétons notre requête pour qu'elle ne retourne que les enregistrements dont la pertinence est supérieure à 0 et du plus pertinent au moins pertinent. Pour cela, nous devons préciser deux fois la clause MATCH() mais cela n'a pas d'importance car l'optimiseur de code MySQL s'en rend compte et n'effectue qu'une seule fois la requête :

```
mysql>SELECT nom, prenom, MATCH(nom, prenom, adresse,
ville) AGAINST ('sylvain menhir') as pertinence from clients
WHERE MATCH(nom, prenom, adresse, ville) AGAINST ('sylvain
menhir');
```

```
mysql> select nom, prenom, match(nom, prenom, adresse, ville) against ('sylvain
menhir') as pertinence from clients where match(nom, prenom, adresse, ville) aga
inst ('sylvain menhir');
+--------+--------+------------------+
| nom    | prenom | pertinence       |
+--------+--------+------------------+
| Durand | Pierre | 1.0502985262096  |
| Durand | Sylvain| 1.0388768903895  |
+--------+--------+------------------+
2 rows in set (0.01 sec)

mysql>
```

> En complétant la requête précédente avec une clause LIMIT avec le WHERE, il est très facile de créer un moteur de recherche affichant un nombre de résultat donné sur différentes pages à l'image des moteurs de recherche sur Internet.

Dans certains cas, cette requête peut retourner des résultats particuliers ou bien même aucun résultat. Par exemple, si vous recherchez le mot Durand dans notre requête précédente, MySQL ne retourne rien. Une petite explication : si un mot est trop court, trois lettres ou moins, il est ignoré ; si un mot apparaît dans de trop nombreux enregistrements, il est ignoré car il pourrait fausser la pertinence ; par contre, un mot rare hérite d'une pertinence élevée. Dans notre exemple, si on recherche Durand, il est présent dans la moitié des enregistrements, donc il est peu pertinent. En fait, il n'est pas recommandé d'utiliser la recherche de texte intégrale sur des tables contenant peu d'enregistrements, il faut dans ce cas préférer une requête avec le mot-clé LIKE.

Depuis la version 4.0.1 de MySQL il est possible de faire des recherches en précisant des opérateurs booléens comme pour les moteurs de recherche. Par exemple, AGAINST('+mot1 +mot2' IN BOOLEAN MODE) cherchera les enregistrements où mot1 et mot2 apparaissent et AGAINST('+mot1 -mot2' IN BOOLEAN MODE) cherchera les enregistrements où mot1 apparaît mais sans mot2.

Cette fonctionnalité est extrêmement puissante. Il suffit de préciser IN BOOLEAN MODE dans la clause AGAINST. Différents opérateurs permettent de modifier le motif de recherche. Le tableau suivant les présente.

Les opérateurs

Nom	Description
+mot	Mot doit se trouver dans les résultats de la recherche.
-mot	Mot ne doit pas se trouver dans les résultats de la recherche.
<mot	Permet d'abaisser l'importance de mot dans la recherche.
>mot	Permet d'augmenter l'importance de mot dans la recherche.
(expr)	Permet de créer un sous-groupe dans le motif pour gérer les priorités comme dans une opération mathématique.
~mot	Permet de donner un indice négatif de recherche à mot. L'opérateur ~ n'exclut pas le mot comme l'opérateur - mais donne un indice très faible à mot dans la recherche.
mot*	Recherche tous les mots commençants par mot.
"mes mots"	Recherche l'expression exacte mes mots.

Analysons quelques exemples :

→) Cherchons tous les enregistrements contenant au moins un des trois mots sylvain, menhir, Nantes :

```
mysql>SELECT nom, prenom, MATCH(nom, prenom, adresse, ville)
AGAINST ('sylvain menhir Nantes' IN BOOLEAN MODE) as
pertinence from clients;
```

→) Cherchons tous les enregistrements contenant `sylvain` et `menhir` mais pas `Nantes` :

```
mysql>SELECT nom, prenom, MATCH(nom, prenom, adresse, ville)
AGAINST ('+sylvain +menhir -Nantes' IN BOOLEAN MODE) as
pertinence from clients;
```

→) Cherchons tous les enregistrements contenant `sylvain` et `menhir` ou `sylvain` et `Nantes` mais ceux contenant `Nantes` sont moins importants et auront donc un indice inférieur à ceux contenant `menhir` :

```
mysql>SELECT nom, prenom, MATCH(nom, prenom, adresse, ville)
GAINST ('+sylvain +(>menhir  <Nantes)' IN BOOLEAN MODE) as
pertinence from clients;
```

→) Cherchons tous les enregistrements contenant exactement l'expression `Rue du menhir` et le mot `Nantes` :

```
mysql>SELECT nom, prenom, MATCH(nom, prenom, adresse, ville)
AGAINST ('+"Rue du menhir" +Nantes' IN BOOLEAN MODE) as
pertinence from clients;
```

Le mode booléen présente l'avantage de pouvoir exécuter des recherches sur des colonnes même si elles ne sont pas indexées, contrairement au mode normal où nous recevons un message d'erreur. Par contre, dans ce cas la recherche est beaucoup plus lente.

Le mode booléen donne aussi la possibilité d'effectuer des recherches sur des colonnes de plusieurs tables.

En conclusion, on devine que cette fonctionnalité est extrêmement puissante et permet très facilement de construire un moteur de recherche flexible et très performant.

9. Les verrous

a. Généralités

Lorsque nous voulons lire, mettre à jour ou supprimer des enregistrements d'une table, il est parfois bon de poser un verrou sur cette table pour s'assurer qu'aucun autre utilisateur n'accède à la table.

Il n'est généralement pas nécessaire de poser de verrou car MySQL gère cela très bien automatiquement. Il peut être utile cependant de poser un verrou pour effectuer un ensemble de commandes successives, nous gagnons en performance et en sécurité. Imaginons par exemple que nous voulions lire un article puis dans une seconde requête lire la catégorie correspondante. Si nous ne mettons pas de verrous, il se peut qu'entre nos deux requêtes un autre utilisateur supprime la catégorie que nous voulons lire. Il est souvent possible de contourner le problème, dans notre exemple il est préférable d'utiliser une jointure qui nous donnera le même résultat en une seule commande.

b. LOCK TABLE

Cette commande permet de verrouiller une ou plusieurs tables. La syntaxe générale est la suivante :

```
LOCK TABLES nomtable [AS alias] {READ | [LOW_PRIORITY] WRITE}
```

Un verrou d'écriture est prioritaire sur un verrou de lecture mais si l'option `LOW_PRIORITY` est spécifiée, c'est l'inverse.

→) Mettons un verrou de lecture sur la table **categories** :

```
mysql> lock tables  categories read;
Query OK, 0 rows affected (0.00 sec)

mysql>
```

→) Depuis une autre connexion, essayons d'insérer une autre catégorie :

```
mysql> insert into categories(nom, description) values ("nouvelle categorie", "t
est");
```

Nous remarquons que la requête d'insertion est mise en attente. Dès que le premier utilisateur aura déverrouillé la table, l'insertion sera exécutée. Si des requêtes de lecture sont en attente en même temps que l'insertion, alors cette dernière sera prioritaire.

c. UNLOCK TABLES

Cette commande permet de déverrouiller toutes les tables actuellement verrouillées par l'utilisateur, la syntaxe est :

```
UNLOCK TABLES
```

→) Déverrouillons la table précédemment verrouillée :

```
mysql> unlock tables;
Query OK, 0 rows affected (0.00 sec)

mysql>
```

→) Nous remarquons que la requête INSERT qui était en attente est aussitôt exécutée :

```
mysql> insert into categories(nom, description) values ("nouvelle categorie", "t
est");
Query OK, 1 row affected (58.27 sec)

mysql>
```

Il n'est pas possible de déverrouiller une partie des tables verrouillées, UNLOCK TABLES supprime tous les verrous.

10. Les procédures stockées et les fonctions

a. Introduction

Les procédures stockées et les fonctions font partie des nouveautés les plus importantes de la version 5 de MySQL, voire sont la plus importante. Leur nom générique est le terme routine .

Une routine est un jeu de commandes SQL qui est enregistré sur le serveur MySQL. Cet ensemble est identifié par un nom et éventuellement des paramètres d'entrée/sortie.

Une procédure stockée permet de renvoyer un jeu d'enregistrements tel que le résultat d'une commande `select` par exemple alors qu'une fonction renvoie un scalaire.

L'utilisation des routines présente nombreux intérêts :

- moins de charge réseau, car il suffit d'appeler la routine par son nom et éventuellement ses paramètres pour que le serveur MySQL exécute l'ensemble des commandes SQL associées et renvoie le résultat final au client. Sans les procédures stockées et les fonctions, les programmes clients doivent faire les appels consécutifs correspondant à chacune des commandes SQL et après chaque commande, il faut analyser les résultats et en fonction du résultat appeler la commande SQL suivante.

- la possibilité de déplacer la logique applicative du client vers le serveur. Au lieu que chaque application cliente dispose de son propre code SQL pour insérer, valider, modifier, supprimer... les données, la création de routines permet de centraliser les méthodes d'accès aux données en présentant une interface commune pour tous les programmes.

- l'amélioration de la robustesse et de la sécurité des bases de données. En limitant l'accès des utilisateurs aux seules routines sans laisser l'accès aux tables directement, il est possible de sécuriser la base de données. Prenons l'exemple de la base de données **facsys**, et en particulier la gestion des stocks. En laissant l'accès direct aux tables, rien n'empêche à un programmeur d'autoriser la facturation de 50 articles bien qu'il n'y en ait que 20 en stock. Si par contre, on oblige le programmeur à utiliser des procédures stockées et des fonctions prédéfinies, il suffit d'effectuer la gestion du stock dans ces dernières.

- la diminution des bugs. Souvent une base de données est accédée par plusieurs programmes, par exemple le site web et l'interface d'administration. Si chaque développeur crée ses propres requêtes SQL, il y a autant de risques de bugs. Si tous utilisent les mêmes routines, on augmente les chances de détection des bugs dès de la phase de test et il suffit de modifier la routine pour que tous les programmes clients soient corrigés.

- l'accélération des développements car souvent les bases de données sont complexes et leur structure est connue de peu de personnes. En mettant une interface commune à disposition des développeurs, ces derniers peuvent se concentrer sur la création de l'interface sans se soucier de la logique applicative. De plus, le langage SQL est complexe et on évite ainsi que chaque développeur ait besoin de connaître ce langage pour accéder aux données.

En contrepartie, il en résulte une charge plus importante du serveur puisque ce dernier doit traiter tous les résultats intermédiaires des requêtes SQL composant la routine. Ce point est tout à fait relatif étant donné l'accélération des performances des serveurs en termes de processeur, mémoire et disques durs.

Pour créer une routine, l'utilisateur doit disposer du privilège CREATE ROUTINE ; pour modifier ou supprimer une routine, il doit disposer du privilège ALTER ROUTINE, ce privilège étant automatiquement attribué au créateur de la routine ; et le privilège EXECUTE est requis pour l'exécuter, ce dernier étant aussi automatiquement attribué au créateur de la routine.

b. Création

La syntaxe générale de la commande de création d'une procédure stockée est la suivante :

```
CREATE PROCEDURE nom ([parametre1, parametre 2, ...])
[caractéristiques]
BEGIN
  instructions SQL
END
```

et celle d'une fonction la suivante :

```
CREATE FUNCTION nom ([parametre1, parametre 2, ...])
RETURNS TypeRetour
[caractéristiques]
BEGIN
  instructions SQL
END
```

nom est l'identifiant unique qui permet d'exécuter la procédure stockée.

Les paramètres permettent de passer ou de recevoir des informations et leur syntaxe est la suivante :

```
[IN | OUT | INOUT] nom_parametre type
```

Par défaut, si ce n'est pas précisé, les paramètres sont de type IN, c'est-à-dire qu'ils permettent de fournir une donnée à la routine ; si le type est OUT, la procédure stockée renverra une information via ce paramètre et si le type est INOUT, le paramètre servira d'entrée et de sortie pour la procédure stockée. Une fonction n'accepte que des paramètres de type IN.

nom_parametre permet d'identifier le paramètre.

`type` correspond à n'importe quel type SQL tel que char, varchar, int, date...

`TypeRetour` doit être spécifié dans le cadre d'une fonction pour préciser le type de la valeur retournée. Ce type correspond à n'importe quel type SQL tel que char, varchar, int, date...

Les caractéristiques permettent de préciser des options complémentaires :

```
LANGUAGE SQL
  | {CONTAINS SQL | NO SQL | READS SQL DATA | MODIFIES SQL DATA}
  | [NOT] DETERMINISTIC
  | SQL SECURITY {DEFINER | INVOKER}
  | COMMENT commentaires
```

- Il n'est pas nécessaire de spécifier LANGUAGE SQL car c'est pour l'instant le seul langage disponible. Mais dans un futur proche, il est vraisemblable que d'autres langages tels que le PHP et bien d'autres seront intégrés pour écrire les routines.

- Si ce n'est pas précisé, MySQL utilise CONTAINS SQL qui précise que la routine contient des requêtes SQL. READS SQL DATA permet de préciser qu'aucun accès en écriture n'est effectué par la routine, seulement en lecture. MODIFIES SQL DATA permet de préciser que la routine contient des requêtes en écriture et NO SQL précise que la routine ne contient pas de requêtes SQL. Ces paramètres sont utilisés pour améliorer les performances.

- Si une procédure est DETERMINISTIC, elle renvoie toujours le même résultat si les paramètres d'entrée sont les mêmes. Par exemple, une procédure stockée qui renvoie le nombre de lignes de commande d'une facture est DETERMINISTIC puisque le nombre de lignes de commande n'évolue pas une fois la facture émise. Par contre, une procédure qui renvoie le montant moyen des 100 dernières factures est NOT DETERMINISTIC puisque malgré le paramètre d'entrée 100, suivant l'instant où nous exécutons la procédure, le résultat est différent. Ce paramètre, bien qu'existant, n'est actuellement pas pris en compte par le serveur. À terme, il servira à optimiser les requêtes, en particulier la gestion du cache. Par défaut, si ce paramètre est omis, MySQL considère la procédure NOT DETERMINISTIC.

- SQL SECURITY permet de définir le cadre d'exécution de la procédure stockée. Si DEFINER est précisé, la procédure sera exécutée avec les privilèges du créateur de la procédure et si INVOKER est précisé, elle sera alors exécuté avec les privilèges de l'utilisateur qui appelle la procédure. Ce point est important car avec l'option DEFINER, un utilisateur qui lance la routine peut accéder à des données alors qu'il ne possède pas les privilèges sur les tables qui contiennent ces données. Cette option est un moyen pratique de permettre l'accès aux routines sans donner directement l'accès aux données.

- COMMENT permet de préciser un commentaire, par exemple les fonctionnalités de la procédure. Le commentaire est affiché via la commande SHOW CREATE PROCEDURE.

Les instructions SQL représentent la logique applicative et sont une suite de requêtes SQL standard.

Créons une procédure stockée InfosClients qui retourne les informations d'un client en fonction d'un code client fourni en paramètre d'entrée :

```
mysql>delimiter //
mysql>CREATE PROCEDURE InfosClients (IN codeclient char(6))
      ->READS SQL DATA
      ->BEGIN
      -> select * from facsys.clients where idclient
like codeclient;
      ->END
      ->//
```

```
mysql> delimiter //
mysql> create procedure InfosClients (IN codeclient char(6))
    -> READS SQL DATA
    -> BEGIN
    ->     select * from facsys.clients where idclient like codeclient;
    -> END
    -> //
Query OK, 0 rows affected (0.00 sec)

mysql>
```

Nous utilisons la commande DELIMITER pour modifier le symbole de fin d'instruction utilisé par défaut par le client MySQL qui est le point-virgule. En effet, nous choisissons le symbole // pour garder le point-virgule comme séparateur d'instructions SQL à l'intérieur de la procédure stockée.

Pour tester notre procédure, cherchons les utilisateurs dont le code commence par 'DUR'. Pour exécuter une procédure stockée, nous devons utiliser le mot-clé CALL.

```
mysql> CALL InfosClients('DUR%');
```

```
mysql> call InfosClients('DUR%');
+----------+--------+---------+--------------+------------+--------+-----------+
| idclient | nom    | prenom  | adresse      | codepostal | ville  | telephone |
+----------+--------+---------+--------------+------------+--------+-----------+
| DUR001   | Durand | Pierre  | Rue du menhir|      44500 | Nantes | 240955689 |
| DUR004   | Durand | Sylvain | Place mayeu  |      75000 | Paris  | 189457698 |
+----------+--------+---------+--------------+------------+--------+-----------+
2 rows in set (0.00 sec)

Query OK, 0 rows affected (0.01 sec)

mysql>
```

Créons une fonction qui retoune le nombre de commandes d'un client en fonction de son code :

```
mysql>delimiter //
mysql>CREATE FUNCTION NombreDeCommandePourUnClient (codecli
ent CHAR(6))
        ->returns int
        ->READS SQL DATA
        ->BEGIN
        ->   declare retour int;
        ->   select count(*) into retour from commandes where
idclient=codeclient;
        ->   return retour;
        ->END
        ->//
```

```
mysql> delimiter //
mysql> create function NombreDeCommandePourUnClient (codeclient CHAR(6))
    -> returns int
    -> READS SQL DATA
    -> BEGIN
    ->     declare retour int;
    ->     select count(*) into retour from commandes where idclient=codeclient;
    ->     return retour;
    -> END
    -> //
Query OK, 0 rows affected (0.01 sec)

mysql>
```

Testons notre fonction cherchant le nombre de commandes de Pierre DURAND dont le code est DUR001 :

```
mysql>select NombreDeCommandePourUnClient('DUR001');
```

```
mysql>
mysql> select NombreDeCommandePourUnClient('DUR001');
+---------------------------------------+
| NombreDeCommandePourUnClient('DUR001') |
+---------------------------------------+
|                                     2 |
+---------------------------------------+
1 row in set (0.01 sec)

mysql>
```

c. Modification

La syntaxe générale de la commande de modification d'une routine est identique pour les procédures stockées et les fonctions :

```
ALTER PROCEDURE | FUNCTION nom [caractéristiques]
```

Cette commande permet de modifier les caractéristiques d'une routine.

Les caractéristiques peuvent être :

```
{CONTAINS SQL | NO SQL | READS SQL DATA | MODIFIES SQL DATA}
  | SQL SECURITY {DEFINER | INVOKER}
  | COMMENT commentaires
```

L'utilisation de ces caractéristiques est identique aux commandes de création.

Par exemple, pour ajouter un commentaire à la procédure stockée que nous avons créée précédemment, nous utilisons la commande suivante :

```
mysql>ALTER PROCEDURE InfosClients COMMENT 'Lire les
informations d\'un ou plusieurs clients'
```

```
mysql> show create procedure InfosClients;
+--------------+------------+-------------------------------------------------------------------------+
| Procedure    | sql_mode   | Create Procedure                                                        |
+--------------+------------+-------------------------------------------------------------------------+
| InfosClients |            | CREATE PROCEDURE `InfosClients`(IN codeclient char(6))
BEGIN
select * from facsys.clients where idclient like codeclient;
END |
+--------------+------------+-------------------------------------------------------------------------+
1 row in set (0.00 sec)

mysql>
mysql>
mysql> ALTER PROCEDURE InfosClients COMMENT 'Lire les informations d\'un ou plusieurs clients';
Query OK, 0 rows affected (0.00 sec)

mysql> show create procedure InfosClients;
+--------------+------------+-------------------------------------------------------------------------+
| Procedure    | sql_mode   | Create Procedure                                                        |
+--------------+------------+-------------------------------------------------------------------------+
| InfosClients |            | CREATE PROCEDURE `InfosClients`(IN codeclient char(6))
    COMMENT 'Lire les informations d''un ou plusieurs clients'
BEGIN
select * from facsys.clients where idclient like codeclient;
END |
+--------------+------------+-------------------------------------------------------------------------+
1 row in set (0.00 sec)

mysql>
```

d. Suppression

La suppression d'une routine s'effectue avec la commande :

```
DROP {PROCEDURE | FUNCTION} [IF EXISTS] nom
```

La clause IF EXISTS permet d'éviter que MySQL génère une erreur si la routine n'existe pas.

Supprimons la fonction que nous avons précédemment créée :

```
mysql>DROP FUNCTION  NombreDeCommandePourUnClient;
```

```
mysql> drop function NombreDeCommandePourUnClient;
Query OK, 0 rows affected (0.00 sec)

mysql>
```

e. Informations sur les routines

Les instructions SHOW CREATE PROCEDURE (ou SHOW CREATE FUNC-TION) et SHOW PROCEDURE STATUS (ou SHOW FUNCTION STATUS) permettent d'obtenir des informations sur les routines existantes.

SHOW CREATE PROCEDURE et SHOW CREATE FUNCTION permettent d'obtenir la commande SQL qui a permis de créer la routine. Elle est un équivalent de SHOW CREATE TABLE pour les tables.

Retrouvons la commande exécutée pour créer notre procédure stockée **InfosClients** :

```
mysql>SHOW CREATE PROCEDURE InfosClients;
```

```
mysql> show create procedure InfosClients\G;
*********************** 1. row ***************************
        Procedure: InfosClients
         sql_mode:
Create Procedure: CREATE PROCEDURE `InfosClients`(IN codeclient char(6))
    COMMENT 'Lire les informations d''un ou plusieurs clients'
BEGIN
select * from facsys.clients where idclient like codeclient;
END
1 row in set (0.00 sec)

ERROR:
No query specified

mysql>
```

SHOW PROCEDURE STATUS et SHOW FUNCTION STATUS permettent d'obtenir les métadonnées liées aux routines telles que le créateur, la base de données à laquelle s'applique la routine, sa date de création...

Demandons le status de la procédure stockée **InfosCLients** :

```
mysql>SHOW CREATE PROCEDURE like 'InfosCLients';
```

```
mysql> show procedure status like 'InfosClients'\G:
*************************** 1. row ***************************
          Db: facsys
        Name: InfosClients
        Type: PROCEDURE
     Definer: root@localhost
    Modified: 2005-12-11 14:06:12
     Created: 2005-12-11 11:20:55
Security_type: DEFINER
     Comment: Lire les informations d'un ou plusieurs clients
1 row in set (0.00 sec)

ERROR:
No query specified

mysql> █
```

f. Les CONDITIONS et les HANDLERS

Avec MySQL, la gestion des erreurs dans les routines est à la fois originale et puissante.

Un HANDLER est un bloc d'instructions SQL exécuté lorsqu'une CONDITION est vérifiée suite à une exception générée par le serveur MySQL. Ces exceptions peuvent être des erreurs ou des informations. On crée ainsi des gestionnaires d'erreur.

Pour les HANDLERS la déclaration est la suivante :

```
DECLARE TypeHandler HANDLER FOR Condition [, ...]
InstructionsSQL
```

avec

```
TypeHandler = CONTINUE | EXIT | UNDO
```

et

```
Condition = SQLSTATE valeur | SQLWARNING | NOT FOUND |
SQLEXCEPTION | code_erreur_mysql | Nom_Condition
```

`TypeHandler` peut prendre pour valeur `CONTINUE`, `EXIT` ou `UNDO`. `CONTINUE` permet de spécifier que l'exception générée n'interrompt pas le code SQL. `EXIT` permet de mettre fin au bloc d'instructions `BEGIN ... END` dans lequel est générée l'exception en provoquant la sortie immédiate du bloc. `UNDO` n'est pas encore supporté.

`Condition` peut prendre les valeurs `SQLSTATE` et alors le bloc d'instructions `InstructionsSQL` sera exécuté lorsque l'erreur `valeur` sera générée par le serveur ; `SQLWARNING`, `NOT FOUND` et `SQLEXCEPTION` sont des sous-ensembles de `SQLSTATE`. Ainsi `SQLWARNING` représente tous les codes commençant par 01, `NOT FOUND` ceux qui commencent par 02 et `SQLEXCEPTION` les erreurs ne commençant ni par 01, ni par 02. Il est aussi possible d'intercepter les erreurs du serveur lui-même en précisant un code erreur MySQL. La dernière possibilité consiste à intercepter une exception que nous déclarons et nommons au préalable.

```
DECLARE  Nom_Condition CONDITION FOR condition_Value
```

avec

```
condition_Value = SQLSTATE valeur | code_erreur_mysql
```

Par exemple, créons un gestionnaire d'erreur pour intercepter l'exception générée lorsqu'une contrainte de clé primaire est générée. Pour connaître l'erreur SQL générée dans ce cas, nous allons essayer d'insérer dans notre base de données facsys une nouvelle catégorie avec 1 pour valeur de clé primaire ; le client MySQL va nous retourner une erreur puisque nous disposons déjà d'une catégorie qui a 1 pour identifiant :

```
mysql>insert into categorie values (1, 'test', '');
```

```
mysql> insert into categories values (1, 'test', '');
ERROR 1062 (23000): Duplicate entry '1' for key 1
mysql>
```

Nous remarquons sur la capture d'écran que l'erreur MySQL générée est 1062, et que l'erreur SQL associée est 23000.

Créons une condition associée à cette erreur :

```
Mysql>DECLARE CDT_CLE_PRIMAIRE_DUPLIQUEE CONDITION
FOR SQLSTATE '23000'
```

Maintenant, ajoutons un gestionnaire d'erreur qui valorise la variable @a à 1 si l'erreur CDT_CLE_PRIMAIRE_DUPLIQUEE est générée.

```
Mysql>DECLARE CONTINUE HANDLER FOR CDT_CLE_PRIMAIRE_DUPLIQUEE
set @a=1;
```

g. Les curseurs

Les curseurs sont principalement utilisés dans les procédures stockées, les déclencheurs et les scripts, où ils permettent aux autres instructions SQL d'accéder au contenu d'un jeu de résultats.

Imaginons que nous voulons effectuer un ensemble d'instructions SQL sur un même jeu d'enregistrements. L'idéal serait de pouvoir effectuer une boucle sur le jeu d'enregistrements source dans laquelle nous exécutons l'ensemble des instructions SQL. C'est la possibilité offerte par les curseurs.

En général, pour utiliser un curseur, procédons comme suit :

- Déclarer les variables devant contenir les données renvoyées par le curseur. Déclarer une variable pour chaque colonne du jeu de résultats.

- Associer un curseur à une instruction SELECT à l'aide de l'instruction DECLARE CURSOR. Utiliser l'instruction OPEN pour exécuter l'instruction SELECT et remplir le curseur.

- Utiliser l'instruction FETCH INTO pour extraire des lignes individuelles et placer les données de chaque colonne dans une variable spécifiée. Les autres instructions SQL peuvent ensuite référencer ces variables pour accéder aux valeurs des données extraites.

- Lorsque nous avons terminé d'utiliser le curseur, utilisons l'instruction CLOSE. La fermeture d'un curseur libère des ressources, comme le jeu de résultats du curseur et ses verrous sur la ligne en cours.

Écrivons la fonction `NbArticlesVendusPourUneCategorie` qui retoune le nombre d'articles vendus pour une catégorie donnée. Pour cela, nous devons effectuer une première requête pour obtenir la liste des articles de la catégorie spécifiée et ensuite, pour chacun des articles, et c'est là qu'intervient le curseur, nous devons cumuler le nombre d'articles vendus en examinant la table **details**.

```
mysql>delimiter //
mysql>DROP FUNCTION IF EXISTS 'facsys'.'NbArticlesVendusPourUneCategorie' //
mysql>CREATE FUNCTION NbArticlesVendusPourUneCategorie(codecategorie tinyint)
        ->RETURNS int
        ->READS SQL DATA
        ->BEGIN
        ->  DECLARE retour, done, lCpt INT DEFAULT 0;
        ->  DECLARE tmpCodeArticle CHAR(5);
        ->  DECLARE cursor_EOF CONDITION FOR SQLSTATE '02000';
        ->  DECLARE curLstArticles CURSOR FOR select codearticle from
facsys.articles where idcategorie = codecategorie;
        ->  DECLARE CONTINUE HANDLER FOR cursor_EOF SET done=1;
        ->  OPEN  curLstArticles;
        ->  FETCH  curLstArticles INTO  tmpCodeArticle;
        ->  WHILE done <> 1 DO
        ->    select count(*) into lCpt from details where codearticle =
tmpcodearticle;
        ->    if lCpt > 0 then
        ->      set retour = retour + (select SUM(quantite) from details
where codearticle = tmpcodearticle);
        ->    end if;
        ->    FETCH  curLstArticles INTO  tmpCodeArticle;
        ->  END WHILE;
        ->  CLOSE  curLstArticles;
        ->  RETURN  retour;
        ->END//
mysql>delimiter
```

Remarquons l'utilisation d'un HANDLER pour terminer la boucle WHILE. Sur l'erreur SQL '02000', MySQL mettra la variable done à 1, ce qui provoquera la sortie de la boucle WHILE. L'erreur SQL '02000' correspond à l'erreur générée par le serveur lorsqu'une instruction FETCH atteint la fin du jeu de résultats du curseur associé.

Exécutons notre fonction pour obtenir le nombre d'articles vendus dans les catégories 1, 2 et 3 :

```
mysql> select NbArticlesVendusPourUneCategorie(1);
+-------------------------------------+
| NbArticlesVendusPourUneCategorie(1) |
+-------------------------------------+
|                                   2 |
+-------------------------------------+
1 row in set (0.00 sec)

mysql> select NbArticlesVendusPourUneCategorie(2);
+-------------------------------------+
| NbArticlesVendusPourUneCategorie(2) |
+-------------------------------------+
|                                   4 |
+-------------------------------------+
1 row in set (0.00 sec)

mysql> select NbArticlesVendusPourUneCategorie(3);
+-------------------------------------+
| NbArticlesVendusPourUneCategorie(3) |
+-------------------------------------+
|                                   1 |
+-------------------------------------+
1 row in set (0.00 sec)

mysql>
```

h. Les structures de contrôle pour les routines

Dans l'exemple précédent, nous avons utilisé deux types de structures de contrôle, le IF et le WHILE. Ces types de structure permettent de tester, itérer, boucler, quitter une ou des instructions SQL. Il est possible d'utiliser des blocs de commandes BEGIN ... END avec chacune des structures de contrôle.

Attention à ne pas confondre ces structures de contrôle avec par exemple la fonction SQL IF() ou l'expression SQL CASE. Même si l'utilisation finale est très proche voire identique, souvent la syntaxe est légèrement différente. Ainsi une structure CASE dans une routine se termine par END CASE alors que l'expression SQL CASE se termine par END.

La commande IF

```
IF Condition1 THEN instructions1
[ELSEIF Condition2 THEN instructions2]
[ELSE instructions3]
END IF
```

IF permet de tester une condition. Si la condition est vérifiée (si condition1 est vraie), alors les instructions SQL correspondantes (instructions1) sont exécutées sinon les instructions contenues dans le bloc ELSE sont exécutées. Plusieurs conditions peuvent être testées avant de passer dans le ELSE via la commande ELSEIF.

La commande CASE

```
CASE Test_valeur
   WHEN valeur1 THEN instructions1
   [WHEN valeur2 THEN instructions2]
   [ELSE instructions3]
END CASE

CASE
   WHEN Conditions1 THEN instructions1
   [WHEN Conditions2 THEN instructions2]
   [ELSE instructions3]
END CASE
```

administration et programmation

La structure CASE permet de tester la valeur d'une variable ou de toute autre instruction et d'évaluer le résultat. En fonction de ce résultat, il est possible d'exécuter le bloc d'instructions SQL correspondant.

Exemple :

```
CREATE PROCEDURE test(Nombre INT)
BEGIN
  CASE   Nombre
    WHEN 1 THEN select ' Nombre vaut 1';
    WHEN 2 THEN select ' Nombre vaut 2';
    WHEN 3 THEN select ' Nombre vaut 3';
    ELSE select 'je ne peux déterminer la valeur de Nombre';
  END CASE;
END
```

La commande LEAVE

```
LEAVE label
```

Elle permet de sortir de la structure de contrôle désignée par label.

La commande LOOP

```
[label:] LOOP
   instructions
END LOOP [label]
```

La structure LOOP permet d'effectuer une boucle permettant l'exécution répétée du bloc d'instructions SQL. Pour mettre fin à la boucle, on utilise généralement la commande LEAVE.

Ainsi, on aurait remplacé la boucle while dans notre procédure stockée NbArticlesVendusPourUneCategorie par un bloc LOOP + LEAVE :

```
bcl_articles: LOOP
  FETCH  curLstArticles INTO  tmpCodeArticle;
  if done = 1 then LEAVE bcl_articles; END IF;
  select count(*) into lCpt from details where codearticle =
tmpcodearticle;
  if lCpt > 0 then
    set retour = retour + (select SUM(quantite) from details where
codearticle = tmpcodearticle);
  end if;
END LOOP bcl_articles;
```

La commande REPEAT

```
[label:] REPEAT
   instructions
UNTIL Condition
END REPEAT [label]
```

La structure REPEAT permet d'exécuter le bloc d'instructions SQL tant que la condition n'est pas remplie.

Par exemple :

```
CREATE PROCEDURE test(Nombre INT)
BEGIN
  DECLARE x INT DEFAULT 0;
  REPEAT
    set x = x + 1;
    UNTIL  x > Nombre;
  END REPEAT;
  select x;
END
```

La commande WHILE

```
[label:] WHILE Condition DO
  instructions
END WHILE [label]
```

La structure WHILE permet d'exécuter le bloc d'instructions SQL tant que la condition est vraie.

Par exemple :

```
CREATE PROCEDURE test(Nombre INT)
BEGIN
  DECLARE x INT DEFAULT 0;
  WHILE x <= Nombre DO
    set x = x + 1;
  END WHILE;
  select x;
END
```

La commande ITERATE

```
ITERATE label
```

ITERATE permet d'exécuter une nouvelle boucle dans une structure de contrôle LOOP, REPEAT ou WHILE.

Par exemple :

```
CREATE PROCEDURE test(Nombre INT)
BEGIN
  label1: LOOP
    set Nombre = Nombre + 1
    IF Nombre < 10 THEN ITERATE label1; END IF;
    LEAVE label1;
  END LOOP label1;
END
```

11. Les déclencheurs (ou triggers)

a. Création

Les déclencheurs ou triggers peuvent être comparés à des procédures stockées mais contrairement à ces dernières qui sont exécutées à la demande de l'utilisateur, les déclencheurs sont exécutés automatiquement suite à des évènements particuliers qui interviennent dans les tables d'une base de données.

Ainsi, un trigger est un ensemble nommé d'instructions SQL rattaché à une table et qui se déclenche lorsqu'intervient une insertion, une suppression ou une modification dans cette table. De plus, le trigger est défini pour se déclencher avant ou après l'évènement.

La création d'un trigger requiert le privilège SUPER. Il est possible de créer un trigger sur une table standard mais pas sur une table temporaire, ni sur une vue.

Voici la syntaxe générale de la commande de création d'un trigger :

```
CREATE TRIGGER Nom Moment Evènement
ON NomTable FOR EACH ROW
[BEGIN]
  instructions
[END]
```

Moment peut prendre pour valeur BEFORE ou AFTER. Si BEFORE est précisé, le bloc d'instructions est exécuté avant que les données soient modifiées dans la base de données et si AFTER est précisé, alors le bloc d'instructions est exécuté après que les données soient modifiées.

Evènement peut prendre une des trois valeurs suivantes : INSERT, UPDATE ou DELETE.

Nous pouvons donc créer six triggers par tables :

```
BEFORE  INSERT
AFTER   INSERT
BEFORE  UPDATE
AFTER   UPDATE
BEFORE  DELETE
AFTER   DELETE
```

Il n'est possible de créer qu'un seul trigger ayant un couple donné Moment + Evènement. Ainsi, nous ne pouvons pas créer deux triggers BEFORE INSERT ou AFTER UPDATE.
Ce n'est pas vraiment une contrainte puisque nous pouvons exécuter autant de code SQL que nécessaire en utilisant le bloc BEGIN ... END.

Les triggers peuvent par exemple nous servir à modifier automatiquement le stock d'articles en fonction des commandes des clients. Ainsi, on peut écrire un trigger AFTER INSERT sur la table détails qui va nous permettre de décrémenter le stock lors de l'insertion d'une ligne de commande.

Nous pouvons créer le trigger suivant :

```
mysql>CREATE TRIGGER details_AfterInsert AFTER INSERT
        ->ON facsys.details FOR EACH ROW
        ->update articles set stock = stock - NEW.quantite where
codearticle = NEW.codearticle
```

```
mysql> CREATE TRIGGER details_AfterInsert AFTER INSERT
    -> ON facsys.details FOR EACH ROW
    -> update articles set stock = stock - NEW.quantite where codearticle = NEW.codearticle;
Query OK, 0 rows affected (0.02 sec)

mysql>
```

Vérifions le fonctionnement de ce trigger. Pour cela, nous vérifions le stock disponible de balles de squash, puis nous insérons une nouvelle ligne dans la commande numéro 2 en supposant que le client achète 15 balles au prix de 5 euros. Enfin, nous vérifions que le stock est bien décrémenté automatiquement de 15.

```
mysql>select nom, stock from articles where codearticle = 'BAL45';
mysql>insert into details values (2, 2, 'BAL45', 15, 5);
mysql>select nom, stock from articles where codearticle = 'BAL45';
```

```
mysql> select nom, stock from articles where codearticle = 'BAL45';
+-----------------------+-------+
| nom                   | stock |
+-----------------------+-------+
| Balle squash debutant |    35 |
+-----------------------+-------+
1 row in set (0.00 sec)

mysql> insert into details values (2, 2, 'BAL45', 15, 5);
Query OK, 1 row affected (0.00 sec)

mysql> select nom, stock from articles where codearticle = 'BAL45';
+-----------------------+-------+
| nom                   | stock |
+-----------------------+-------+
| Balle squash debutant |    20 |
+-----------------------+-------+
1 row in set (0.00 sec)

mysql>
```

L'instruction SQL contenue dans notre trigger a bien été déclenchée puisque le stock est passé automatiqument de 35 à 20 articles.

On constate donc que les triggers nous apportent une solution très simple pour automatiser un certain nombre d'actions.

On peut imaginer que lorsque le stock atteint un seuil minimal, une table **CommandesFournisseurs** soit automatiquement modifiée pour engendrer un réapprovisionnement du stock.

Les triggers peuvent par exemple servir pour créer un journal de log des actions qui interviennent sur une table. Il suffit dans ce cas de prévoir une introduction qui insère une ligne dans une table journal pour chacun des triggers AFTER INSERT, AFTER UPDATE et AFTER DELETE de la table à surveiller.

Analysons un autre exemple. Supposons que l'on veuille automatiquement récupérer le montant d'une facture après avoir inséré les lignes de commande. On peut ajouter un trigger BEFORE INSERT sur la table **details** qui incrémente une variable utilisateur **@TotalCommande**. Créons ce trigger.

```
mysql>CREATE TRIGGER details_BeforeInsert BEFORE INSERT
    ->ON facsys.details FOR EACH ROW
    ->set @TotalCommande = @TotalCommande + (NEW.prix * NEW.quantite);
```

```
mysql> CREATE TRIGGER details_BeforeInsert BEFORE INSERT
    -> ON facsys.details FOR EACH ROW
    -> set @TotalCommande = @TotalCommande + (NEW.prix * NEW.quantite);
Query OK, 0 rows affected (0.00 sec)

mysql>
```

Créons une facture pour le client Sylvain DURAND dont le code client est DUR004.

```
mysql>insert into commandes(idclient) values('DUR004');
mysql>set @TotalCommande = 0;
mysql>insert into details values(5, 1, 'BAL45', 2, 5);
```

```
mysql>insert into details values(5, 2, 'CAP01', 1, 80.4);
mysql>select @TotalCommande;
```

```
mysql> insert into commandes(idclient) values ('DUR004');
Query OK, 1 row affected (0.01 sec)

mysql> set @TotalCommande = 0;
Query OK, 0 rows affected (0.00 sec)

mysql> insert into details values(5, 1, 'BAL45', 2, 5);
Query OK, 1 row affected (0.01 sec)

mysql> insert into details values(5, 2, 'CAP01', 1, 80.4);
Query OK, 1 row affected (0.00 sec)

mysql> select @TotalCommande;
+-------------------+
| @TotalCommande    |
+-------------------+
| 90.400001525879   |
+-------------------+
1 row in set (0.00 sec)

mysql>
```

Le total de la facture est automatiquement mis à jour.

Pour parfaire notre système, on peut imaginer un trigger qui vérifie que l'insertion d'une commande correspond bien à un client existant. Pour cela, il suffit sur une instruction AFTER INSERT de vérifier que le code client précisé existe et s'il n'existe pas, on peut supprimer la commande.

Le support des triggers est pour l'instant limité, il n'est pas possible d'annuler une opération mais seulement de la contrôler. Ainsi, il n'est pas possible d'empêcher l'insertion d'une commande avec un code client inexistant, la solution est alors d'effectuer dans le trigger AFTER INSERT une opération de suppression. Cette instruction serait du type :

```
delete from commandes where codeclient = NEW.codeclient;
```

De même, on pourrait modifier automatiquement le numéro d'ordre d'une ligne de détails pour une commande. Un trigger BEFORE INSERT pourrait trouver le prochain numéro d'ordre en fonction des lignes déjà existantes et modifier automatiquement les données qui vont être enregistrées.

administration et programmation

Nous avons utilisé à plusieurs reprises le mot-clé `NEW`, il existe aussi le mot-clé `OLD`. Ces deux objets permettent d'accéder à l'enregistrement en cours de traitement :

- Dans un déclencheur `INSERT`, seul `NEW` est disponible et `NEW.nomcolonne` permet d'accéder au contenu de la colonne `nomcolonne` de l'enregistrement sur lequel est intervenu l'évènement. Nous avons utilisé cette syntaxe dans les exemples précédents.

- Dans un déclencheur `DELETE`, seule la valeur `OLD.nomcolonne` est disponible pour accéder à l'enregistrement qui vient d'être effacé ou qui va l'être, suivant que le trigger est `AFTER` ou `BEFORE`.

- Enfin sur un déclencheur `UPDATE`, `OLD.nomcolonne` permet d'accéder aux valeurs des colonnes telles qu'elles étaient avant modification et `NEW.nomcolonne` permet d'accéder aux valeurs après modification.

Une colonne identifiée par `OLD` est en lecture seule et nécessite donc le privilège `SELECT` sur la colonne correspondante dans la table, alors qu'il est possible de modifier une colonne référencée par `NEW`, à condition d'avoir le privilège `UPDATE` sur cette colonne.

C'est grâce à cette possibilité de modification que nous pouvons agir sur le numéro d'ordre de la ligne de détail d'une commande, comme nous l'avons exposé auparavant. Ainsi, en supposant que la prochaine valeur de `numordre` soit X pour la commande en cours, le trigger imposera X quelle que soit la valeur précisée par l'utilisateur.

```
Set NEW.numordre = X;
```

> Il n'est pas possible d'appeler une procédure stockée depuis un trigger. L'utilisation du mot-clé `CALL` est interdit.

b. Suppression

La syntaxe générale de la commande de suppression d'un déclencheur est :

```
DROP TRIGGER nom
```

La suppression d'un trigger requiert le privilège SUPER.

Par exemple :

```
mysql>DROP TRIGGER details_BeforeInsert;
```

```
mysql> drop trigger details_BeforeInsert;
Query OK, 0 rows affected (0.00 sec)

mysql>
```

12. Les vues

a. Création

Les vues sont des tables virtuelles. Elles ont deux fonctions principales : limiter l'accès à certains champs d'une table ou donner l'accès aux données de plusieurs tables à travers une seule table virtuelle.

Imaginons une table clients dans laquelle nous stockons le numéro de carte de crédit, nous pouvons créer une vue qui donne accès à toutes les informations du client sauf la colonne qui stocke le numéro de carte de crédit, afin de limiter l'accès à certains utilisateurs.

> Il est plus facile de gérer les droits d'une vue que de positionner des privilèges sur les colonnes de la table clients.

Une requête select complexe (avec des jointures, des colonnes calculées...) peut être manipulée à travers un nom de vue, ce qui en simplifie l'utilisation.

Voici la syntaxe générale de la commande de création d'une vue :

```
CREATE [OR REPLACE]
[ALGORITHM = {UNDEFINED | MERGE | TEMPTABLE}]
[DEFINER = {nomuser | CURRENT USER}]
[SQL SECURITY {DEFINER | INVOKER}]
VIEW nom [(ListeColonnes)]
AS SelectInstructions
[WITH [CASCADED | LOCAL] CHECK OPTION]
```

Le privilège CREATE VIEW est requis.

OR REPLACE permet de remplacer une vue existante.

Une vue est une table virtuelle dans le sens où les données ne sont pas durablement stockées mais où seule la définition de la vue est mémorisée. La clause ALGORITHM permet de choisir entre deux modes d'exécution : MERGE ou TEMPTABLE. Si MERGE est spécifié, les requêtes exécutées sur la vue sont combinées avec la requête de définition de la vue pour créer une nouvelle requête. Avec la clause TEMPTABLE, la définition de la vue est utilisée pour créer une table temporaire où sont stockées les données, puis les requêtes utilisateur sont exécutées sur cette table temporaire. Cette dernière option a pour avantage de moins solliciter les tables réelles et donc d'améliorer les performances, en particulier avec l'utilisation des verrous.

Si on ne définit pas l'algorithme ou si on définit UNDEFINED, MySQL analyse la meilleure solution pour laquelle opter.

La clause DEFINER permet de préciser le propriétaire de la vue, par défaut c'est CURRENT_USER. Il est possible de préciser un compte utilisateur standard tel que utilisateur@domaine.

`SQL SECURITY` détermine dans quel cadre aura lieu l'interaction avec la vue. Comme pour une procédure stockée, on peut préciser que les requêtes effectuées sur la vue sont traitées avec les privilèges du propriétaire (`DEFINER`) ou avec les privilèges de celui qui exécute les requêtes sur la vue (`INVOKER`).

Le `nom` permet d'identifier la vue et d'y faire référence.

La clause `WITH CHECK OPTION` permet de préciser le domaine de vérification pour l'interaction sur les données. En précisant `LOCAL`, les données insérées doivent respecter les contraintes de la vue uniquement, alors que si `CASCADED` est précisé, les contraintes de la vue doivent être respectées mais aussi celles des tables sous-jacentes. Par défaut, pour des raisons de sécurité évidentes, `CASCADED` est utilisé.

La clause `SelectInstructions` correspond à l'instruction `SELECT` qui permet la contruction de la vue.

`ListeColonnes` permet de nommer les colonnes retournées par la clause `SelectInstructions`. S'ils sont spécifiés, ces noms de colonne doivent apparaître dans le même ordre et leur nombre doit être identique aux champs retournés par l'instruction `SelectInstructions`.

Il n'est pas possible de créer de triggers sur une vue. De plus, si la vue fait référence à plusieurs tables sous-jacentes, il n'est pas possible d'utiliser les instructions `INSERT`, `UPDATE` et `DELETE` car MySQL ne saurait pas quelle table mettre à jour. Par contre, si la vue ne fait référence qu'à une seule table, comme dans l'exemple que nous avons cité auparavant pour masquer le champ carte de crédit, alors les opérations `INSERT`, `UPDATE` et `DELETE` sont autorisées.

Créons une vue pour donner accès aux informations des clients sauf au numéro de téléphone ; cette information est confidentielle et n'a pas à être connue de tous les utilisateurs qui ont accès à notre base de données.

```
mysql>CREATE VIEW vclients as select idclient, nom,
prenom, adresse, codepostal, ville from clients;
```

```
mysql> create view vclients as select idclient, nom, prenom, adresse, codepostal, ville from clients;
Query OK, 0 rows affected (0.00 sec)

mysql> █
```

Vérifions notre vue. On vérifie d'abord la liste des clients dans la vue, on ajoute un nouveau client, Quentin THIBAUD, puis on liste de nouveau les clients. Enfin, on liste les clients de la table **clients** pour vérifier que Quentin THIBAUD apparaît bien aussi dans la table réelle sous-jacente à la vue.

```
mysql>select * from vclients
mysql>insert into vclients values ('TH001', 'THIBAUD', 'Quentin',
 'Le stade', '85000', 'Saint André');
mysql>select * from vclients
mysql>select * from clients
```

```
mysql> select * from vclients;
+----------+---------+---------+---------------+------------+----------------+
| idclient | nom     | prenom  | adresse       | codepostal | ville          |
+----------+---------+---------+---------------+------------+----------------+
| DUR001   | Durand  | Pierre  | Rue du menhir |      44500 | Nantes         |
| BLI034   | Blineau | Daniel  | La motte      |      85260 | Herbergement   |
| TES23    | Tesson  | Alain   | 1 av de la mer|      56546 | Saint Florent  |
| DUR004   | Durand  | Sylvain | Place mayeu   |      75000 | Paris          |
+----------+---------+---------+---------------+------------+----------------+
4 rows in set (0.00 sec)

mysql> insert into vclients values ('TH001', 'THIBAUD', 'Quentin', 'Le stade', '85000', 'Saint André');
Query OK, 1 row affected (0.01 sec)

mysql> select * from vclients;
+----------+---------+---------+---------------+------------+----------------+
| idclient | nom     | prenom  | adresse       | codepostal | ville          |
+----------+---------+---------+---------------+------------+----------------+
| DUR001   | Durand  | Pierre  | Rue du menhir |      44500 | Nantes         |
| BLI034   | Blineau | Daniel  | La motte      |      85260 | Herbergement   |
| TES23    | Tesson  | Alain   | 1 av de la mer|      56546 | Saint Florent  |
| DUR004   | Durand  | Sylvain | Place mayeu   |      75000 | Paris          |
| TH001    | THIBAUD | Quentin | Le stade      |      85000 | Saint André    |
+----------+---------+---------+---------------+------------+----------------+
5 rows in set (0.00 sec)

mysql> select * from clients;
+----------+---------+---------+---------------+------------+----------------+-----------+
| idclient | nom     | prenom  | adresse       | codepostal | ville          | telephone |
+----------+---------+---------+---------------+------------+----------------+-----------+
| DUR001   | Durand  | Pierre  | Rue du menhir |      44500 | Nantes         | 240955689 |
| BLI034   | Blineau | Daniel  | La motte      |      85260 | Herbergement   | 251429803 |
| TES23    | Tesson  | Alain   | 1 av de la mer|      56546 | Saint Florent  |      NULL |
| DUR004   | Durand  | Sylvain | Place mayeu   |      75000 | Paris          | 109457698 |
| TH001    | THIBAUD | Quentin | Le stade      |      85000 | Saint André    |      NULL |
+----------+---------+---------+---------------+------------+----------------+-----------+
5 rows in set (0.01 sec)
```

La table clients a effectivement été mise à jour en même temps que la vue.

Étudions un exemple d'utilisation de la clause WITH CHECK OPTION.

```
mysql>create table t1 (a INT);
mysql>create view v1 as select * from t1 where a < 2 WITH CHECK OPTION;
mysql>create view v2 as select * from v1 where a > 0 WITH LOCAL CHECK OPTION;
mysql>create view v3 as select * from v1 where a > 0 WITH CASCADED CHECK OPTION;
mysql>insert into v2 values(2);
mysql>insert into v3 values(2);
```

```
mysql> create table t1 (a INT);
Query OK, 0 rows affected (0.01 sec)

mysql> create view v1 as select * from t1 where a<2 with check option;
Query OK, 0 rows affected (0.00 sec)

mysql> create view v2 as select * from v1 where a>0 with local check option;
Query OK, 0 rows affected (0.00 sec)

mysql> create view v3 as select * from v1 where a>0 with cascaded check option;
Query OK, 0 rows affected (0.00 sec)

mysql> insert into v2 values (2);
Query OK, 1 row affected (0.00 sec)

mysql> insert into v3 values (2);
ERROR 1369 (HY000): CHECK OPTION failed 'facsys.v3'
mysql>
```

L'insertion dans la vue v3 échoue car l'option de CHECK sur cette vue est CASCADED et en essayant d'insérer la valeur 2 dans la table, on viole la règle d'intégrité de la vue v1 à laquelle se rapporte notre vue v3. En effet, v1 n'accepte que les valeurs inférieures à 2.

Par contre, nous avons pu insérer la valeur 2 avec la vue v2 car celle-ci gère une notion de CHECK LOCAL, elle ne se soucie donc pas des règles d'intégrité de la vue v1 sous-jacente.

On peut supposer que le service commercial a souvent besoin d'accéder à la liste des factures et à leur montant. On peut alors écrire une requête simple du type :

```
mysql>select c.numcommande, date, SUM(quantite * prix) as montant from
commandes c, details d where c.numcommande = d.numcommande group by
d.numcommande;
```

```
mysql> select c. umcommande, date, SUM(quantite * prix) as montant from commandes c, details d where c.numcommande =
d.numcommande group by d.numcommande;
+-------------+---------------------+-----------+
| numcommande | date                | montant   |
+-------------+---------------------+-----------+
|           1 | 2002-05-02 14:56:39 | 237.00000 |
|           2 | 2002-10-23 16:05:18 |  92.50000 |
|           5 | 2005-12-30 18:18:29 |  90.40000 |
+-------------+---------------------+-----------+
3 rows in set (0.00 sec)

mysql>
```

Bien que la commande soit simple, il est pratique de créer une vue qui générera le même résultat, il est en effet beaucoup plus simple de retenir le nom d'une vue que de se souvenir de la liste des champs et de la requête exacte à exécuter.

Créons la vue **factures** correspondante et profitons-en pour ajouter le nom et le prénom du client ; la requête devenant plus complexe, la création d'une vue est d'autant plus justifiée.

```
mysql>create view factures as
        ->select c.numcommande, cli.nom, cli.prenom, c.date, SUM(d.quantite
* d.prix) as montant from commandes c, details d, clients cli where
c.numcommande = d.numcommande and c.idclient = cli.idclient group by
d.numcommande;
mysql>select * from factures;
```

```
mysql> create view factures as select c.numcommande, cli.nom, cli.prenom, c.date, SUM(d.quantite * d.prix) as montant from comma
ndes c, details d, clients cli where c.numcommande = d.numcommande and c.idclient = cli.idclient  group by d.numcommande;
Query OK, 0 rows affected (0.00 sec)

mysql> select * from factures:
+-------------+---------+---------+---------------------+-----------+
| numcommande | nom     | prenom  | date                | montant   |
+-------------+---------+---------+---------------------+-----------+
|           1 | Durand  | Pierre  | 2002-05-02 14:56:39 | 237.00000 |
|           2 | Blineau | Daniel  | 2002-10-23 16:05:18 |  92.50000 |
|           5 | Durand  | Sylvain | 2005-12-30 18:18:29 |  90.40000 |
+-------------+---------+---------+---------------------+-----------+
3 rows in set (0.01 sec)

mysql>
```

Comme cette vue est composée de plusieurs tables sous-jacentes, il n'est pas possible de modifier les données, la vue est en lecture seule. Effectivement, si nous essayons d'exécuter une commande INSERT sur cette vue, MySQL ne saura pas quelles données il doit réellement insérer dans les tables clients, commandes et détails. Typiquement, nous tenterions d'insérer un montant, mais pour la table détails, MySQL a besoin de chacune des lignes de commande.

Vérifions que MySQL nous retoune bien une erreur :

```
mysql>insert into factures values(6, 'RAGE', Jean,
'2005-12-10 14:45:23', 500);
```

```
mysql> insert into factures values (6, 'RAGE', 'Jean', '2005-12-10 14:45:23', 500);
ERROR 1288 (HY000): The target table factures of the INSERT is not updatable
mysql>
```

MySQL nous retourne bien une erreur pour nous prévenir qu'il est impossible de mettre à jour la vue **factures**.

b. Modification

La commande ALTER VIEW permet de modifier une vue existante. Sa syntaxe est identique à la commande CREATE OR REPLACE VIEW.

```
ALTER
[ALGORITHM = {UNDEFINED | MERGE | TEMPTABLE}]
[DEFINER = {nomuser | CURRENT USER}]
[SQL SECURITY {DEFINER | INVOKER}]
VIEW nom [(ListeColonnes)]
AS SelectInstructions
[WITH [CASCADED | LOCAL] CHECK OPTION]
```

c. Suppression

La syntaxe générale de la commande de suppression d'une vue est :

```
DROP VIEW [IF EXISTS] nom1 [, nom2 , ...]
```

Le privilège DROP est requis pour l'exécution de cette commande.

Supprimons la vue **factures** que nous avons créée précédemment :

```
mysql>DROP VIEW factures;
```

```
mysql> drop view factures;
Query OK, 0 rows affected (0.00 sec)

mysql>
```

d. SHOW CREATE VIEW

Il est possible d'obtenir la requête qui a permis de créer une vue avec la commande SHOW CREATE VIEW qui est un équivalent de la commande SHOW CREATE TABLE.

La syntaxe générale est :

```
SHOW CREATE VIEW nom
```

Retrouvons la requête de création de la vue **factures** créée précédemment :

```
mysql>SHOW CREATE VIEW factures;
```

```
mysql> show create view factures\G;
*************************** 1. row ***************************
       View: factures
Create View: CREATE ALGORITHM=UNDEFINED DEFINER=`root`@`localhost` SQL SECURITY DEFINER VIEW `factures` AS select `c`.`numcomma
de` AS `numcommande`,`cli`.`nom` AS `nom`,`cli`.`prenom` AS `prenom`,`c`.`date` AS `date`,sum((`d`.`quantite` * `d`.`prix`)) AS
`montant` from ((`commandes` `c` join `details` `d`) join `clients` `cli`) where ((`c`.`numcommande` = `d`.`numcommande`) and (
`c`.`idclient` = `cli`.`idclient`)) group by `d`.`numcommande`
1 row in set (0.00 sec)

ERROR:
No query specified

mysql>
```

13.La base de données information_schema

a. Présentation

information_schema, qui n'existait pas avant la version 5 de MySQL, est une base de données d'informations. Elle stocke des métadonnées sur les autres bases de données. Des métadonnées sont des informations qui permettent de décrire des données.

Auparavant, les commandes SHOW ... permettaient d'accéder aux différentes métadonnées, par exemple SHOW TABLES montre les tables de la base de données en cours. Mais cette syntaxe n'est pas standard et a été introduite par MySQL AB, on ne retrouve donc pas cette commande dans les autres SGBD.

Par contre, en utilisant une base de données comme banque de métadonnées, tout utilisateur peut obtenir très simplement les informations qui l'intéressent car il suffit d'effectuer des requêtes SELECT.

C'est donc pour faciliter la mise à disposition d'informations et pour mieux respecter les standards que les développeurs de MySQL ont introduit cette nouvelle base de données.

Un des avantages indéniables de cette nouvelle méthode est que chaque utilisateur peut formater le résultat obtenu selon ses besoins. Ainsi, il peut obtenir exactement les informations dont il a besoin. L'utilisation avec les APIs de programmation s'en retrouve simplifiée.

> Une base de données est aussi appelée un schéma depuis la version MySQL 5.

Par exemple, la commande SHOW TABLES from mabase retourne le nom des tables disponibles dans le schéma mabase et uniquement le nom des tables. Pour obtenir des informations bien utiles telles que le moteur de stockage utilisé, le type de la table, table temporaire ou vue, le nombre d'enregistrements dans chacune des tables... on peut exécuter la commande suivante :

```
mysql>show tables from facsys
mysql>SELECT TABLE_NAME, TABLE_TYPE, ENGINE, TABLE_ROWS from
information_schema.TABLES where TABLE_SCHEMA = 'facsys';
```

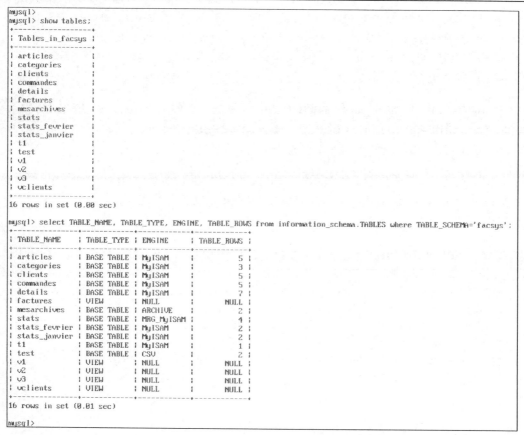

On remarque que l'on peut obtenir exactement les informations désirées.

On regrette simplement que MySQL AB n'ait pas créé des procédures stockées par défaut pour simplifier l'interrogation de cette base de données. On pourrait imaginer des procédures du type :

`call sys_databases` : pour obtenir une liste des bases de données,

`call sys_tables(mabase)` : pour obtenir la liste des tables de ma-base,

et bien d'autres encore. L'utilisateur pourrait utiliser ces procédures stockées plus simples à retenir que le schéma complet de la base de données **information_schema** ou s'il le préfère, il resterait possible d'interroger directement la base de données via des `SELECT`.

D'un point de vue sécurité, l'utilisateur qui requête la base de données n'a accès qu'aux métadonnées des objets sur lesquels il a des droits.

D'un point de vue stockage, toutes les données accessibles via **information_schema** sont des vues en lecture seule. Il n'existe pas de fichiers physiques contenant les données sur les disques durs. C'est pour cette raison aussi que la base de données **information_schema** est toujours à jour quelles que soient les modifications effectuées sur le serveur MySQL.

Pour vérifier les tables et leur type et valider que ce sont des vues, nous pouvons effectuer la requête suivante :

```
mysql>SELECT TABLE_NAME, TABLE_TYPE, ENGINE from
information_schema.TABLES where TABLE_SCHEMA = 'information schema';
```

```
mysql> select TABLE_NAME, TABLE_TYPE, ENGINE from information_schema.TABLES where TABLE_SCHEMA='information_schema';
+---------------------------------------+-------------+--------+
| TABLE_NAME                            | TABLE_TYPE  | ENGINE |
+---------------------------------------+-------------+--------+
| CHARACTER_SETS                        | SYSTEM VIEW | MEMORY |
| COLLATIONS                            | SYSTEM VIEW | MEMORY |
| COLLATION_CHARACTER_SET_APPLICABILITY | SYSTEM VIEW | MEMORY |
| COLUMNS                               | SYSTEM VIEW | MyISAM |
| COLUMN_PRIVILEGES                     | SYSTEM VIEW | MEMORY |
| KEY_COLUMN_USAGE                      | SYSTEM VIEW | MEMORY |
| ROUTINES                             | SYSTEM VIEW | MyISAM |
| SCHEMATA                              | SYSTEM VIEW | MEMORY |
| SCHEMA_PRIVILEGES                     | SYSTEM VIEW | MEMORY |
| STATISTICS                            | SYSTEM VIEW | MEMORY |
| TABLES                                | SYSTEM VIEW | MEMORY |
| TABLE_CONSTRAINTS                     | SYSTEM VIEW | MEMORY |
| TABLE_PRIVILEGES                      | SYSTEM VIEW | MEMORY |
| TRIGGERS                              | SYSTEM VIEW | MyISAM |
| VIEWS                                 | SYSTEM VIEW | MyISAM |
| USER_PRIVILEGES                       | SYSTEM VIEW | MEMORY |
+---------------------------------------+-------------+--------+
16 rows in set (0.01 sec)

mysql>
```

Nous remarquons que la colonne TABLE_TYPE nous indique que toutes les tables de la base de données depuis MySQL 5 sont des vues (SYSTEM VIEW).

b. Structure des métadonnées accessibles

Les paragraphes suivants détaillent la structure de chacune des tables de la base de données **information_schema**. Les noms de colonnes ne sont pas tous expliqués car leur nom est généralement assez représentatif.

La table SCHEMATA

Comme nous l'avons vu précédemment, un schéma est un autre nom pour désigner une base de données. La table **SCHEMATA** permet d'obtenir des informations sur les bases de données gérées par le serveur MySQL.

```
mysql> describe information_schema.SCHEMATA;
+----------------------------+---------------+------+-----+---------+-------+
| Field                      | Type          | Null | Key | Default | Extra |
+----------------------------+---------------+------+-----+---------+-------+
| CATALOG_NAME               | varchar(4096) | YES  |     | NULL    |       |
| SCHEMA_NAME                | varchar(64)   | NO   |     |         |       |
| DEFAULT_CHARACTER_SET_NAME | varchar(64)   | NO   |     |         |       |
| DEFAULT_COLLATION_NAME     | varchar(64)   | NO   |     |         |       |
| SQL_PATH                   | varchar(4096) | YES  |     | NULL    |       |
+----------------------------+---------------+------+-----+---------+-------+
5 rows in set (0.00 sec)

mysql>
```

CATALOG_NAME et SQL_PATH valent toujours NULL pour l'instant, ils seront implémentés dans une version ultérieure.

SCHEMA_NAME représente le nom du schéma (donc de la base de données).

La table TABLES

La table **TABLES** permet d'obtenir des informations sur les tables gérées par le serveur MySQL.

```
mysql> describe information_schema.TABLES;
+-----------------+--------------+------+-----+---------+-------+
| Field           | Type         | Null | Key | Default | Extra |
+-----------------+--------------+------+-----+---------+-------+
| TABLE_CATALOG   | varchar(4096)| YES  |     | NULL    |       |
| TABLE_SCHEMA    | varchar(64)  | NO   |     |         |       |
| TABLE_NAME      | varchar(64)  | NO   |     |         |       |
| TABLE_TYPE      | varchar(64)  | NO   |     |         |       |
| ENGINE          | varchar(64)  | YES  |     | NULL    |       |
| VERSION         | bigint(21)   | YES  |     | NULL    |       |
| ROW_FORMAT      | varchar(10)  | YES  |     | NULL    |       |
| TABLE_ROWS      | bigint(21)   | YES  |     | NULL    |       |
| AVG_ROW_LENGTH  | bigint(21)   | YES  |     | NULL    |       |
| DATA_LENGTH     | bigint(21)   | YES  |     | NULL    |       |
| MAX_DATA_LENGTH | bigint(21)   | YES  |     | NULL    |       |
| INDEX_LENGTH    | bigint(21)   | YES  |     | NULL    |       |
| DATA_FREE       | bigint(21)   | YES  |     | NULL    |       |
| AUTO_INCREMENT  | bigint(21)   | YES  |     | NULL    |       |
| CREATE_TIME     | datetime     | YES  |     | NULL    |       |
| UPDATE_TIME     | datetime     | YES  |     | NULL    |       |
| CHECK_TIME      | datetime     | YES  |     | NULL    |       |
| TABLE_COLLATION | varchar(64)  | YES  |     | NULL    |       |
| CHECKSUM        | bigint(21)   | YES  |     | NULL    |       |
| CREATE_OPTIONS  | varchar(255) | YES  |     | NULL    |       |
| TABLE_COMMENT   | varchar(80)  | NO   |     |         |       |
+-----------------+--------------+------+-----+---------+-------+
21 rows in set (0.01 sec)

mysql>
```

La table COLUMNS

La table **COLUMNS** permet d'obtenir des informations sur les colonnes des tables.

```
mysql> describe information_schema.COLUMNS;
+--------------------------+---------------+------+-----+---------+-------+
| Field                    | Type          | Null | Key | Default | Extra |
+--------------------------+---------------+------+-----+---------+-------+
| TABLE_CATALOG            | varchar(4096) | YES  |     | NULL    |       |
| TABLE_SCHEMA             | varchar(64)   | NO   |     |         |       |
| TABLE_NAME               | varchar(64)   | NO   |     |         |       |
| COLUMN_NAME              | varchar(64)   | NO   |     |         |       |
| ORDINAL_POSITION         | bigint(21)    | NO   |     | 0       |       |
| COLUMN_DEFAULT           | varchar(64)   | YES  |     | NULL    |       |
| IS_NULLABLE              | varchar(3)    | NO   |     |         |       |
| DATA_TYPE                | varchar(64)   | NO   |     |         |       |
| CHARACTER_MAXIMUM_LENGTH | bigint(21)    | YES  |     | NULL    |       |
| CHARACTER_OCTET_LENGTH   | bigint(21)    | YES  |     | NULL    |       |
| NUMERIC_PRECISION        | bigint(21)    | YES  |     | NULL    |       |
| NUMERIC_SCALE            | bigint(21)    | YES  |     | NULL    |       |
| CHARACTER_SET_NAME       | varchar(64)   | YES  |     | NULL    |       |
| COLLATION_NAME           | varchar(64)   | YES  |     | NULL    |       |
| COLUMN_TYPE              | longtext      | NO   |     |         |       |
| COLUMN_KEY               | varchar(3)    | NO   |     |         |       |
| EXTRA                    | varchar(20)   | NO   |     |         |       |
| PRIVILEGES               | varchar(80)   | NO   |     |         |       |
| COLUMN_COMMENT           | varchar(255)  | NO   |     |         |       |
+--------------------------+---------------+------+-----+---------+-------+
19 rows in set (0.01 sec)

mysql>
```

La table STATISTICS

La table **STATISTICS** permet d'obtenir des informations sur les index des tables.

```
mysql> describe information_schema.STATISTICS;
+---------------+---------------+------+-----+---------+-------+
| Field         | Type          | Null | Key | Default | Extra |
+---------------+---------------+------+-----+---------+-------+
| TABLE_CATALOG | varchar(4096) | YES  |     | NULL    |       |
| TABLE_SCHEMA  | varchar(64)   | NO   |     |         |       |
| TABLE_NAME    | varchar(64)   | NO   |     |         |       |
| NON_UNIQUE    | bigint(1)     | NO   |     | 0       |       |
| INDEX_SCHEMA  | varchar(64)   | NO   |     |         |       |
| INDEX_NAME    | varchar(64)   | NO   |     |         |       |
| SEQ_IN_INDEX  | bigint(2)     | NO   |     | 0       |       |
| COLUMN_NAME   | varchar(64)   | NO   |     |         |       |
| COLLATION     | varchar(1)    | YES  |     | NULL    |       |
| CARDINALITY   | bigint(21)    | YES  |     | NULL    |       |
| SUB_PART      | bigint(3)     | YES  |     | NULL    |       |
| PACKED        | varchar(10)   | YES  |     | NULL    |       |
| NULLABLE      | varchar(3)    | NO   |     |         |       |
| INDEX_TYPE    | varchar(16)   | NO   |     |         |       |
| COMMENT       | varchar(16)   | YES  |     | NULL    |       |
+---------------+---------------+------+-----+---------+-------+
15 rows in set (0.01 sec)

mysql>
```

La table USER_PRIVILEGES

La table **USER_PRIVILEGES** permet d'obtenir des informations sur les privilèges globaux des utilisateurs. Ces informations sont donc une extraction des données de la table **mysql.user**.

```
mysql> describe information_schema.USER_PRIVILEGES;
+----------------+----------------+------+-----+---------+-------+
| Field          | Type           | Null | Key | Default | Extra |
+----------------+----------------+------+-----+---------+-------+
| GRANTEE        | varchar(81)    | NO   |     |         |       |
| TABLE_CATALOG  | varchar(4096)  | YES  |     | NULL    |       |
| PRIVILEGE_TYPE | varchar(64)    | NO   |     |         |       |
| IS_GRANTABLE   | varchar(3)     | NO   |     |         |       |
+----------------+----------------+------+-----+---------+-------+
4 rows in set (0.00 sec)

mysql>
```

La table SCHEMA_PRIVILEGES

La table **SCHEMA_PRIVILEGES** permet d'obtenir des informations sur les privilèges des utilisateurs sur les bases de données. Ces informations sont donc une extraction des données de la table **mysql.db**.

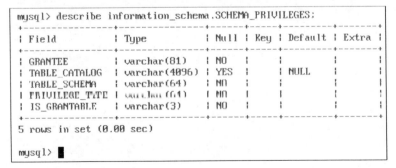

```
mysql> describe information_schema.SCHEMA_PRIVILEGES;
+----------------+----------------+------+-----+---------+-------+
| Field          | Type           | Null | Key | Default | Extra |
+----------------+----------------+------+-----+---------+-------+
| GRANTEE        | varchar(81)    | NO   |     |         |       |
| TABLE_CATALOG  | varchar(4096)  | YES  |     | NULL    |       |
| TABLE_SCHEMA   | varchar(64)    | NO   |     |         |       |
| PRIVILEGE_TYPE | varchar(64)    | NO   |     |         |       |
| IS_GRANTABLE   | varchar(3)     | NO   |     |         |       |
+----------------+----------------+------+-----+---------+-------+
5 rows in set (0.00 sec)

mysql>
```

La table TABLE_PRIVILEGES

La table **TABLE_PRIVILEGES** permet d'obtenir des informations sur les privilèges des utilisateurs sur les tables. Ces informations sont donc une extraction des données de la table **mysql.tables_priv**.

```
mysql> describe information_schema.TABLE_PRIVILEGES;
+----------------+----------------+------+-----+---------+-------+
| Field          | Type           | Null | Key | Default | Extra |
+----------------+----------------+------+-----+---------+-------+
| GRANTEE        | varchar(81)    | NO   |     |         |       |
| TABLE_CATALOG  | varchar(4096)  | YES  |     | NULL    |       |
| TABLE_SCHEMA   | varchar(64)    | NO   |     |         |       |
| TABLE_NAME     | varchar(64)    | NO   |     |         |       |
| PRIVILEGE_TYPE | varchar(64)    | NO   |     |         |       |
| IS_GRANTABLE   | varchar(3)     | NO   |     |         |       |
+----------------+----------------+------+-----+---------+-------+
6 rows in set (0.00 sec)

mysql>
```

La table COLUMN_PRIVILEGES

La table **COLUMN_PRIVILEGES** permet d'obtenir des informations sur les privilèges des utilisateurs sur les colonnes. Ces informations sont donc une extraction des données de la table **mysql.columns_priv**.

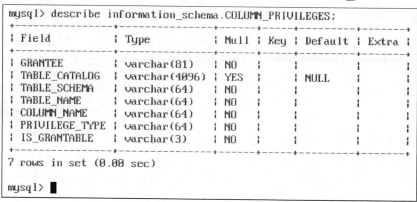

```
mysql> describe information_schema.COLUMN_PRIVILEGES;
+----------------+----------------+------+-----+---------+-------+
| Field          | Type           | Null | Key | Default | Extra |
+----------------+----------------+------+-----+---------+-------+
| GRANTEE        | varchar(81)    | NO   |     |         |       |
| TABLE_CATALOG  | varchar(4096)  | YES  |     | NULL    |       |
| TABLE_SCHEMA   | varchar(64)    | NO   |     |         |       |
| TABLE_NAME     | varchar(64)    | NO   |     |         |       |
| COLUMN_NAME    | varchar(64)    | NO   |     |         |       |
| PRIVILEGE_TYPE | varchar(64)    | NO   |     |         |       |
| IS_GRANTABLE   | varchar(3)     | NO   |     |         |       |
+----------------+----------------+------+-----+---------+-------+
7 rows in set (0.00 sec)

mysql>
```

La table CHARACTER_SETS

La table **CHARACTER_SETS** permet d'obtenir des informations sur les jeux de caractères disponibles sur le serveur MySQL.

```
mysql> describe information_schema.CHARACTER_SETS;
+--------------------+-------------+------+-----+---------+-------+
| Field              | Type        | Null | Key | Default | Extra |
+--------------------+-------------+------+-----+---------+-------+
| CHARACTER_SET_NAME | varchar(64) | NO   |     |         |       |
| DEFAULT_COLLATE_NAME| varchar(64)| NO   |     |         |       |
| DESCRIPTION        | varchar(60) | NO   |     |         |       |
| MAXLEN             | bigint(3)   | NO   |     | 0       |       |
+--------------------+-------------+------+-----+---------+-------+
4 rows in set (0.00 sec)

mysql>
```

La table COLLATIONS

La table **COLLATIONS** permet d'obtenir des informations sur les classements disponibles pour chacun des jeux de caractères.

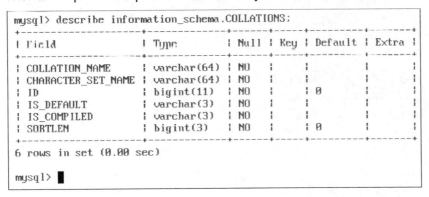

```
mysql> describe information_schema.COLLATIONS;
+--------------------+-------------+------+-----+---------+-------+
| Field              | Type        | Null | Key | Default | Extra |
+--------------------+-------------+------+-----+---------+-------+
| COLLATION_NAME     | varchar(64) | NO   |     |         |       |
| CHARACTER_SET_NAME | varchar(64) | NO   |     |         |       |
| ID                 | bigint(11)  | NO   |     | 0       |       |
| IS_DEFAULT         | varchar(3)  | NO   |     |         |       |
| IS_COMPILED        | varchar(3)  | NO   |     |         |       |
| SORTLEN            | bigint(3)   | NO   |     | 0       |       |
+--------------------+-------------+------+-----+---------+-------+
6 rows in set (0.00 sec)

mysql>
```

La table COLLATION_CHARACTER_SET_APPLICABILITY

La table **COLLATION_CHARACTER_SET_APPLICABILITY** permet d'obtenir la liste des classements disponibles pour chacun des jeux de caractères.

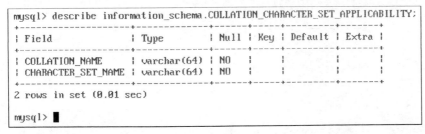

```
mysql> describe information_schema.COLLATION_CHARACTER_SET_APPLICABILITY;
+--------------------+-------------+------+-----+---------+-------+
| Field              | Type        | Null | Key | Default | Extra |
+--------------------+-------------+------+-----+---------+-------+
| COLLATION_NAME     | varchar(64) | NO   |     |         |       |
| CHARACTER_SET_NAME | varchar(64) | NO   |     |         |       |
+--------------------+-------------+------+-----+---------+-------+
2 rows in set (0.01 sec)

mysql>
```

La table **TABLE_CONSTRAINTS**

La table **TABLE_CONSTRAINTS** permet d'obtenir des informations sur les contraintes de tables.

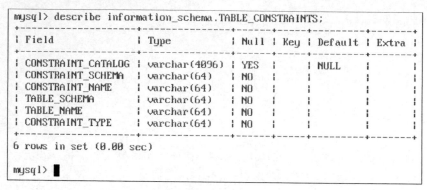

La table **KEY_COLUMN_USAGE**

La table **KEY_COLUMN_USAGE** permet d'obtenir des informations sur les clés primaires et étrangères des tables.

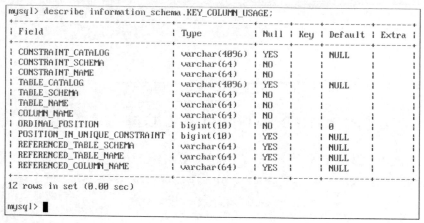

La table ROUTINES

La table **ROUTINES** permet d'obtenir des informations sur les procédures stockées et les fonctions. Pour l'instant, cette table ne retourne pas d'informations sur les fonctions UDF.

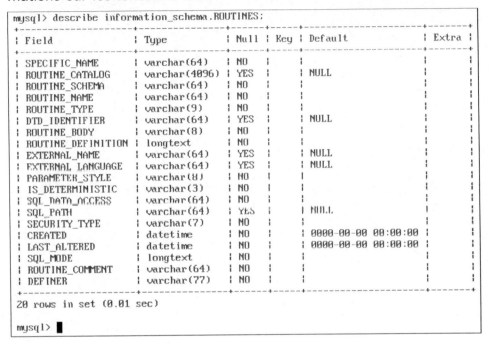

```
mysql> describe information_schema.ROUTINES;
+--------------------+---------------+------+-----+---------------------+-------+
| Field              | Type          | Null | Key | Default             | Extra |
+--------------------+---------------+------+-----+---------------------+-------+
| SPECIFIC_NAME      | varchar(64)   | NO   |     |                     |       |
| ROUTINE_CATALOG    | varchar(4096) | YES  |     | NULL                |       |
| ROUTINE_SCHEMA     | varchar(64)   | NO   |     |                     |       |
| ROUTINE_NAME       | varchar(64)   | NO   |     |                     |       |
| ROUTINE_TYPE       | varchar(9)    | NO   |     |                     |       |
| DTD_IDENTIFIER     | varchar(64)   | YES  |     | NULL                |       |
| ROUTINE_BODY       | varchar(8)    | NO   |     |                     |       |
| ROUTINE_DEFINITION | longtext      | NO   |     |                     |       |
| EXTERNAL_NAME      | varchar(64)   | YES  |     | NULL                |       |
| EXTERNAL_LANGUAGE  | varchar(64)   | YES  |     | NULL                |       |
| PARAMETER_STYLE    | varchar(8)    | NO   |     |                     |       |
| IS_DETERMINISTIC   | varchar(3)    | NO   |     |                     |       |
| SQL_DATA_ACCESS    | varchar(64)   | NO   |     |                     |       |
| SQL_PATH           | varchar(64)   | YES  |     | NULL                |       |
| SECURITY_TYPE      | varchar(7)    | NO   |     |                     |       |
| CREATED            | datetime      | NO   |     | 0000-00-00 00:00:00 |       |
| LAST_ALTERED       | datetime      | NO   |     | 0000-00-00 00:00:00 |       |
| SQL_MODE           | longtext      | NO   |     |                     |       |
| ROUTINE_COMMENT    | varchar(64)   | NO   |     |                     |       |
| DEFINER            | varchar(77)   | NO   |     |                     |       |
+--------------------+---------------+------+-----+---------------------+-------+
20 rows in set (0.01 sec)

mysql>
```

La table VIEWS

La table **VIEWS** permet d'obtenir des informations sur les vues.

```
mysql> describe information_schema.VIEWS;
+------------------+---------------+------+-----+---------+-------+
| Field            | Type          | Null | Key | Default | Extra |
+------------------+---------------+------+-----+---------+-------+
| TABLE_CATALOG    | varchar(4096) | YES  |     | NULL    |       |
| TABLE_SCHEMA     | varchar(64)   | NO   |     |         |       |
| TABLE_NAME       | varchar(64)   | NO   |     |         |       |
| VIEW_DEFINITION  | longtext      | NO   |     |         |       |
| CHECK_OPTION     | varchar(8)    | NO   |     |         |       |
| IS_UPDATABLE     | varchar(3)    | NO   |     |         |       |
| DEFINER          | varchar(77)   | NO   |     |         |       |
| SECURITY_TYPE    | varchar(7)    | NO   |     |         |       |
+------------------+---------------+------+-----+---------+-------+
8 rows in set (0.01 sec)

mysql>
```

La table TRIGGERS

La table **TRIGGERS** permet d'obtenir des informations sur les déclencheurs.

```
mysql> describe information_schema.TRIGGERS;
+---------------------------+---------------+------+-----+---------+-------+
| Field                     | Type          | Null | Key | Default | Extra |
+---------------------------+---------------+------+-----+---------+-------+
| TRIGGER_CATALOG           | varchar(4096) | YES  |     | NULL    |       |
| TRIGGER_SCHEMA            | varchar(64)   | NO   |     |         |       |
| TRIGGER_NAME              | varchar(64)   | NO   |     |         |       |
| EVENT_MANIPULATION        | varchar(6)    | NO   |     |         |       |
| EVENT_OBJECT_CATALOG      | varchar(4096) | YES  |     | NULL    |       |
| EVENT_OBJECT_SCHEMA       | varchar(64)   | NO   |     |         |       |
| EVENT_OBJECT_TABLE        | varchar(64)   | NO   |     |         |       |
| ACTION_ORDER              | bigint(4)     | NO   |     | 0       |       |
| ACTION_CONDITION          | longtext      | YES  |     | NULL    |       |
| ACTION_STATEMENT          | longtext      | NO   |     |         |       |
| ACTION_ORIENTATION        | varchar(9)    | NO   |     |         |       |
| ACTION_TIMING             | varchar(6)    | NO   |     |         |       |
| ACTION_REFERENCE_OLD_TABLE| varchar(64)   | YES  |     | NULL    |       |
| ACTION_REFERENCE_NEW_TABLE| varchar(64)   | YES  |     | NULL    |       |
| ACTION_REFERENCE_OLD_ROW  | varchar(3)    | NO   |     |         |       |
| ACTION_REFERENCE_NEW_ROW  | varchar(3)    | NO   |     |         |       |
| CREATED                   | datetime      | YES  |     | NULL    |       |
| SQL_MODE                  | longtext      | NO   |     |         |       |
+---------------------------+---------------+------+-----+---------+-------+
18 rows in set (0.01 sec)

mysql>
```

c. Exemples d'utilisation

Si l'utilisateur **usrfacsysachat** veut connaître ses privilèges sur les tables disponibles sur le serveur MySQL, alors il peut exécuter la requête suivante :

```
mysql>select * from information_schema.TABLE_PRIVILEGES;
```

```
srv-jupiter:~# mysql -u usrfacsysachat -p
Enter password:
Welcome to the MySQL monitor.  Commands end with ; or \g.
Your MySQL connection id is 109 to server version: 5.0.15-Debian_1-log

Type 'help;' or '\h' for help. Type '\c' to clear the buffer.

mysql> select * from information_schema.TABLE_PRIVILEGES;
+-------------------------+---------------+--------------+------------+----------------+---------
| GRANTEE                 | TABLE_CATALOG | TABLE_SCHEMA | TABLE_NAME | PRIVILEGE_TYPE | IS_GRAN
+-------------------------+---------------+--------------+------------+----------------+---------
| 'usrfacsysachat'@'%'    | NULL          | facsys       | categories | SELECT         | NO
| 'usrfacsysachat'@'%'    | NULL          | facsys       | categories | INSERT         | NO
| 'usrfacsysachat'@'%'    | NULL          | facsys       | categories | UPDATE         | NO
| 'usrfacsysachat'@'%'    | NULL          | facsys       | categories | DELETE         | NO
| 'usrfacsysachat'@'%'    | NULL          | facsys       | articles   | SELECT         | NO
| 'usrfacsysachat'@'%'    | NULL          | facsys       | articles   | INSERT         | NO
| 'usrfacsysachat'@'%'    | NULL          | facsys       | articles   | UPDATE         | NO
| 'usrfacsysachat'@'%'    | NULL          | facsys       | articles   | DELETE         | NO
+-------------------------+---------------+--------------+------------+----------------+---------
8 rows in set (0.00 sec)

mysql>
```

On remarque que bien qu'il demande tous les enregistrements (SELECT *), notre utilisateur **usrfacsysachat** n'obtient des informations que sur ses propres données.

Si maintenant nous voulons obtenir la description de tous les triggers de la table **facsys.details**, nous pouvons exécuter la requête suivante :

```
mysql>select * from information_schema.TRIGGERS where
EVENT_OBJECT_SCHEMA='facsys' and EVENT_OBJECT_TABLE='details'\G;
```

```
mysql> select * from information_schema.TRIGGERS where EVENT_OBJECT_SCHEMA='facsys' and EVENT_OBJECT_TABLE='details'\G;
*************************** 1. row ***************************
           TRIGGER_CATALOG: NULL
            TRIGGER_SCHEMA: facsys
              TRIGGER_NAME: details_AfterInsert
        EVENT_MANIPULATION: INSERT
      EVENT_OBJECT_CATALOG: NULL
       EVENT_OBJECT_SCHEMA: facsys
        EVENT_OBJECT_TABLE: details
              ACTION_ORDER: 0
          ACTION_CONDITION: NULL
          ACTION_STATEMENT:
update articles set stock = stock - NEW.quantite where codearticle = NEW.codearticle
        ACTION_ORIENTATION: ROW
            ACTION_TIMING: AFTER
ACTION_REFERENCE_OLD_TABLE: NULL
ACTION_REFERENCE_NEW_TABLE: NULL
  ACTION_REFERENCE_OLD_ROW: OLD
  ACTION_REFERENCE_NEW_ROW: NEW
                   CREATED: NULL
                  SQL_MODE:
1 row in set (0.00 sec)

ERROR:
No query specified

mysql>
```

De même, nous pourrions demander les informations à propos de la vue **factures** que nous avons créée dans la section précédente :

```
mysql>select * from information_schema.VIEWS where
TABLE_NAME_'factures'\G;
```

```
mysql> select * from information_schema.VIEWS where TABLE_NAME='factures'\G;
*************************** 1. row ***************************
  TABLE_CATALOG: NULL
   TABLE_SCHEMA: facsys
     TABLE_NAME: factures
VIEW_DEFINITION: select `c`.`numcommande` AS `numcommande`,`cli`.`nom` AS `nom`,`cli`.`prenom` AS `prenom`,`c`.`date` AS `date`
sum((`d`.`quantite` * `d`.`prix`)) AS `montant` from `facsys`.`commandes` `c` join `facsys`.`details` `d` join `facsys`.`client`
`cli` where ((`c`.`numcommande` = `d`.`numcommande`) and (`c`.`idclient` = `cli`.`idclient`)) group by `d`.`numcommande`
   CHECK_OPTION: NONE
   IS_UPDATABLE: NO
        DEFINER: root@localhost
  SECURITY_TYPE: DEFINER
1 row in set (0.01 sec)

ERROR:
No query specified

mysql>
```

L'écran précédent nous indique que le propriétaire de cette vue est l'utilisateur root@localhost, que l'utilisateur exécute la vue dans le contexte de privilèges du créateur root@localhost. La colonne VIEW_DEFINITION correspond à la requête exécutée pour générer la vue.

En conclusion, la base de données **information_schema** standardise l'accès aux métadonnées qui étaient déjà disponibles, tout en facilitant cet accès grâce à une méthode d'accès simple qu'est l'instruction SELECT.

Cette base de données sera enrichie à l'avenir, en particulier avec l'ajout d'une table **PARAMETERS** pour les paramètres du serveur MySQL, un équivalent de la commande SHOW VARIABLES actuelle.

Chapitre 4 : Programmation

| A. | Utiliser MySQL en batch | . . . . | **221** |

| B. | La programmation à l'aide d'API | . . . . | **222** |

C.	L'API C et C++	. . . .	**223**
	1.	Présentation	. . . .	223
	2.	Description des API disponibles en C	. . . .	224
		a.	Les types de variables	. . . .	224
		b.	Les fonctions de connexion	. . . .	226
		c.	Les fonctions de requête	. . . .	233
		d.	La gestion des erreurs	. . . .	246
		e.	Les autres fonctions	. . . .	248
		f.	Fonctions obsolètes	. . . .	256
	3.	Exemple d'application	. . . .	257

D.	L'API PERL	. . . .	**264**
	1.	Présentation	. . . .	264
	2.	Description des API disponibles en PERL	. . . . . .	265
		a.	Les types de ressource	. . . .	265
		b.	Les fonctions de connexion	. . . .	265
		c.	Les fonctions de requête	. . . .	267
		d.	La gestion des erreurs	. . . .	275

e. Les autres fonctions 277

3. Exemple d'application 277

E. L'API PHP 282

1. Présentation 282

2. Description des API disponibles en PHP 283
    a. Les types de ressource 283
    b. Les fonctions de connexion 283
    c. Les fonctions de requête 288
    d. La gestion des erreurs 301
    e. Les autres fonctions 303

3. Exemple d'application 308

F. L'API ADO 312

1. Présentation 312

2. Description des API ADO disponibles 313
    a. Structure de ADO 313
    b. L'objet CONNECTION 314
    c. L'objet COMMAND 317
    d. L'objet RECORSET 319
    e. La gestion des erreurs 323

3. Exemple d'application 324

A. Utiliser MySQL en batch

Jusqu'à maintenant nous avons toujours utilisé le programme client MySQL en mode interactif, c'est-à-dire que nous tapions les commandes les unes après les autres.

MySQL offre la possibilité d'exécuter un ensemble de commandes contenu dans un fichier au format texte.

Voici la syntaxe générale :

```
shell>mysql < nomdufichier
```

Nous pouvons récupérer les messages de sortie dans un fichier texte :

```
shell>mysql < nomdufichier > /tmp/fichier_de_sortie
```

Il est possible d'indiquer l'option --force pour forcer le programme MySQL à continuer, même s'il rencontre des erreurs.

Voici un exemple simple de fichier script écrit à l'aide d'un éditeur de texte (VI) :

```
shell>vi scriptmysql
```

```
unn faooyn
select * from clients;
exit
```

→) Vérifions le résultat :

```
shell>mysql --host=10.0.0.233 -u usrfacsyscommand -p <
/home/cthibaud/scriptmysql
Enter password: *****
```

```
[cthibaud@pclin1 cthibaud]$ mysql --host=10.0.0.233 -u usrfacsyscommand -p < scrip
tmysql
Enter password:
idcategorie        nom        description
1          peche    les articles de peche
2          Squash   articles de squash
3          Habillage pour enfant    du 0 au 16 ans
[cthibaud@pclin1 cthibaud]$ _
```

> Sous Windows, il se peut que la commande pose problème, il est alors possible d'utiliser la commande suivante :
> ```
> mysql -e "nom_du fichier source".
> ```

B. La programmation à l'aide d'API

Jusqu'à maintenant, nous avons utilisé le client MySQL (ou moniteur MySQL) pour effectuer nos requêtes. En environnement de production, nous préférons souvent offrir à l'utilisateur une interface de saisie simple. Les développeurs de MySQL et des développeurs indépendants ont créé des fonctions appelées API *(Application Programming Interface)* permettant d'interroger le serveur MySQL depuis des langages tels que C, C++, PHP, PERL et bien d'autres encore. Certains drivers permettent également cela. À la différence des API qui sont spécifiques à un langage, les drivers permettent d'interfacer une base de données avec plusieurs langages via des fonctions communes. DBI en est un exemple sous Linux. Pour Windows, il en existe deux : un driver ODBC *(Object DataBase Connectivity)* et ADO *(ActiveX Data Object)*. Un driver commun permet aussi de changer le fournisseur de base de données sans modifier le code de l'application. Ainsi, une entreprise ayant une application utilisant actuellement un SGBDR concurrent via une source ODBC, pourra remplacer ce dernier par MySQL sans modifier le code de l'application. Il suffit de modifier la source ODBC en la redirigeant vers le serveur MySQL.

Attention, cette notion reste théorique et fonctionne si chaque programme respecte le SQL ANSI. En effet, chaque SGBDR inclut généralement des compléments spécifiques. Par exemple, Oracle a créé le langage PL/SQL et ces instructions ne sont pas reconnues par MySQL.

Apprenons maintenant à créer quelques applications en utilisant les différentes API disponibles. Un nombre restreint de fonctions est présent dans chacun des exemples, par contre, toutes les API sont présentées dans chacun des langages.

C. L'API C et C++

1. Présentation

C'est en 1972 que Dennis Ritchie et Brian Kernighan ont écrit le mythique langage C, référence pour les programmeurs. L'origine de son nom n'est pas certaine, mais vient a priori de la deuxième lettre du nom BCPL (un autre langage de programmation) dont Ken Thompson et Bell Labs s'étaient inspirés (de la première lettre) pour créer le langage nommé B en 1970. C'est peu de temps après que le système d'exploitation Unix (le système d'exploitation dont Linux est inspiré) sera entièrement réécrit par Ken Thompson et Dennis Ritchie en C. C'est ce qui fera la célébrité du langage.

L'API C/C++ est la première API disponible sous MySQL. Cela s'explique très simplement par le fait que MySQL lui-même est écrit dans ce langage. Pour compiler les applications écrites en C, nous devons disposer d'un compilateur, tel que **GCC**. Pour interfacer MySQL, la bibliothèque de fonctions MySQL doit être installée. Nous l'avons installée dans un chapitre précédent avec le package nommé **Mysql-devel-xxxx**.

2. Description des API disponibles en C

Décrivons toutes les API disponibles en C pour communiquer avec MySQL.

a. Les types de variables

Les API MySQL utilisent des types de données spécifiques pour stocker différentes informations telles que l'objet connexion.

Le tableau suivant présente tous les types que MySQL utilise.

Type	Description
MYSQL	Cette structure définit un pointeur sur une connexion à une base de données. Elle est spécifiée dans la majorité des fonctions C pour préciser sur quelle base de données opère la fonction.
MYSQL_RES	Cette structure permet de stocker le résultat d'une requête telle que SELECT, SHOW, DESCRIBE, EXPLAIN...
MYSQL_ROW	Cette structure permet de stocker un enregistrement parmi tous ceux retournés par MYSQL_RES.
MYSQL_FIELD	Structure contenant les informations à propos d'un champ. Le détail de cette structure est défini plus loin.
MYSQL_FIELD_OFFSET	Permet de connaître la position du curseur dans la liste des enregistrements de MYSQL_RES. Le premier enregistrement de la liste a la position zéro.
my_ulonglong	C'est le format utilisé par différentes fonctions pour renvoyer un nombre d'enregistrements. Par exemple : mysql_num_rows(). Dans certains cas, il est nécessaire de modifier le type de retour de la fonction. Par exemple : Printf ("Nb enregistrements : %lu \n", (unsigned long) mysql_num_rows (MYSQL_RES)

Décrivons la structure `MYSQL_RES` :

`Char *name`	Pointeur sur une chaîne donnant le nom du champ.
`Char *table`	Pointeur sur une chaîne contenant le nom de la table dont fait partie le champ. Si le champ est issu d'un calcul (par exemple SUM), alors cette chaîne est vide.
`Char *def`	La chaîne représentée par ce pointeur est généralement vide sauf lors de l'utilisation de mysql_list_fields().

`Enum enum_ field_ types type`	Ce type ENUM représente le type du champ. Voici les valeurs possibles (entre parenthèses le type MySQL correspondant) :
	`FIELD_TYPE_TINY (TINYINT)`
	`FIELD_TYPE_SHORT (SMALLINT)`
	`FIELD_TYPE_LONG (INTEGER)`
	`FIELD_TYPE_INT24 (MEDIUMINT)`
	`FIELD_TYPE_LONGLONG (BIGINT)`
	`FIELD_TYPE_DECIMAL (DECIMAL ou NUMERIC)`
	`FIELD_TYPE_FLOAT (FLOAT)`
	`FIELD_TYPE_DOUBLE (DOUBLE ou REAL)`
	`FIELD_TYPE_TIMESTAMP (TIMESTAMP)`
	`FIELD_TYPE_DATE (DATE)`
	`FIELD_TYPE_TIME (TIME)`
	`FIELD_TYPE_DATETIME (DATETIME)`
	`FIELD_TYPE_YEAR (YEAR)`
	`FIELD_TYPE_STRING (CHAR ou VARCHAR)`
	`FIELD_TYPE_BLOB (BLOB ou TEXT)`
	`FIELD_TYPE_SET (SET)`
	`FIELD_TYPE_ENUM (ENUM)`
	`FIELD_TYPE_NULL (NULL)`
	`FIELD_TYPE_CHAR` (déconseillé, il vaut mieux utiliser `FIELD_TYPE_TINY`)
	Il est possible de connaître le type général d'un champ avec la fonction `IS_NUM`, par exemple :
	`if (IS_NUM(field->type)) printf("champ de type numérique") ;`

`Unsigned int length`	Longueur maximale du champ en considérant tous les enregistrements de `MYSQL_RES`.

Unsigned int flags	Informations complémentaires sur le champ. Elles peuvent être évaluées avec des opérations binaires. Par exemple pour savoir si le champ est une clé primaire, nous pouvons utiliser : if (field->flags & UNIQUE_KEY_FLAG) printf ("Ce champ est une clé primaire") ; Voici la liste des valeurs possibles pour ce champ : NOT_NULL_FLAG PRI_KEY_FLAG UNIQUE_KEY_FLAG MULTIPLE_KEY_FLAG UNSIGNED_FLAG ZEROFILL_FLAG BINARY_FLAG AUTO_INCREMENT_FLAG D'autres fonctions d'évaluation sont disponibles : IS_NOT_NULL(flags) IS_PRI_KEY(flags) IS_BLOB(flags)
Unsigned int flags	Nombre de décimales pour les champs de type numérique.

b. Les fonctions de connexion

Les fonctions suivantes permettent d'initialiser, d'effectuer, de modifier et de terminer une connexion à un serveur MySQL.

mysql_change_user()

Le prototype de la fonction est :

```
my_bool mysql_change_user(MYSQL *mysql, const char *user,
const char *password, const char *db)
```

Cette fonction permet de changer l'utilisateur et la base de données de la connexion courante.

Si MySQL rencontre une erreur (mauvais mot de passe, problème de privilèges sur la base de données spécifiée), la connexion n'est pas modifiée.

La valeur retournée est égale à zéro si tout s'est bien passé. En cas d'erreur, celle-ci peut être interceptée avec `mysql_errno()` et `mysql_error()` :

`CR_COMMANDS_OUT_OF_SYNC`

Les commandes ne sont pas dans l'ordre attendu.

`CR_SERVER_GONE_ERROR`

Le serveur n'est plus accessible.

`CR_SERVER_LOST`

La connexion au serveur a été perdue pendant la requête. Cela arrive généralement lorsqu'il y a une erreur dans la programmation, par exemple, un mauvais pointeur.

`CR_UNKNOW_ERROR`

Une erreur inconnue a été rencontrée.

`ER_UNKNOW_COM_ERROR`

Le serveur MySQL ne reconnaît pas la commande. Cette fonction existe depuis la version 3.23.3, vérifiez que le serveur est au moins dans cette version.

`ER_ACCESS_DENIED_ERROR`

La connexion est refusée. Il peut y avoir plusieurs causes : interdiction de se connecter depuis l'hôte, mauvais mot de passe...

`ER_BAD_DB_ERROR`

La base de données spécifiée n'existe pas.

ER_DBACCESS_DENIED_ERROR

L'utilisateur n'a pas les privilèges nécessaires sur cette base de données.

ER_WRONG_DB_NAME

Le nom de la base de données est trop long.

mysql_close()

Le prototype de la fonction est :

```
void mysql_close(MYSQL *mysql)
```

Cette fonction permet de mettre fin à la connexion spécifiée. Elle libère aussi la mémoire allouée par le pointeur `mysql`.

mysql_init()

Le prototype de la fonction est :

```
MYSQL *mysql_info(MYSQL *mysql)
```

Cette fonction initialise un pointeur (alloue de la mémoire) de type `MYSQL` afin d'obtenir une référence sur une connexion pouvant être utilisée par la fonction `mysql_real_connect()`.

La fonction retourne un pointeur initialisé sur une variable de type `MYSQL`.

La fonction peut retourner `NULL` s'il ne reste plus assez de mémoire pour l'allocation.

mysql_options()

Le prototype de la fonction est :

```
int mysql_options(MYSQL *mysql, enum mysql_option option,
const char *arg)
```

Permet de valoriser des options du serveur. Elle doit être appelée après `mysql_init()` mais avant `mysql_real_connect()`. Le paramètre `option` représente l'option à valoriser et `arg` est un pointeur sur la valeur à donner à l'option, que ce soit une chaîne ou un nombre.

Les options possibles sont :

option	arg	Description
MYSQL_OPT_CONNECT_TIMEOUT	Unsigned int *	Temps en secondes avant le dépassement de délai pour une requête.
MYSQL_OPT_COMPRESS	NULL	Indique au serveur qu'il doit utiliser le protocole compressé pour les échanges.
MYSQL_OPT_LOCAL_INFILE	Optional unsigned int *	Autorise la commande LOAD LOCAL INFILE si l'argument `arg` fourni pointe sur un entier non signé ou est NULL.
MYSQL_OPT_NAMED_PIPE	NULL	Force l'utilisation des canaux nommés en environnement Windows de technologie NT.
MYSQL_INIT_COMMAND	Char *	Commande à exécuter dès la connexion établie. La commande sera exécutée à chaque reconnexion.
MYSQL_READ_DEFAULT_FILE	Char *	Force à lire les options depuis le fichier spécifié dans `arg` au lieu du fichier **my.cnf**.
MYSQL_READ_DEFAULT_GROUP	Char *	Lit les options de la section spécifiée par arg dans le fichier **my.cnf** ou dans le fichier spécifié par MYSQL_READ_DEFAULT_FILE(char *). Par défaut, MySQL lit le groupe [client] si MYSQL_READ_DEFAULT_GROUP n'est pas précisé.

La fonction retourne zéro si tout se passe bien et une valeur différente de zéro sinon. Les erreurs peuvent être interceptées avec `mysql_errno()` et `mysql_error()`.

mysql_real_connect()

Le prototype de la fonction est :

```
MYSQL *mysql_real_connect(MYSQL *mysql, const char *host,
const char *user, const char *passwd, const char *db,
unsigned int port, const char *unix_socket, unsigned int
client_flag)
```

Cette fonction permet d'établir une connexion avec un serveur MySQL.

Le paramètre `mysql` est un pointeur sur une structure de type `MYSQL` préalablement initialisé avec la fonction `mysql_init()`.

`Host` représente le nom, `localhost` ou l'adresse IP du serveur MySQL. Si la valeur est `NULL` ou `localhost`, les sockets Unix ou les canaux nommés sous Windows sont utilisés à la place du protocole réseau TCP/IP.

`user` représente l'utilisateur MySQL, `passwd` le mot de passe et `db` la base de données. Il n'y a pas besoin d'encrypter le mot de passe, la fonction le fait pour nous. `db` peut être `NULL` pour ne pas spécifier de base de données par défaut.

Si le port d'écoute du serveur n'est pas standard, il est possible de le spécifier avec le paramètre `port`. Si le port d'écoute est celui utilisé par défaut pour MySQL (3306), nous précisons zéro.

Si la chaîne pointée par `unix_socket` n'est pas `NULL`, alors elle précise le socket ou le canal nommé à utiliser. L'utilisation de ce paramètre est déterminée par la valeur de `host`.

La valeur du paramètre `client_flag` peut être zéro ou une valeur de la liste suivante :

`CLIENT_COMPRESS`	La connexion utilise le protocole compressé.
`CLIENT_FOUND_ROWS`	Retourne le nombre d'enregistrements trouvés au lieu de ceux affectés.
`CLIENT_IGNORE_SPACE`	Autorise les espaces après les noms de fonction et réserve tous les mots représentant des noms de fonction.
`CLIENT_INTERACTIVE`	Autorise `interactive_timeout` secondes au lieu de `wait_timeout` secondes d'inactivité avant de fermer la connexion.
`CLIENT_NO_SCHEMA`	Interdit la syntaxe `database.table.colonne`. Employé pour les programmes utilisant ODBC car cette syntaxe peut être interprétée comme du déboguage.
`CLIENT_ODBC`	Permet de spécifier que la connexion se fait via ODBC.
`CLIENT_SSL`	La connexion utilise le protocole sécurisé SSL.

La fonction retourne un pointeur sur une structure de type `MYSQL` qui doit être passé à la majorité des fonctions de l'API C. Elle permet de savoir à quelle connexion s'adresse la requête. Si une erreur est rencontrée, la valeur de retour est `NULL`.

Les erreurs peuvent être récupérées avec les fonctions `mysql_errno()` et `mysql_error()`. En voici la liste :

`CR_CONN_HOST_ERROR`

Connexion au serveur impossible.

`CR_CONNECTION_ERROR`

Connexion au serveur local impossible.

`CR_IPSOCK_ERROR`

Erreur lors de la création du socket IP.

`CR_OUT_OF_MEMORY`

Plus de mémoire disponible.

`CR_SOCKET_CREATE_ERROR`

Erreur lors de la création du socket Unix.

`CR_UNKNOW_HOST`

Impossible de trouver l'hôte spécifié sur le réseau.

`CR_VERSION_ERROR`

Cette erreur peut arriver si la version de protocole du client est plus ancienne que celle du serveur et que nous ne démarrons pas le serveur avec l'option `--old-protocol`.

`CR_NAMEDPIPEOPEN_ERROR`

Erreur lors de la création du canal nommé sous Windows.

`CR_NAMEDPIPEWAIT_ERROR`

Délai d'attente d'un canal nommé dépassé.

`CR_NAMEDPIPESTATE_ERROR`

Impossible d'obtenir un canal nommé de la part de Windows.

`CR_SERVER_LOST`

Survient si le temps d'établissement de la connexion est supérieur à la valeur du paramètre `connect_ timeout`.

`mysql_real_connect()` positionne le bit `reconnect` de la structure `MYSQL` retournée à 1 pour indiquer au programme de se reconnecter automatiquement si la connexion est perdue.

c. Les fonctions de requête

Les fonctions de requête sont très nombreuses. La majorité de ces fonctions accepte pour paramètre une référence sur la connexion initiée avec les fonctions de connexion.

mysql_affected_rows()

Le prototype de la fonction est :

```
my_ulonglong mysql_affected_rows(MYSQL *mysql)
```

Cette fonction retourne le nombre d'enregistrements modifiés par le dernier `INSERT`, `UPDATE` ou `DELETE`. Utilisé après une requête de type `SELECT`, nous obtenons le nombre d'enregistrements du `SELECT` (équivalent de `mysql_num_rows()`).

Si la valeur retournée est supérieure ou égale à zéro, elle représente le nombre d'enregistrements affectés. Si la fonction retourne `-1`, MySQL a rencontré une erreur.

mysql_data_seek()

Le prototype de la fonction est :

```
void mysql_data_seek(MYSQL_RES *result, my_ulonglong offset)
```

Cette fonction déplace le curseur sur l'enregistrement ayant la position `offset` dans la liste des enregistrements retournés.

La valeur de `offset` est comprise entre 0 et `mysql_num_rows (result) - 1`.

Cette fonction nécessite un jeu d'enregistrements complets, on peut donc l'utiliser avec `mysql_store_result()` mais pas avec `mysql_use_result()`.

mysql_fetch_field()

Le prototype de la fonction est :

```
MYSQL_FIELD *mysql_fetch_field(MYSQL_RES *result)
```

Cette fonction retourne une structure de type `MYSQL_FIELD` (voir la liste des types pour une description complète). Elle permet d'obtenir toutes les informations sur le champ. Il est nécessaire de l'appeler plusieurs fois de suite pour obtenir la définition de toutes les colonnes.

La fonction renvoie `NULL` lorsqu'il ne reste plus d'autres champs.

Il est possible de naviguer parmi les champs avec la fonction `mysql_field_seek()`.

mysql_fetch_fields()

Le prototype de la fonction est :

```
MYSQL_FIELD *mysql_fetch_fields(MYSQL_RES *result)
```

Cette fonction retourne un tableau de structures de type `MYSQL_FIELD` (voir la liste des types pour une description complète). Elle permet d'obtenir les informations sur tous les champs du jeu d'enregistrements de `result`.

Il est possible de connaître le nombre de champs avec la fonction `mysql_num_fields()`.

mysql_fetch_lengths()

Le prototype de la fonction est :

```
Unsigned long *mysql_fetch_lengths(MYSQL_RES *result)
```

Cette fonction retourne la longueur des champs de l'enregistrement courant du jeu de résultats de `result`.

La fonction retourne 0 pour les champs vides ou dont la valeur est 0.

La valeur retournée est un tableau de valeurs de type entier non signé représentant la longueur de chacun des champs. Elle retourne NULL si elle rencontre une erreur.

La fonction rencontre une erreur s'il n'y a pas d'enregistrement courant, ce qui est possible si `mysql_fetch_row()` n'a pas encore été utilisé ou si le curseur est arrivé à la fin de la liste des enregistrements.

mysql_fetch_row()

Le prototype de la fonction est :

```
MYSQL_ROW mysql_fetch_row(MYSQL_RES *result)
```

Cette fonction avance le curseur à la position suivante dans le jeu de résultats `result` et retourne les informations de l'enregistrement courant.

La fonction retourne NULL si le curseur est arrivé à la fin du jeu d'enregistrements de la liste `result`.

mysql_field_count()

Le prototype de la fonction est :

```
unsigned int mysql_field_count(MYSQL *mysql)
```

administration et programmation

Cette fonction retourne le nombre de champs de la dernière requête exécutée.

mysql_field_seek()

Le prototype de la fonction est :

```
MYSQL_FIELD_OFFSET int mysql_field_seek(MYSQL *mysql, MYSQL_
FIELD_OFFSET offset)
```

Cette fonction positionne le curseur à la position `offset` dans le jeu d'enregistrements `mysql`.

La valeur retournée représente la position du curseur avant l'appel de la fonction.

mysql_free_result()

Le prototype de la fonction est :

```
void int mysql_free_result(MYSQL_RES *result)
```

Cette fonction permet de libérer l'espace mémoire alloué au jeu d'enregistrements `result`.

mysql_insert_id()

Le prototype de la fonction est :

```
my_ulonglong mysql_insert_id(MYSQL *mysql)
```

Cette fonction retourne la valeur générée par une colonne de type `AUTO_INCREMENT` par la dernière requête exécutée. Typiquement, cette fonction est généralement utilisée à la suite d'une instruction `INSERT` ou `UPDATE`.

Elle retourne zéro si la dernière requête exécutée ne contient pas de champ de type AUTO_INCREMENT ou si aucune requête n'a encore été exécutée.

mysql_list_dbs()

Le prototype de la fonction est :

```
MYSQL_RES *mysql_list_dbs(MYSQL *mysql, const char *wild)
```

Cette fonction retourne un jeu de résultats contenant les noms des bases de données disponibles sur le serveur MySQL. La chaîne de caractères wild est un motif représentatif de la base de données tel que fac% ou NULL si nous voulons toutes les bases de données.

Le jeu de résultats retourné doit ensuite être libéré avec la fonction mysql_free_result().

La fonction retourne zéro en cas de succès. Les erreurs possibles sont :

CR_COMMANDS_OUT_OF_SYNC

Les commandes ne sont pas dans l'ordre attendu.

CR_OUT_OF_MEMORY

Il n'y a plus assez de mémoire pour effectuer l'opération.

CR_SERVER_GONE_ERROR

Le serveur n'est plus accessible.

CR_SERVER_LOST

La connexion au serveur a été perdue pendant la requête. Cela arrive généralement lorsqu'il y a une erreur dans la programmation, par exemple un mauvais pointeur.

CR_UNKNOW_ERROR

Une erreur inconnue a été rencontrée.

> Cette fonction est un équivalent de la requête SHOW DATABASES [LIKE wild].

mysql_list_fields()

Le prototype de la fonction est :

```
MYSQL_RES *mysql_list_fields(MYSQL *mysql, const char
*table, const char *wild)
```

Cette fonction retourne un jeu de résultats contenant les noms des champs répondant au motif wild de la table table. Ce motif peut être du type nomcol% ou NULL pour tous les champs.

La fonction retourne un jeu de résultats de type MYSQL_RES ou NULL si elle rencontre une erreur. Le jeu de résultats doit être libéré à l'aide de mysql_free_result(). Les erreurs suivantes peuvent être rencontrées :

CR_OUT_OF_MEMORY

Il n'y a plus assez de mémoire pour effectuer l'opération.

CR_SERVER_GONE_ERROR

Le serveur n'est plus accessible.

CR_SERVER_LOST

La connexion au serveur a été perdue pendant la requête. Cela arrive généralement lorsqu'il y a une erreur dans la programmation, par exemple un mauvais pointeur.

CR_UNKNOW_ERROR

Une erreur inconnue a été rencontrée.

➲ Cette fonction est un équivalent de la requête SHOW COLUMNS FROM table [LIKE wild].

mysql_list_tables()

Le prototype de la fonction est :

```
MYSQL_RES *mysql_list_tables(MYSQL *mysql, const char *wild)
```

Cette fonction retourne un jeu de résultats contenant les noms des tables répondant au motif wild de la base de données courante. Ce motif peut être du type nomtab% ou NULL pour tous les champs.

La fonction retourne un jeu de résultats de type MYSQL_RES ou NULL si elle rencontre une erreur. Le jeu de résultats doit être libéré à l'aide de mysql_free_result(). Les erreurs suivantes peuvent être rencontrées :

CR_OUT_OF_MEMORY

Il n'y a plus assez de mémoire pour effectuer l'opération.

CR_SERVER_GONE_ERROR

Le serveur n'est plus accessible.

CR_SERVER_LOST

La connexion au serveur a été perdue pendant la requête. Cela arrive généralement lorsqu'il y a une erreur dans la programmation, par exemple un mauvais pointeur.

CR_UNKNOW_ERROR

Une erreur inconnue a été rencontrée.

❯ Cette fonction est un équivalent de la requête SHOW TABLES [LIKE wild].

mysql_num_fields()

Le prototype de la fonction est :

```
unsigned int mysql_num_fields(MYSQL_RES *result)
```

Cette fonction retourne le nombre de colonnes du jeu d'enregistrements result.

mysql_num_rows()

Le prototype de la fonction est :

```
my_ulonglong mysql_num_rows(MYSQL_RES *result)
```

Cette fonction retourne le nombre d'enregistrements du jeu de résultats result.

Si nous utilisons la fonction mysql_use_result(), nous devons parcourir tous les enregistrements avant de pouvoir utiliser mysql_num_rows().

mysql_query()

Le prototype de la fonction est :

```
int mysql_query(MYSQL *mysql, const char *query)
```

Cette fonction exécute la requête SQL spécifiée par l'argument `query`. Elle ne peut pas être utilisée pour des données de type binaire (par exemple les champs de type BLOB) car ces dernières peuvent contenir le caractère `\0` qui est interprété comme une fin de chaîne par `mysql_query()`.

La fonction retourne 0 si tout se passe bien. Les erreurs suivantes peuvent être retournées :

`CR_COMMANDS_OUT_OF_SYNC`

Les commandes ne sont pas dans l'ordre attendu.

`CR_SERVER_GONE_ERROR`

Le serveur n'est plus accessible.

`CR_SERVER_LOST`

La connexion au serveur a été perdue pendant la requête. Cela arrive généralement lorsqu'il y a une erreur dans la programmation, par exemple un mauvais pointeur.

`CR_UNKNOW_ERROR`

Une erreur inconnue a été rencontrée.

mysql_real_query()

Le prototype de la fonction est :

```
int mysql_real_query(MYSQL *mysql, const char *query,
unsigned long length)
```

Cette fonction exécute la requête SQL spécifiée par l'argument `query` de longueur `length`. Cette fonction peut être utilisée pour des données de type binaire (par exemple les champs de type BLOB) contrairement à `mysql_query()`.

La fonction retourne 0 si tout se passe bien, une autre valeur dans le cas contraire. Les erreurs récupérables par `mysql_errno()` sont les suivantes :

CR_COMMANDS_OUT_OF_SYNC

Les commandes ne sont pas dans l'ordre attendu.

CR_SERVER_GONE_ERROR

Le serveur n'est plus accessible.

CR_SERVER_LOST

La connexion au serveur a été perdue pendant la requête. Cela arrive généralement lorsqu'il y a une erreur dans la programmation, par exemple un mauvais pointeur.

CR_UNKNOW_ERROR

Une erreur inconnue a été rencontrée.

> La requête spécifiée par `*query` ne doit pas contenir de caractère ; ou \g en fin de chaîne.

mysql_row_seek()

Le prototype de la fonction est :

```
MYSQL_ROW_OFFSET mysql_row_seek(MYSQL_RES *result,
MYSQL_ROW_OFFSET offset)
```

Cette fonction permet de déplacer le curseur du jeu d'enregistrements `result` à une position donnée par `offset`. La fonction `mysql_row_seek()` fonctionne avec `mysql_store_result()` mais pas avec `mysql_use_result()`.

La fonction retourne la position du curseur avant l'appel de la fonction.

offset n'est pas simplement un nombre mais une structure complexe. La fonction mysql_row_tell() donne une telle valeur en retour. Nous pouvons donc l'utiliser pour fournir un argument valide. Nous pouvons aussi utiliser le retour de la fonction mysql_row_seek() elle-même puisqu'elle retourne un type MYSQL_ROW_OFFSET.

Pour indiquer une position numérique au curseur, nous pouvons utiliser la fonction mysql_data_seek().

mysql_row_tell()

Le prototype de la fonction est :

```
MYSQL_ROW_OFFSET mysql_row_tell(MYSQL_RES *result)
```

Cette fonction retourne la position courante du curseur du jeu d'enregistrements result. Elle fonctionne avec mysql_ store_result() mais pas avec mysql_use_result().

Elle est un bon complément de la fonction mysql_row_seek().

mysql_select_db()

Le prototype de la fonction est :

```
int mysql_select_db(MYSQL *mysql, const char *db)
```

Cette fonction permet de changer de base de données par défaut. Le nom de la nouvelle base de données est précisé par l'argument db.

`mysql_select_db()` retourne zéro si tout se passe bien, une autre valeur dans le cas contraire. Les erreurs peuvent être :

CR_COMMANDS_OUT_OF_SYNC

Les commandes ne sont pas dans l'ordre attendu.

CR_SERVER_GONE_ERROR

Le serveur n'est plus accessible.

CR_SERVER_LOST

La connexion au serveur a été perdue pendant la requête. Cela arrive généralement lorsqu'il y a une erreur dans la programmation, par exemple un mauvais pointeur.

CR_UNKNOW_ERROR

Une erreur inconnue a été rencontrée.

mysql_store_result()

Le prototype de la fonction est :

```
MYSQL_RES *mysql_store_result(MYSQL *mysql)
```

Cette fonction permet de stocker le résultat (un jeu d'enregistrements) d'une requête de type INSERT, SHOW, DESCRIBE...

`mysql_store_result()` retourne une valeur de type MYSQL_RES si tout se passe bien et NULL s'il y a une erreur. Les erreurs peuvent être :

CR_COMMANDS_OUT_OF_SYNC

Les commandes ne sont pas dans l'ordre attendu.

CR_OUT_OF_MEMORY

Il n'y a plus assez de mémoire pour effectuer l'opération.

CR_SERVER_GONE_ERROR

Le serveur n'est plus accessible.

CR_SERVER_LOST

La connexion au serveur a été perdue pendant la requête. Cela arrive généralement lorsqu'il y a une erreur dans la programmation, par exemple un mauvais pointeur.

CR_UNKNOW_ERROR

Une erreur inconnue a été rencontrée.

mysql_use_result()

Le prototype de la fonction est :

```
MYSQL_RES *mysql_use_result(MYSQL *mysql)
```

À la différence de la fonction `mysql_store_result()`, cette fonction ne crée pas de table temporaire pour stocker le résultat de la requête mais lit directement les enregistrements depuis le serveur.

Il est nécessaire de balayer tous les enregistrements à l'aide de la fonction `mysql_fetch_row()` avant de réexécuter la fonction `mysql_use_result()`, sinon les enregistrements non balayés seront intégrés dans les résultats de la prochaine requête.

Il est nécessaire d'utiliser la fonction `mysql_free_result()` pour libérer la mémoire allouée par la fonction.

La fonction retourne un jeu d'enregistrements en cas de succès et NULL dans le cas contraire. Les erreurs peuvent être :

CR_COMMANDS_OUT_OF_SYNC

Les commandes ne sont pas dans l'ordre attendu.

CR_OUT_OF_MEMORY

Il n'y a plus assez de mémoire pour effectuer l'opération.

CR_SERVER_GONE_ERROR

Le serveur n'est plus accessible.

CR_SERVER_LOST

La connexion au serveur a été perdue pendant la requête. Cela arrive généralement lorsqu'il y a une erreur dans la programmation, par exemple un mauvais pointeur.

CR_UNKNOW_ERROR

Une erreur inconnue a été rencontrée.

d. La gestion des erreurs

Analysons les API de gestion des erreurs. Un bon programme gère toutes les erreurs pouvant être rencontrées. C'est essentiel car une erreur non gérée mène dans la majorité des cas à une fin anormale du programme. C'est une cause de bugs fréquente.

mysql_debug()

Le prototype de la fonction est :

```
void mysql_debug(const char *debug)
```

Permet de créer un fichier de suivi des opérations réalisées par MySQL. Cette fonctionnalité est très pratique pour déboguer du code.

Voici un exemple :

```
mysql_debug("d:t:0,/tmp/matrace.log");
```

Attention, pour cela, le serveur MySQL doit être lancé avec l'option `--with-debug` ou `--with-debug=full`. Il est possible de spécifier ces options dans le fichier de configuration de MySQL.

mysql_dump_debug_info()

Le prototype de la fonction est :

```
int mysql_dump_debug_info(MYSQL *mysql)
```

Demande à MySQL d'inscrire des informations de déboguage dans son fichier de suivi (logs). L'utilisateur doit disposer du privilège `super`.

La fonction retourne 0 si tout se passe bien et l'une des valeurs suivantes dans les autres cas :

`CR_COMMANDS_OUT_OF_SYNC`

Les commandes ne sont pas dans l'ordre attendu.

`CR_SERVER_GONE_ERROR`

Le serveur n'est plus accessible.

`CR_SERVER_LOST`

La connexion au serveur a été perdue pendant la requête. Cela arrive généralement lorsqu'il y a une erreur dans la programmation, par exemple un mauvais pointeur.

CR_UNKNOW_ERROR

Une erreur inconnue a été rencontrée.

mysql_errno()

Le prototype de la fonction est :

```
unsigned int mysql_errno(MYSQL *mysql)
```

Cette fonction retourne le code d'erreur de la dernière API utilisée. Ce code peut représenter un succès (valeur O) ou une erreur spécifique. La liste de tous les codes d'erreur possibles est disponible dans les fichiers `errmsg.h` et `mysqld_error.h`.

mysql_error()

Le prototype de la fonction est :

```
char *mysql_error(MYSQL *mysql)
```

Cette fonction retourne le message d'erreur de la dernière API utilisée. La chaîne de caractères retournée est de longueur nulle si tout s'est bien passé.

e.   Les autres fonctions

mysql_character_set_name()

Le prototype de la fonction est :

```
const char *mysql_character_set_name(MYSQL *mysql)
```

Cette fonction retourne le jeu de caractères par défaut de la connexion spécifiée.

mysql_get_client_info()

Le prototype de la fonction est :

```
char *mysql_get_client_info(void)
```

Cette fonction retourne une chaîne de caractères contenant la version de la librairie MySQL utilisée.

mysql_get_host_info()

Le prototype de la fonction est :

```
char *mysql_get_host_info(MYSQL *mysql)
```

Cette fonction retourne une chaîne contenant le nom du serveur MySQL et le type de la connexion utilisée.

mysql_get_proto_info()

Le prototype de la fonction est :

```
Unsigned int mysql_get_proto_info(MYSQL *mysql)
```

Cette fonction retourne la version du protocole MySQL utilisé sous forme d'un entier positif.

mysql_get_server_info()

Le prototype de la fonction est :

```
Unsigned int mysql_get_server_info(MYSQL *mysql)
```

Cette fonction renvoie la version du serveur MySQL sous forme d'un entier positif.

administration et programmation

mysql_info()

Le prototype de la fonction est :

```
Char *mysql_info(MYSQL *mysql)
```

Cette fonction renvoie une chaîne de caractères contenant des informations sur la dernière requête exécutée.

Cette fonction retourne des informations équivalentes à celles affichées par le client MySQL dans certains cas. En voici un exemple représentatif :

```
UPDATE ...
La chaîne vaut : Records: 67 Duplicates: 0 Warnings: 0
```

Cette fonction peut retourner des informations sur les requêtes suivantes :

```
INSERT INTO ... SELECT ...
INSERT INTO ... VALUES ...
LOAD DATA INFILE ...
ALTER TABLE ...
UPDATE ...
```

Dans les autres cas, la fonction retourne NULL.

mysql_kill()

Le prototype de la fonction est :

```
int mysql_kill(MYSQL *mysql, unsigned long pid)
```

Cette fonction permet de demander au serveur de tuer le thread dont l'identifiant est pid.

La fonction retourne zéro en cas de succès. Les erreurs possibles sont :

```
CR_COMMANDS_OUT_OF_SYNC
```

Les commandes ne sont pas dans l'ordre attendu.

```
CR_SERVER_GONE_ERROR
```

Le serveur n'est plus accessible.

```
CR_SERVER_LOST
```

La connexion au serveur a été perdue pendant la requête. Cela arrive généralement lorsqu'il y a une erreur dans la programmation, par exemple un mauvais pointeur.

```
CR_UNKNOW_ERROR
```

Une erreur inconnue a été rencontrée.

mysql_list_processes()

Le prototype de la fonction est :

```
MYSQL_RES *mysql_list_processes(MYSQL *mysql)
```

Cette fonction retourne un jeu de résultats décrivant les threads en cours d'exécution sur le serveur.

La fonction retourne un jeu de résultats de type MYSQL_RES ou NULL si elle rencontre une erreur. Le jeu de résultats doit être libéré à l'aide de mysql_free_result(). Les erreurs peuvent être :

```
CR_OUT_OF_MEMORY
```

Il n'y a plus assez de mémoire pour effectuer l'opération.

`CR_SERVER_GONE_ERROR`

Le serveur n'est plus accessible.

`CR_SERVER_LOST`

La connexion au serveur a été perdue pendant la requête. Cela arrive généralement lorsqu'il y a une erreur dans la programmation, par exemple un mauvais pointeur.

`CR_UNKNOW_ERROR`

Une erreur inconnue a été rencontrée.

⊗ Cette fonction est identique à la requête SHOW PROCESSLIST.

---

mysql_ping()

Le prototype de la fonction est :

```
Int mysql_ping(MYSQL *mysql)
```

Cette fonction permet de tester la connexion au serveur. Elle demande au programme de se reconnecter si nécessaire. La connexion est fermée par le serveur au bout d'un certain temps d'inactivité.

La fonction retourne la valeur zéro si tout se passe bien, une valeur différente de zéro dans le cas contraire. Les erreurs peuvent être :

`CR_OUT_OF_MEMORY`

Il n'y a plus assez de mémoire pour effectuer l'opération.

`CR_SERVER_GONE_ERROR`

Le serveur n'est plus accessible.

CR_UNKNOW_ERROR

Une erreur inconnue a été rencontrée.

mysql_real_escape_string()

Le prototype de la fonction est :

```
Unsigned long mysql_real_escape_string(MYSQL *mysql,
char *to, char *from, unsigned long length)
```

Cette fonction permet d'ignorer (échapper) les caractères interprétables. Si une chaîne SQL contient des caractères qui seraient interprétés par MySQL, nous fournissons une chaînée contenant la requête à from et sa longueur à length et nous récupérons avec to une chaîne directement compréhensible par MySQL.

La fonction retourne la longueur de la chaîne to.

La longueur de la chaîne to doit être le double plus un de la chaîne from. Car on peut imaginer que la fonction doit ignorer tous les caractères, plus le caractère de fin de chaîne NULL.

Les caractères échappés sont \n, \r, \, ', ", CONTROL-Z.

mysql_reload()

Le prototype de la fonction est :

```
int mysql_reload(MYSQL *mysql)
```

Cette fonction demande à MySQL de relire ses tables de privilèges. Cela peut être nécessaire si nous modifions les tables de privilèges à l'aide des requêtes, INSERT, UPDATE, DELETE.

La fonction retourne 0 si tout se passe bien, une autre valeur dans le cas contraire. Les erreurs récupérables par `mysql_errno()` peuvent être :

CR_COMMANDS_OUT_OF_SYNC

Les commandes ne sont pas dans l'ordre attendu.

CR_SERVER_GONE_ERROR

Le serveur n'est plus accessible.

CR_SERVER_LOST

La connexion au serveur a été perdue pendant la requête. Cela arrive généralement lorsqu'il y a une erreur dans la programmation, par exemple un mauvais pointeur.

CR_UNKNOW_ERROR

Une erreur inconnue a été rencontrée.

mysql_shutdown()

Le prototype de la fonction est :

```
int mysql_shutdown(MYSQL *mysql)
```

Cette fonction permet d'arrêter le serveur MySQL.

`mysql_shutdown()` retourne zéro si tout se passe bien, une autre valeur s'il y a une erreur. Les erreurs peuvent être :

CR_COMMANDS_OUT_OF_SYNC

Les commandes ne sont pas dans l'ordre attendu.

CR_SERVER_GONE_ERROR

Le serveur n'est plus accessible.

CR_SERVER_LOST

La connexion au serveur a été perdue pendant la requête. Cela arrive généralement lorsqu'il y a une erreur dans la programmation, par exemple un mauvais pointeur.

CR_UNKNOW_ERROR

Une erreur inconnue a été rencontrée.

mysql_stat()

Le prototype de la fonction est :

```
Char *mysql_stat(MYSQL *mysql)
```

Cette fonction renvoie une chaîne de caractères contenant les mêmes informations que la commande mysqladmin status.

mysql_stat() retourne une chaîne de caractères si tout se passe bien et NULL s'il y a une erreur. Les erreurs peuvent être :

CR_COMMANDS_OUT_OF_SYNC

Les commandes ne sont pas dans l'ordre attendu.

CR_SERVER_GONE_ERROR

Le serveur n'est plus accessible.

CR_SERVER_LOST

La connexion au serveur a été perdue pendant la requête. Cela arrive généralement lorsqu'il y a une erreur dans la programmation, par exemple un mauvais pointeur.

CR_UNKNOW_ERROR

Une erreur inconnue a été rencontrée.

mysql_thread_id()

Le prototype de la fonction est :

```
Unsigned long mysql_thread_id(MYSQL *mysql)
```

Cette fonction retourne le numéro du thread affecté à la connexion courante. Ce numéro peut ensuite être utilisé avec la fonction `mysql_kill()`.

f. Fonctions obsolètes

Différentes fonctions MySQL sont devenues obsolètes. En voici la liste :

mysql_connect()

```
MYSQL *mysql_connect(MYSQL *mysql, const char *host, const
char *user, const char *passwd)
```

Cette fonction est remplacée par `mysql_real_connect()`.

mysql_create_db()

```
int mysql_create_db(MYSQL *mysql, const char *db)
```

Il préférable d'utiliser une requête SQL du type : `create database dbname`.

mysql_drop_db()

```
int mysql_drop_db(MYSQL *mysql, const char *db)
```

Il préférable d'utiliser une requête SQL du type : `drop database dbname`.

mysql_eof()

```
my_bool mysql_eof(MYSQL_RES *result)
```

Cette fonction est remplacée par `mysql_errno()` et `mysql_error()`.

3. Exemple d'application

Nous pouvons utiliser n'importe quel éditeur de texte pour saisir le code source du programme, même s'il est recommandé d'utiliser un éditeur à reconnaissance syntaxique qui mettra automatiquement des couleurs. Dans cet exemple, nous avons utilisé `VI` sous Linux pour écrire le code source. Sous Windows, nous pouvons utiliser un éditeur tel que `Notepad`.

Écrivons notre première application. Elle affiche le code et le nom de tous les articles. Nous gérons les erreurs et les affichons à l'utilisateur.

→) Créons d'abord le fichier source :

```
shell>vi exemple1.c
```

-) Saisissons les lignes suivantes :

```
#include <stdio.h>
#include "mysql.h"
MYSQL Myconnexion;
void clrscr(){
  printf("\E[H\E[J");
}
void exiterr(int exitcode){
  printf("Erreur: %s\n", mysql_error(&Myconnexion));
  exit(exitcode);
}
int main(int argc, char * argv[]){
  MYSQL_RES *Myresult;
  MYSQL_ROW Myrow;
  clrscr();
  //connexion au serveur
  if (!(mysql_real_connect(&Myconnexion, "10.0.0.233", "usrfacsysachat",
"passachat", "facsys", 3306, NULL, 0))){
    exiterr(1);
  }

  //effectuer une requete
  if (mysql_query(&Myconnexion, "select codearticle, nom from articles")
== -1){
    exiterr(3);
  }

  //afficher le resultat de la requete
  Myresult = mysql_store_result(&Myconnexion);
  printf ("Liste des %d articles:\n", mysql_num_rows(Myresult));
  while ((Myrow = mysql_fetch_row(Myresult)) != NULL){
    printf("%s ==> %s\n", Myrow[0], Myrow[1]);
  }

                                              .../...
```

```
.../...
  //liberer les resultats
  mysql_free_result(Myresult);
  //fermeture de la connexion  mysql_close(&Myconnexion);
  printf("fin\n");
  exit(0);
}
```

-) Compilons le fichier source :

```
shell>gcc exemple1.c -o exemple1 -L /usr/lib/mysql -I /usr/
include/mysql -lmysqlclient
```

Nous précisons le fichier à compiler en premier argument. L'option -o nous permet de préciser le nom du fichier compilé. MySQL n'installe pas les librairies et les fichier d'en-têtes aux endroits standard : /usr/lib et /usr/include respectivement. Nous devons donc préciser les options -L et -I. L'option -l nous permet de préciser la bibliothèque à utiliser, remarquons qu'il n'y pas d'espace entre -l et mysqlclient.

Nous obtenons le fichier compilé exemple1, dans le même répertoire que exemple1.c.

-) Donnons un droit d'exécution sur ce fichier :

```
shell>chmod u+x exemple1
```

-) Nous pouvons tester l'application :

```
shell>./exemple1
```

administration et programmation

→) Nous obtenons le résultat suivant :

```
Liste des 5 articles:
SHR3 ==> Short court
BOU89 ==> Bouchon rond
CAP01 ==> canne a peche
RAQ01 ==> raquette de squash
BAL45 ==> Balle de squash debutant
fin
[cthibaud@pclin1 cthibaud]$ _
```

Analyse du programme

Analysons le programme précédent.

```
#include <stdio.h>
#include "mysql.h"
MYSQL Myconnexion;
```

Nous incluons la bibliothèque stdio.h qui contient la fonction printf() permettant l'affichage de lignes à l'écran puis la bibliothèque mysql.h pour les prototypes de fonctions MySQL. Nous remarquons l'utilisation de doubles quotes pour introduire la bibliothèque car elle ne se trouve pas dans le répertoire standard des fichiers d'en-têtes. La variable Myconnexion de type MYSQL permet de mémoriser la connexion au serveur.

```
void clrscr(){
  printf("\E[H\E[J");
}
void exiterr(int exitcode){
  printf("Erreur: %s\n", mysql_error(&Myconnexion));
  exit(exitcode);
}
```

La fonction clrscr() (pour clear screen) permet d'effacer l'écran, nous utilisons pour cela une chaîne de caractères particulière directement interprétée par le système d'exploitation. Nous appelons une telle chaîne une séquence d'échappement.

La fonction `exiterr()` accepte le paramètre `exitcode`. Cette fonction affiche un message descriptif de l'erreur rencontrée par le serveur MySQL puis termine le programme en renvoyant `exitcode` au système d'exploitation ; ce code permet de connaître l'état d'exécution du programme.

Analysons la fonction principale de notre programme, `main()` :

```
int main(int argc, char * argv[]){
  MYSQL_RES *Myresult;
  MYSQL_ROW Myrow;
  clrscr();
```

La variable `Myresult` est un pointeur sur le résultat d'une requête et `Myrow` correspond à un enregistrement de `Myresult`. La première instruction de notre programme est `clrscrc()`, nous demandons donc à effacer l'écran.

```
//connexion au serveur
  if (!(mysql_real_connect(&Myconnexion, "10.0.0.233", "usrfacsysachat"
, "passachat", "facsys", 3306, NULL, 0))){
    exiterr(1);
  }
```

La fonction `mysql_real_connect()` permet de se connecter au serveur **mysqld**. Nous devons préciser huit paramètres : l'adresse d'une variable pour stocker la connexion, le nom ou l'adresse IP du serveur, le nom de l'utilisateur pour la connexion, son mot de passe, le port sur lequel se connecter, `NULL` et enfin `0` pour spécifier 3306 qui est le port par défaut de MySQL. Une explication précise de tous les paramètres est donnée dans la section C - 2 - b de ce chapitre. Si la connexion échoue, la fonction `exit-err()` est appelée avec le code de sortie 1. Le code 0 est communément utilisé en langage C pour indiquer que tout s'est bien passé.

Si par exemple nous essayons de nous connecter au serveur 10.0.0.234 qui n'existe pas, nous recevons l'erreur suivante :

```
Erreur: Can't connect to MySQL server on '10.0.0.234' (113)
[cthibaud@pclin1 cthibaud]$
```

Continuons l'analyse du code.

```
//effectuer une requete
  if (mysql_query(&Myconnexion, "select codearticle, nom from articles"
) == -1){
    exiterr(3);
  }
```

Voici notre première requête. La fonction `mysql_query()` accepte l'adresse d'une variable contenant la connexion et la requête. Si la requête échoue, le programme retourne la valeur 3 au système d'exploitation. Là encore, nous gérons les erreurs éventuelles.

```
//afficher le resultat de la requete
  Myresult = mysql_store_result(&Myconnexion);
  printf ("Liste des %d articles:\n", mysql_num_rows(Myresult));
  while ((Myrow = mysql_fetch_row(Myresult)) != NULL){
    printf("%s ==> %s\n", Myrow[0], Myrow[1]);
  }
```

Les lignes de code précédentes affichent les articles. Nous stockons dans la variable Myresult le résultat de la dernière requête exécutée avec la fonction `mysql_store_result()` en lui fournissant l'adresse de la variable contenant la connexion.

Nous affichons ensuite le nombre d'enregistrements retournés par la requête. Nous passons la variable Myresult qui contient le résultat de la requête comme paramètre de la fonction `mysql_num_rows()`.

Affichons maintenant tous les articles. La variable `Myrow` stocke un enregistrement de l'ensemble des enregistrements retournés par la requête. Nous utilisons pour cela la fonction `mysql_fetch_row()` qui prend pour paramètre une variable de type `MYSQL_RES`, `Myresult` dans notre exemple. Le premier appel de cette fonction permet de récupérer le premier enregistrement, le deuxième appel, le deuxième enregistrement et ainsi de suite. Nous utilisons donc une boucle `while` pour balayer l'ensemble des enregistrements.

Les variables de type `MYSQL_ROW` sont des tableaux à une dimension dont chaque case correspond à une colonne retournée par la requête. Ainsi, après le premier appel à `mysql_fetch_row()`, `Myrow[0]` a pour valeur le code du premier article et `Myrow[1]` son nom.

```
//liberer les resultats
  mysql_free_result(Myresult);
```

Nous libérons la mémoire allouée par la requête avec la fonction `mysql_free_result()`, en passant en paramètre la variable pointant sur la mémoire à libérer.

```
//fermeture de la connexion  mysql_close(&Myconnexion);
  printf("fin\n");
  exit(0);
}
```

Enfin, nous fermons la connexion au serveur **mysqld** à l'aide de la fonction `mysql_close()` en passant l'adresse de la variable contenant la connexion à fermer. Nous terminons par un message de fin et quittons le programme avec le code 0.

Cet exemple est relativement simple mais a l'intérêt de permettre une prise en main rapide des fonctions principales de l'API C.

D. L'API PERL

1. Présentation

Le langage PERL, acronyme de *Pratical Extraction and Report Language*, a été conçu en 1987 par Larry Wall, ingénieur système. Ce langage interprété dérivé des scripts shell Unix permet de gérer très simplement les fichiers et les chaînes de texte. Larry Wall a conçu ce langage car il voulait analyser le trafic engendré par un système de news et il n'existait pas d'outil assez puissant à l'époque.

Depuis, PERL s'est extrêmement enrichi et dispose entre autres de DBI *(DataBase Interface)*, une interface présentant des fonctions communes d'accès aux bases de données. La connexion à la base de données se fait par un DBD *(DataBase Driver)* spécifique au serveur de base de données utilisé. Il existe bien évidemment un DBD pour MySQL.

PERL est devenu très rapidement un langage de référence pour créer des CGI *(Common Gateway Interface)* pour les serveurs Web.

PERL tire sa syntaxe du langage C mais est beaucoup plus simple et il suffit de quelques lignes pour créer un programme qui en nécessite beaucoup plus en C. Il utilise par exemple un ramasse-miettes (Garbage Collector) comme Java ce qui évite de devoir gérer la déallocation de mémoire.

Même s'il est interprété, PERL reste très rapide car l'interpréteur précompile le code dans un format interne avant son exécution.

De plus, PERL est portable et existe sous de nombreux environnements tels que Linux, Unix, Windows, Mac...

Et pour finir la présentation, PERL est libre de droits et est diffusé sous licences GPL. Pour plus d'informations, n'hésitez pas à vous connecter sur le site Web **http://www.perl.org**.

2. Description des API disponibles en PERL

Décrivons toutes les API disponibles en PERL pour communiquer avec MySQL.

a. Les types de ressource

Dans les API suivantes, différentes variables sont utilisées. La liste ci-dessous présente leur nom usuel :

$dbh

> pointeur sur une connexion sur une base de données *(DataBase Handle)*.

$sth

> pointeur sur une requête *(StaTement Handle)*.

$rc

> code de retour (représentant un état généralement).

$rv

> valeur de retour (un nombre d'enregistrements généralement).

b. Les fonctions de connexion

Les fonctions suivantes permettent d'initialiser, d'effectuer, de modifier et de terminer une connexion à un serveur MySQL.

connect()

Le prototype de la fonction est :

```
$dbh = DBI->connect($data_source, $username, $password)
```

administration et programmation

Cette fonction permet d'établir une connexion avec un serveur MySQL. Elle retourne un identifiant de connexion, ou FALSE en cas d'erreur.

$data_source représente la source de données. Nous la détaillons plus loin. $username est le nom de l'utilisateur MySQL et $password son mot de passe.

$data_source est un descripteur de connexion. C'est une chaîne de caractères contenant les informations minimum pour se connecter au SGBDR.

Un exemple basique :

```
$data_source = "DBI:mysql:facsys";
```

Cette chaîne permet d'effectuer un connexion sur le SGBDR MySQL et demande à utiliser la base de données facsys. Puisqu'aucun paramètre n'est spécifié, la connexion s'effectue en local sur le port 3306.

Un autre exemple :

```
$data_source = "DBI:mysql:facsys:$hostname:$port";
```

Ici, nous précisons le nom, l'adresse IP du serveur ou localhost pour définir où se trouve le serveur MySQL. Nous précisons aussi le numéro du port d'écoute du serveur.

Il est possible de spécifier des paramètres de connexion optionnels :

```
mysql_read_default_file=file_name
```

Spécifie le nom du fichier à utiliser pour lire les options de configuration en remplacement de my.cnf ou my.ini.

```
mysql_read_default_group=group_name
```

Spécifie le groupe du fichier de configuration qui doit être lu pour récupérer les options de configuration.

```
mysql_compression=1
```

La communication entre le serveur et le client se fait via un protocole compressé. Cette option permet de renforcer la sécurité car par défaut les informations passent en clair sur le réseau.

```
mysql_socket=/path/to/socket
```

Permet de spécifier que la connexion doit s'effectuer via un socket UNIX, le fichier (et son chemin d'accès) est fourni en argument.

Par exemple, pour lire la section [perl] du fichier de configuration de MySQL, nous créons un $data_source comme celui-ci :

```
$data_source = "DBI:mysql:facsys:$hostname:$port;mysql_read_
default_group=perl";
```

disconnect

Le prototype de la fonction est :

```
$rc = $dbh->disconnect
```

Cette fonction permet de terminer une connexion à un serveur.

$dbh correspond à une connexion initiée par la fonction DBI->connect().

c. Les fonctions de requête

Les fonctions suivantes permettent d'effectuer des requêtes.

prepare()

Le prototype de la fonction est :

```
$sth = $dbh->prepare($statement)
```

Cette fonction prépare une requête. Elle retourne un identifiant à utiliser avec les fonctions de récupération des résultats.

execute

Le prototype de la fonction est :

```
$rv = $sth->execute
```

Cette fonction exécute la requête préparée par $dbh->prepare($statement).

La fonction retourne le nombre d'enregistrements affectés par la requête. Si aucun n'enregistrement n'est affecté, OEO est retourné.

Si une erreur est rencontrée, undef est retourné.

do()

Le prototype de la fonction est :

```
$rv = $dbh->do($statement)
```

Cette fonction prépare et exécute la requête $statement. Généralement, cette fonction est plus rapide que l'utilisation de $dbh->prepare($statement) et $sth->execute si la requête à exécuter ne contient pas de variables.

La fonction retourne le nombre d'enregistrements affectés par la requête. Si aucun n'enregistrement n'est affecté, OEO est retourné.

Si une erreur est rencontrée, `undef` est retourné.

fetchrow_array

Le prototype de la fonction est :

```
$sth->fetch_array
```

Cette fonction retourne l'enregistrement suivant la position du curseur actuel sous forme d'un tableau. Chaque colonne du tableau représente la valeur d'une colonne de l'enregistrement.

En PERL, un scalaire (un nombre, une chaîne..) est représenté par le symbole $ précédant la variable, @ introduit un tableau.

Ainsi, `$row[0]` représente la valeur de la première colonne, `$row[1]` la valeur de la deuxième colonne et ainsi de suite.

Pour parcourir l'ensemble des enregistrements, nous effectuons généralement une séquence comme celle-ci :

```
while(@row = $sth->fetchrow_array){
    print "col0 = " . $row[0] . "col1 = " . $row[1];
}
```

fetchrow_arrayref

Le prototype de la fonction est :

```
$row_ref  = $sth->fetchrow_arrayref
```

Cette fonction retourne l'enregistrement suivant la position du curseur actuel sous forme d'un pointeur.

Il est possible d'obtenir les valeurs de l'enregistrement en utilisant une syntaxe telle que :

```
$row_ref->[0]
$row_ref->[1]
```

Pour parcourir l'ensemble des enregistrements, nous effectuons généralement une séquence comme celle-ci :

```
while($row_ref = $sth->fetchrow_arrayref){
  print "col0 = " . $row_ref->[0] . "col1 = " . $row_ref->[1];
}
```

fetchrow_hashref

Le prototype de la fonction est :

```
$hash_ref = $sth->fetchrow_hashref
```

Cette fonction retourne l'enregistrement suivant la position du curseur actuel sous forme d'un pointeur.

La valeur d'une colonne s'obtient en précisant le nom de la colonne :

```
$valeur = $hash_ref->{macolonne}
```

Pour parcourir l'ensemble des enregistrements, nous effectuons généralement une séquence comme celle-ci :

```
while($hash_ref = $sth->fetchrow_hashref){
  print "col0 = " . $hash_ref->{macolonne1} . "col1 = "
 . $hash_ref->{macolonne2};
}
```

finish

Le prototype de la fonction est :

```
$rc = $sth->finish
```

Cette fonction permet de libérer la mémoire allouée au jeu d'enregistrements `$sth`.

rows

Le prototype de la fonction est :

```
$rv = $sth->rows
```

Cette fonction retourne le nombre d'enregistrements affectés par la requête exécutée avec `$sth`.

NULLABLE

Le prototype de la fonction est :

```
$null_possible = $sth->{NULLABLE}
```

Cette fonction retourne une référence sur un tableau dont chaque colonne indique si la colonne correspondante dans la requête `$sth` accepte une valeur NULL ou non.

Les colonnes du tableau contiennent 0 ou une chaîne vide si la colonne n'accepte pas de valeur NULL. Elle contient 1 si NULL est accepté par la colonne et 2 si l'information n'est pas connue.

NUM OF FIELDS

Le prototype de la fonction est :

```
$nb_fields = $sth->{NUM_OF_FIELDS}
```

Cette fonction retourne le nombre de champs retournés par une requête SQL telle que SELECT ou SHOW.

Elle est généralement utilisée pour vérifier si la requête a retourné un résultat. Si aucun champ n'est retourné, $nb_fields vaut 0.

Si cette fonction est utilisée avec une requête de type INSERT, UPDATE ou DELETE, alors la fonction retourne 0.

insertid

Le prototype de la fonction est :

```
$new_id = $sth->{insertid}
```

Cette fonction retourne la valeur du prochain id d'une colonne de type AUTO_INCREMENT.

is_blob

Le prototype de la fonction est :

```
$keys = $sth->{is_blob}
```

Cette fonction retourne un pointeur sur un tableau de valeurs booléennes.

Chaque élément du tableau, si sa valeur est égale à TRUE, indique que la colonne correspondante de la requête $sth est de type BLOB.

is_key

Le prototype de la fonction est :

```
$keys = $sth->{is_key}
```

Cette fonction retourne un pointeur sur un tableau de valeurs booléennes.

Chaque élément du tableau, si sa valeur est égale à TRUE, indique que la colonne correspondante de la requête $sth est indexée.

is_num

Le prototype de la fonction est :

```
$keys = $sth->{is_num}
```

Cette fonction retourne un pointeur sur un tableau de valeurs booléennes.

Chaque élément du tableau, si sa valeur est égale à TRUE, indique que la colonne correspondante de la requête $sth est de type numérique.

is_pri_key

Le prototype de la fonction est :

```
$keys = $sth->{is_pri_key}
```

Cette fonction retourne un pointeur sur un tableau de valeurs booléennes.

Chaque élément du tableau, si sa valeur est égale à TRUE, indique que la colonne correspondante de la requête $sth est une clé primaire.

length

Le prototype de la fonction est :

```
$keys = $sth->{length}
```

Cette fonction retourne un pointeur sur un tableau de valeurs numériques.

Chaque élément du tableau indique la taille maximale acceptée par la colonne correspondante de la requête `$sth`.

max_length

Le prototype de la fonction est :

```
$keys = $sth->{max_length}
```

Cette fonction retourne un pointeur sur un tableau de valeurs numériques.

Chaque élément du tableau indique la taille maximale actuellement stockée dans la colonne correspondante de la requête `$sth`.

NAME

Le prototype de la fonction est :

```
$names = $sth->{NAME}
```

Cette fonction retourne un pointeur sur un tableau contenant le nom des colonnes renvoyées par la requête `$sth`.

table

Le prototype de la fonction est :

```
$names = $sth->{table}
```

Cette fonction retourne un pointeur sur un tableau contenant le nom des tables utilisées par la requête $sth.

type

Le prototype de la fonction est :

```
$names = $sth->{type}
```

Cette fonction retourne un pointeur sur un tableau de types de colonne.

Chaque élément du tableau indique le type de la colonne correspondante de la requête $sth.

d. La gestion des erreurs

Analysons les API de gestion des erreurs. Un bon programme gère toutes les erreurs pouvant être rencontrées. C'est essentiel car une erreur non gérée mène dans la majorité des cas à une fin anormale du programme. C'est une cause de bugs fréquente.

errstr

Le prototype de la fonction est :

```
$dbh->errstr
```

Cette fonction renvoie une chaîne décrivant la dernière erreur rencontrée.

Généralement, elle est utilisée en complément de la fonction PERL die().
La fonction die permet de terminer un programme en affichant un message
passé en argument.

Par exemple :

```
my $dbh = DBI->connect("dbi:mysql:facsys", "usrfacsysachat"
, "passachat") || die $dbh->errstr;
my $sth = $dbh->do("select * from articles") || die
$dbh->errstr;
```

trace

Le prototype de la fonction est :

```
DBI->trace($trace_level [, $trace_filename])
```

Cette fonction permet d'activer un fichier de suivi (logs) des opérations DBI
effectuées.

En affectant la valeur 2 à $trace_level, le suivi est activé. Pour le
désactiver, il faut affecter 0 à ce même paramètre.

Par défaut, les erreurs sont affichées à l'écran. Si nous spécifions le paramètre $trace_filename, les informations de suivi sont ajoutées à la fin du
fichier spécifié.

Par exemple :

```
DBI->trace(2, "/tmp/matraceDBI")
```

e. Les autres fonctions

quote()

Le prototype de la fonction est :

```
$sql = $dbh->quote($string)
```

Cette fonction permet de préparer une chaîne si celle-ci contient des caractères interprétés. Elle permet d'ignorer (échapper) les caractères interprétés.

Par exemple, MySQL considère le guillemet (") comme une fin de chaîne. Si nous voulons exécuter une requête contenant ce symbole, nous devons utiliser la fonction `quote()` pour préparer la chaîne.

ChopBlanks()

Le prototype de la fonction est :

```
$sth->{'ChopBlanks'} = 1
```

Cet attribut détermine si les fonctions `fetchrow_array()`, `fetch-row_arrayref()` et `fetchrow_hashref()` retirent les espaces des valeurs retournées.

3. Exemple d'application

Nous pouvons utiliser n'importe quel éditeur de texte pour saisir le code source du programme, même s'il est recommandé d'utiliser un éditeur à reconnaissance syntaxique qui mettra automatiquement des couleurs. Dans cet exemple, nous avons utilisé l'éditeur **VI** sous Linux pour écrire le code source. Sous Windows, nous pouvons utiliser un éditeur tel que **Notepad**.

Écrivons notre première application. Elle affiche le code et le nom de tous les articles. Nous gérons les erreurs et les affichons à l'utilisateur.

-) Créons d'abord le fichier source :

```
shell>vi exemple1.pl
```

-) Saisissons les lignes suivantes :

```perl
#!/usr/bin/perl -w

use strict;
use DBI;

my $username = "usrfacsysachat";
my $userpassword = "passachat";
my $dsn = "facsys:10.0.0.233:3306";

my $dbh = DBI->connect("dbi:mysql:$dsn", $username, $userpassword) ||
die "impossible de se connecter";

#lire des donnees
my $sth = $dbh->prepare("select codearticle, nom from articles") || die
$dbh->errstr;
$sth->execute || $dbh->errstr;
my $rc = $sth->rows || die $dbh->errstr;
print "Liste des $rc articles:\n";

while (my $row = $sth->fetchrow_hashref){
print "$row->{codearticle} ==> $row->{nom} \n";
}

$sth->finish;
$dbh->disconnect;
```

→) Rendons le fichier exécutable :

```
shell>chmod u+x exemple1.pl
```

→) Nous pouvons maintenant tester l'application :

```
shell>./exemple1
```

Nous obtenons le résultat suivant :

```
[cthibaud@pclin1 perl]$ ./exemple1.pl
Liste des 5 articles:
SHR3 ==> Short court
BOU89 ==> Bouchon rond
CAP01 ==> canne a peche
RAQ01 ==> raquette de squash
BAL45 ==> Balle de squash debutant
[cthibaud@pclin1 perl]$
```

Analyse du programme

Analysons le programme précédent.

```
#!/usr/bin/perl -w
```

La première ligne d'un fichier de script Linux, si elle est mise en commentaire, peut être utilisée pour spécifier l'interpréteur à utiliser pour exécuter les instructions. Ici, nous spécifions l'utilisation de l'interpréteur PERL. Sous Windows, cette première ligne n'est pas interprétée. Pour exécuter le script nous devons le passer en argument à l'interpréteur PERL. Nous exécutons sous le shell : c:/perl exemple1.pl.

```
use strict;
use DBI;
```

Nous demandons la vérification stricte de la syntaxe afin de renforcer la protection de notre code. En effet, l'utilisation de use strict nous oblige à déclarer toutes les variables avant leur utilisation. Cette clause permet d'éviter un certain nombre d'erreurs.

La clause use DBI permet de spécifier que nous voulons utiliser les fonctionnalités d'accès aux données via un DBD.

```
my $username = "usrfacsysachat";
my $userpassword = "passachat";
my $dsn = "facsys:10.0.0.233:3306";

my $dbh = DBI->connect("dbi:mysql:$dsn", $username, $userpassword) ||
die "impossible de se connecter";
```

Les instructions précédentes permettent d'effectuer une connexion au serveur MySQL. Nous déclarons des variables représentant le nom de l'utilisateur MySQL qui initie la connexion, son mot de passe et la chaîne de connexion au serveur. Cette chaîne contient l'adresse IP du serveur, le port et la base de données par défaut.

Enfin, nous effectuons la connexion. Nous précisons le DBI à utiliser (dbi:mysql) et les différentes informations de connexion introduites par les variables décrites précédemment.

Nous gérons les erreurs éventuelles à l'aide de l'instruction die qui affiche un message d'erreur avant de terminer le script.

```
#lire des donnees
my $sth = $dbh->prepare("select codearticle, nom from articles") || die
 $dbh->errstr;
$sth->execute || $dbh->errstr;
```

Nous préparons puis exécutons la requête de sélection des articles.

Dans ces deux étapes, nous gérons là encore les erreurs.

```
my $rc = $sth->rows || die $dbh->errstr;
print "Liste des $rc articles:\n";
```

La propriété `rows` retourne le nombre d'enregistrements du jeu de résultats `$thh`. Nous stockons cette valeur dans `$rc` puis l'affichons à l'aide de l'instruction `print`.

```
while (my $row = $sth->fetchrow_hashref){
   print "$row->{codearticle} ==> $row->{nom} \n";
}
```

La boucle `while` précédente permet de parcourir tous les enregistrements du jeu de résultats `$sth`.

À chaque occurrence d'un enregistrement, nous stockons une référence dans `$row`.

Nous pouvons ensuite afficher le contenu de chacune des colonnes en affichant les variables du type `$row->{nom_colonne}` à l'aide de l'instruction `print`.

```
$sth->finish;
$dbh->disconnect;
```

Nous terminons le script en libérant les ressources et en nous déconnectant du serveur MySQL.

E. L'API PHP

1. Présentation

L'acronyme PHP signifie historiquement *Personal Home Page*, aujourd'hui on préfère dire *Hypertext Preprocessor*. Ramsmus Lerdorf écrit PHP en 1994 pour ses besoins personnels car il veut créer un site Web dynamique mais aucun outil sur le marché ne répond à ses besoins. Il rend publique la première version l'année suivante. Depuis, PHP est toujours resté dans le domaine public et est libre de droit.

Ce langage tire sa syntaxe du langage C et de PERL et a beaucoup évolué. Il offre de nombreuses possibilités comme la gestion de formulaires, de fichiers, de bases de données, de sessions, du courrier électronique, de documents PDF, d'XML... La majorité des sites Web à travers le monde utilise PHP.

PHP est le plus fréquemment utilisé avec une configuration LAMP. Cet acronyme représente l'ensemble des logiciels Linux, Apache, MySQL et PHP autour desquels il est très simple de construire un serveur Web complet, robuste et performant. De plus, tous ces logiciels sont gratuits.

Sous Windows, il existe des packages complets combinant Apache, MySQL et PHP. L'un des plus célèbres est **EasyPHP**, téléchargeable sur le site http://www.easyphp.org.

Le Web regorge de sites proposant des sources de scripts PHP. La réputation de MySQL tient beaucoup du langage PHP. Le site officiel de ce langage est http://www.php.net. Les deux principaux sites français sont http://www.phpinfo.net et http://phpfrance.com.

2. Description des API disponibles en PHP

Décrivons toutes les API disponibles en PHP.

a. Les types de ressource

PHP est un langage relativement simple au niveau de la syntaxe, ainsi les variables ne sont pas typées, il suffit de valoriser une variable pour qu'elle soit automatiquement déclarée.

Pour les API MySQL, nous utilisons deux types de ressource :

- un identifiant de connexion : il sera passé à la majorité des API et permet de garder une référence sur la connexion au serveur MySQL. Nous le nommons `ressource connexion`.

- une ressource permettant de stocker un jeu de résultats. Nous le nommons `ressource resultats`.

b. Les fonctions de connexion

Les fonctions suivantes permettent d'initialiser, d'effectuer et de fermer une connexion à un serveur MySQL.

mysql_change_user()

Le prototype de la fonction est :

```
entier mysql_change_user(chaîne utilisateur, chaîne mot_de_
passe [, chaîne bddnom [, ressource connexion]])
```

Cette fonction permet de changer le nom d'utilisateur de la connexion courante ou de la connexion spécifiée si le paramètre `connexion` est précisé.

Le paramètre optionnel `bddnom` permet de spécifier la base de données par défaut de l'utilisateur.

La fonction retourne TRUE en cas de succès et FALSE en cas d'échec. En cas d'échec, la connexion précédente est conservée.

Exemple :

```php
<?php
    $link = mysql_connect("10.0.0.233", "usrfacsysachat",
"passachat") or die("Connexion impossible");
    mysql_change_user("root",  "motdepassederoot") or die
("Erreur lors du changement d'utilisateur");
 ?>
```

mysql_close()

Le prototype de la fonction est :

```
booléen mysql_close([ressource connexion])
```

Cette fonction permet de mettre fin à la connexion spécifiée par connexion. Si ce paramètre n'est pas précisé, la dernière connexion ouverte est fermée.

La fonction retourne TRUE ou FALSE en fonction du succès ou de l'échec.

Il n'est pas obligatoire d'utiliser cette fonction car les connexions sont automatiquement fermées à la fin du script (sauf pour les connexions persistantes).

Exemple :

```php
<?php
    $link = mysql_connect("10.0.0.233", "usrfacsysachat",
"passachat") or die("Connexion impossible");
    print "Connexion OK";
    mysql_close($link);
 ?>
```

mysql_connect()

Le prototype de la fonction est :

```
Ressource connexion mysql_connect([chaîne serveur[:port]
[, chaîne utilisateur [, chaîne mot_de_passe [, booléen
nouvelle_connexion [, entier flags]]]]])
```

Cette fonction permet d'établir une connexion avec un serveur MySQL. Elle retourne un identifiant de connexion ou FALSE en cas d'erreur.

Tous les paramètres sont optionnels.

Le premier paramètre, serveur représente le nom, localhost (valeur par défaut si le paramètre n'est pas précisé) ou l'adresse IP du serveur MySQL. Il est possible de spécifier le numéro du port de connexion (:3306 par défaut) ou un chemin vers un socket UNIX (/chemin/vers/le/fichier/socket).

Utilisateur représente l'utilisateur MySQL et mot_de_passe son mot de passe. Il n'y a pas besoin d'encrypter le mot de passe, la fonction le fait pour nous. Si ces paramètres ne sont pas spécifiés, les informations du propriétaire du processus sont utilisées.

Si plusieurs appels successifs à mysql_connect() avec les mêmes paramètres, MySQL retourne l'identifiant de connexion précédent. Le paramètre nouvelle_connexion modifie ce comportement en permettant de retourner un nouvel identifiant de connexion différent du précédent. Ce paramètre accepte TRUE ou FALSE (par défaut).

Le dernier paramètre (flags) permet de modifier les options de connexion. Il est possible de les combiner.

Option	Description
MYSQL_CLIENT_COMPRESS	Indique qu'il faut utiliser le protocole compressé pour les échanges.
MYSQL_CLIENT_IGNORE_SPACE	Autorise les espaces entre les noms de fonction et la parenthèse.
MYSQL_CLIENT_SSL	Demande l'utilisation de SSL pour une connexion sécurisée.
MYSQL_CLIENT_INTERACTIVE	Définit un temps d'inactivité en secondes avant que le serveur ferme la connexion automatiquement.

Exemple :

```php
<?php
    $link = mysql_connect("10.0.0.233", "usrfacsysachat",
"passachat") or die("Connexion impossible");
    print "Connexion OK";
?>
```

⊚ Le paramètre `port` est supporté depuis PHP 3.0B4 et les sockets depuis la version 3.0.10.

Le paramètre `nouvelle_connexion` existe depuis la version PHP 4.2.0 et `flags` depuis PHP 4.3.0. Certaines options telles que `MYSQL_CLIENT_SSL` ne sont disponibles qu'à partir de certaines versions de MySQL.

mysql_pconnect()

Le prototype de la fonction est :

```
Ressource connexion mysql_pconnect([chaîne serveur[:port]
[, chaîne utilisateur [, chaîne mot_de_passe [, entier
flags]]]])
```

Cette fonction permet d'établir une connexion persistante à un serveur MySQL. Elle retourne un identifiant de connexion ou `FALSE` en cas d'erreur.

Elle s'utilise exactement comme `mysql_connect()` sauf qu'elle ne supporte pas le paramètre `nouvelle_connexion`.

Elle se comporte quasiment comme `mysql_connect()` à la différence près de la persistance, ce qui induit deux notions :

- lors de la connexion, `mysql_pconnect()` vérifie s'il existe déjà une connexion ouverte avec les mêmes paramètres. Si c'est le cas, l'identifiant de la connexion déjà existante est retourné.

- la connexion persistante n'est pas fermée à la fin du script. L'utilisation de `mysql_pconnect()` ne permet pas de fermer une connexion persistante.

Par contre, l'utilisation de connexion persistante induit un paramétrage préalable de PHP et MySQL. MySQL et PHP ne supportent pas le même nombre maximal de connexions par défaut.

Les deux paramètres suivants peuvent être modifiés dans le fichier de configuration de PHP (**/etc/php.ini** sous Linux et **c:\windows\php.ini** sous Windows) :

`mysql.allow_persistent booléen`

Autorise ou non les connexions persistantes.

`mysql.max_persistent entier`

Définit le nombre maximal de connexions persistantes autorisées.

Exemple :

```php
<?php
    $link = mysql_pconnect("10.0.0.233", "usrfacsysachat",
  "passachat") or die("Connexion impossible");
    print "Connexion OK";
?>
```

c. Les fonctions de requête

De nombreuses fonctions permettent d'effectuer des requêtes auprès du serveur. La majorité de ces fonctions accepte pour paramètre optionnel une référence sur la connexion initiée avec les fonctions de connexion.

mysql_affected_rows()

Le prototype de la fonction est :

```
entier mysql_affected_rows([ressource connexion])
```

Cette fonction retourne le nombre d'enregistrements modifiés par le dernier INSERT, UPDATE ou DELETE. Cette fonction ne peut pas être utilisée après une requête de type SELECT, nous devons utiliser mysql_num_rows() à la place.

Si aucun paramètre n'est précisé, la dernière connexion ouverte est utilisée.

La valeur retournée, si elle est supérieure ou égale à zéro, représente le nombre d'enregistrements affectés. Si la fonction retourne -1, MySQL a rencontré une erreur.

Si mysql_affected_rows() est utilisé après une requête DELETE sans clause WHERE (tous les enregistrements de la table sont effacés), l'instruction retourne 0 (et non pas le nombre d'enregistrements supprimés).

mysql_create_db()

Le prototype de la fonction est :

```
booléen mysql_create_db(chaîne dbnom [, ressource connexion])
```

Cette fonction crée une base de données nommée dbnom. Si le paramètre optionnel connexion n'est pas spécifié, la dernière connexion ouverte est utilisée.

mysql_create_db retourne TRUE en cas de succès et FALSE autrement.

mysql_data_seek()

Le prototype de la fonction est :

```
booléen mysql_data_seek(ressource resultats, entier offset)
```

Cette fonction déplace le curseur sur l'enregistrement ayant la position offset dans la liste des enregistrements de resultats.

La valeur offset est comprise entre 0 et mysql_num_rows(resultats)-1.

mysql_data_seek retourne TRUE en cas de succès et FALSE autrement.

Cette fonction nécessite d'être utilisée sur des enregistrements complets, on peut donc l'utiliser avec mysql_store_result() mais pas avec mysql_use_result().

mysql_db_query()

Le prototype de la fonction est :

```
ressource mysql_db_query(chaîne dbnom, chaîne requête [, ressource connexion])
```

Cette fonction permet d'effectuer une requête sur la base de données dbnom. Si le paramètre optionnel `connexion` n'est pas spécifié, la dernière connexion ouverte est utilisée.

`mysql_db_query()` retourne un jeu de résultats en cas de succès et `FALSE` autrement.

Elle fonctionne exactement comme `mysql_query()`, mais on peut ici préciser le nom de la base de données sur laquelle doit être effectuée la requête.

mysql_drop_db()

Le prototype de la fonction est :

```
booléen mysql_drop_db(chaîne dbnom [, ressource connexion])
```

Cette fonction supprime la base de données nommée dbnom. Si le paramètre optionnel `connexion` n'est pas spécifié, la dernière connexion ouverte est utilisée.

`mysql_drop_db()` retourne `TRUE` en cas de succès et `FALSE` autrement.

mysql_fetch_array()

Le prototype de la fonction est :

```
tableau mysql_fetch_array(ressource resultats [, entier type])
```

Cette fonction retourne un enregistrement sous forme d'un tableau ou `FALSE` en cas d'échec.

Le tableau peut être accédé soit par des indices numériques, soit sous forme de tableau associatif dont la clé est le nom de la colonne. Si deux colonnes portent le même nom, la dernière est prioritaire, les autres doivent être accédées par leur indice numérique ou par un alias SQL.

`mysql_fetch_array()` est aussi rapide que `mysql_fetch_row()`. Vu le confort d'utilisation qu'elle apporte, utilisons cette fonction aussi souvent que possible.

Le paramètre `type` peut prendre les valeurs `MYSQL_ASSOC`, `MYSQL_NUM` et `MYSQL_BOTH`. La valeur par défaut est `MYSQL_BOTH`, il est donc plus simple de ne pas préciser cette option.

L'utilisation de cette fonction est illustrée dans l'exemple d'application au chapitre suivant.

mysql_fetch_assoc()

Le prototype de la fonction est :

```
tableau mysql_fetch_assoc(ressource _resultats)
```

Cette fonction retourne un enregistrement sous forme d'un tableau associatif ou FALSE en cas d'échec.

La fonction `Mysql_fetch_assoc()` est équivalente à la fonction `mysql_fetch_array()` utilisée avec l'option `MYSQL_ASSOC`. Puisque le fonctionnement par défaut de `mysql_fetch_array()` autorise l'utilisation de tableau associatif, l'utilisation de cette dernière fonction est peut-être préférable ?

mysql_fetch_field()

Le prototype de la fonction est :

```
Objet mysql_fetch_field(ressource resultats [, entier
offset])
```

Cette fonction retourne un objet donnant des informations sur un champ d'une table. Il est nécessaire d'appeler plusieurs fois de suite cette fonction pour obtenir la définition de toutes les colonnes. En précisant le paramètre offset, il est possible d'obtenir les informations d'un champ en particulier.

Les propriétés de l'objet :

Name	nom de la colonne
table	nom de la table
max_length	taille maximale de la colonne
not_null	est à TRUE si la colonne ne peux pas être NULL
primary_key	est à TRUE si la colonne est une clé primaire
unique_key	est à TRUE si la colonne a l'attribut UNIQUE
multiple_key	est à TRUE si la colonne est une clé non unique
numeric	est à TRUE si la colonne est de type numérique
blob	est à TRUE si la colonne est un BLOB
type	type de la colonne
unsigned	est à TRUE si la colonne a l'attribut UNSIGNED

zerofill   est à TRUE si la colonne a l'attribut ZEROFILL

mysql_fetch_lengths()

Le prototype de la fonction est :

```
tableau mysql_fetch_lengths(ressource resultats)
```

Cette fonction retourne la longueur des champs de l'enregistrement courant du jeu de résultats resultats.

La fonction retourne 0 pour les champs vides ou pour les champs dont la valeur est 0.

La valeur retournée est un tableau de valeurs de type entier non signé représentant la longueur de chacun des champs. Elle retourne FALSE si elle rencontre une erreur.

La fonction rencontre une erreur s'il n'y pas d'enregistrement courant. C'est possible si les fonctions mysql_fetch_row(), mysql_fetch_array() ou mysql_fetch_object() n'ont pas encore été utilisées ou si le curseur est arrivé à la fin de la liste des enregistrements.

mysql_fetch_row()

Le prototype de la fonction est :

```
tableau mysql_fetch_row(ressource resultats)
```

Cette fonction avance le curseur à la position suivante dans le jeu de résultats resultats et retourne les informations de l'enregistrement courant sous forme d'un tableau. La première case du tableau est à la position 0.

La fonction retourne FALSE si le curseur est arrivé à la fin du jeu d'enregistrements de la liste resultats.

mysql_field_flags()

Le prototype de la fonction est :

```
chaîne  mysql_field_flags(ressource resultats, entier offset)
```

Cette fonction retourne une chaîne de texte contenant les options du champ de l'enregistrement ayant la position `offset` du jeu de résultats `resultats`. Les options sont séparées par des espaces et peuvent facilement être exploitées avec la fonction PHP `explode()` qui peut séparer les mots dans un tableau.

Les flags peuvent être : `not_null`, `primary_key`, `unique_key`, `multiple_key`, `blob`, `unsigned`, `zerofill`, `binary`, `enum`, `auto_increment`, `timestamp`.

La première valeur possible de `offset` est 0.

mysql_field_len()

Le prototype de la fonction est :

```
entier mysql_field_len(ressource resultats, entier offset)
```

Cette fonction retourne la taille du champ de l'enregistrement ayant la position `offset` du jeu de résultats `resultats`.

La première valeur possible de `offset` est 0.

mysql_field_name()

Le prototype de la fonction est :

```
chaîne mysql_field_name(ressource resultats, entier index)
```

Cette fonction retourne le nom du champ ayant la position `index` dans le jeu de résultats `resultats`.

La première valeur possible de `index` est 0.

mysql_field_seek()

Le prototype de la fonction est :

```
entier mysql_field_seek(ressource resultats, entier offset)
```

Cette fonction positionne le curseur à la position `offset` dans le jeu d'enregistrements `resultats`.

La fonction retourne la position de l'enregistrement précédent.

mysql_field_table()

Le prototype de la fonction est :

```
chaîne mysql_field_table(ressource_resultats, entier offset)
```

Cette fonction retourne le nom de la table contenant le champ ayant la position `offset` dans le jeu d'enregistrements `resultats`. Une requête peut contenir des champs de différentes valeurs, par exemple s'il s'agit d'une requête de jointure.

mysql_field_type()

Le prototype de la fonction est :

```
chaîne mysql_field_type(ressource resultats, entier offset)
```

Cette fonction retourne le type du champ ayant la position `offset` dans le jeu d'enregistrements `resultats`.

administration et programmation

La chaîne retournée correspond au type MySQL du champ. Par exemple, int, blob, text...

mysql_free_result()

Le prototype de la fonction est :

```
booléen mysql_free_result(ressource resultats)
```

Cette fonction permet de libérer l'espace mémoire alloué au jeu d'enregistrements resultats.

La fonction retourne TRUE en cas de succès et FALSE autrement.

L'utilisation de cette fonction n'est pas obligatoire car toute la mémoire allouée est automatiquement libérée à la fin du script.

mysql_insert_id()

Le prototype de la fonction est :

```
entier mysql_insert_id([ressource connexion])
```

Cette fonction retourne la valeur de l'identifiant généré par une colonne de type AUTO_INCREMENT par la dernière requête exécutée. Typiquement, cette fonction est généralement utilisée à la suite d'une instruction INSERT ou UPDATE.

Cette fonction retourne zéro si la dernière requête exécutée ne contient pas de champ de type AUTO_INCREMENT ou si aucune requête n'a encore été exécutée.

Si le paramètre connexion n'est pas spécifié, la dernière connexion ouverte est utilisée.

mysql_list_dbs()

Le prototype de la fonction est :

```
ressource mysql_list_dbs([ressource_connexion])
```

Cette fonction retourne un jeu de résultats contenant le nom des bases de données disponibles sur le serveur MySQL.

Le jeu de résultats retourné peut être exploité avec la fonction `mysql_fetch_array()` par exemple.

Cette fonction est équivalente à la requête SQL : SHOW DATABASES.

mysql_list_fields()

Le prototype de la fonction est :

```
ressource mysql_list_fields(chaîne dbnom, chaîne nomtable
[, ressource connexion])
```

Cette fonction retourne un jeu de résultats contenant le nom des champs de la table `nomtable` de la base de données `dbnom`.

La fonction retourne un jeu de résultats ou FAUX si elle rencontre une erreur. Le jeu de résultats retourné peut être exploité avec la fonction `mysql_fetch_array()` par exemple.

mysql_list_tables()

Le prototype de la fonction est :

```
Ressource mysql_list_tables(chaîne dbnom, [, ressource
connexion])
```

Cette fonction retourne un jeu de résultats contenant le nom des tables de la base de données `dbnom`.

Le paramètre `connexion` est optionnel, la dernière connexion ouverte est utilisée si le paramètre n'est pas précisé.

La fonction retourne un jeu de résultats ou `FALSE` si elle rencontre une erreur. Le jeu de résultats retourné peut être exploité avec la fonction `mysql_fetch_array()` par exemple.

Cette fonction est équivalente à la `requête SQL : SHOW TABLES`.

mysql_num_fields()

Le prototype de la fonction est :

```
entier mysql_num_fields(ressource resultats)
```

Cette fonction retourne le nombre de colonnes du jeu de résultats `resultats`.

mysql_num_rows()

Le prototype de la fonction est :

```
entier mysql_num_rows(ressource resultats)
```

Cette fonction retourne le nombre de lignes du jeu de résultats `resultats`. Cette fonction peut être utilisée après une requête `SELECT`. Pour connaître le nombre d'enregistrements affectés par un `INSERT`, `UPDATE` ou `DELETE`, il faut utiliser la fonction `mysql_affected_rows()`.

Si nous utilisons la fonction `mysql_unbuffered_query()`, nous devons parcourir tous les enregistrements avant de pouvoir utiliser `mysql_num_rows()`.

mysql_query()

Le prototype de la fonction est :

```
ressource mysql_query(chaîne requete [, ressource connexion
[, entier mode]])
```

Cette fonction exécute la requête SQL spécifiée par l'argument `requete`. Si l'argument `connexion` n'est pas spécifié, la dernière connexion ouverte est utilisée.

Le paramètre optionnel `mode` peut prendre la valeur `MYSQL_USE_RESULT` ou `MYSQL_STORE_RESULT` qui est la valeur par défaut. Dans ce dernier cas, l'enregistrement est mis dans un buffer. Des informations complémentaires sont disponibles dans le paragraphe réservé à la fonction `mysql_unbuffered_query()`.

La fonction retourne `TRUE` si tout se passe bien et `FALSE` autrement.

mysql_real_escape_string()

Le prototype de la fonction est :

```
chaîne mysql_real_escape_string(chaîne non_échappée,
[, ressource connexion])
```

Cette fonction permet d'échapper les caractères gênants pour MySQL.

Si une requête contient une apostrophe par exemple, MySQL risque de rencontrer une erreur, il suffit d'échapper la chaîne avant d'effectuer la requête.

⊘ Cette fonction n'échappe pas les caractères % et _.

mysql_result()

Le prototype de la fonction est :

```
valeur mysql_result(ressource resultats, entier enreg [, champ])
```

Cette fonction permet de retourner la valeur d'un champ en particulier du jeu de résultats `resultats`. Le paramètre `row` permet de spécifier le numéro de l'enregistrement à lire (notion de curseur) et le paramètre optionnel `champ` peut représenter le numéro du champ (en commençant à partir de 0) ou le nom du champ (`monchamp` ou `matable.monchamp`).

`mysql_result()` lit une table champ par champ. Si plusieurs champs doivent être lus, il faut préférer les fonctions `mysql_fetch_row()`, `mysql_fetch_array()` ou `mysql_fetch_object()`.

mysql_select_db()

Le prototype de la fonction est :

```
booléen mysql_select_db(chaîne dbnom [, ressource connexion])
```

Cette fonction permet de changer de base de données par défaut. Le nom de la nouvelle base de données est précisé par l'argument `dbnom`. Le paramètre `connexion` est optionnel. La dernière connexion ouverte est utilisée si ce paramètre n'est pas fourni.

`mysql_select_db()` retourne `TRUE` si tout se passe bien et `FALSE` autrement.

mysql_unbuffered_query()

Le prototype de la fonction est :

```
ressource mysql_unbuffered_query(chaîne requete [, ressource
connexion [, entier mode]])
```

Cette fonction envoie la requête SQL spécifiée par l'argument `requete` au serveur. Si l'argument `connexion` n'est pas spécifié, la dernière connexion ouverte est utilisée.

À la différence de `mysql_query()`, la requête n'est pas exécutée ce qui permet un gain de mémoire car les résultats ne sont pas stockés. Dès que le premier enregistrement est lu, les données sont disponibles, il n'est pas nécessaire d'attendre que tous les enregistrements soient lus.

En contrepartie, la fonction `mysql_num_rows()` ne peut pas être utilisée. De plus, tous les enregistrements doivent être parcourus avant d'effectuer un second appel à la fonction sinon des enregistrements de la première exécution peuvent s'intercaler dans le résultat de la deuxième exécution.

d. La gestion des erreurs

Analysons maintenant les API de gestion des erreurs. Un bon programme gère toutes les erreurs pouvant être rencontrées. C'est essentiel car une erreur non gérée mène dans la majorité des cas à une erreur de programme et ce dernier se termine anormalement. C'est une cause fréquente de bugs.

die()

Le prototype de la fonction est :

```
die(chaîne message)
```

C'est une fonction PHP, elle ne fait pas partie de l'API MySQL. Elle permet de terminer l'exécution d'un script PHP en affichant un message.

Par contre, cette fonction ne permet pas d'afficher l'erreur réellement rencontrée par le script. On préfère généralement les fonctions de déboguage le temps du développement et en production, l'utilisation de la fonction `die()`.

mysql_errno()

Le prototype de la fonction est :

```
entier mysql_errno([ressource connexion])
```

Cette fonction retourne le code d'erreur de la dernière API utilisée. Si le paramètre `connexion` n'est pas spécifié, la dernière connexion ouverte est utilisée.

Utilisons la syntaxe suivante :

```php
<?php
    $link = mysql_connect("10.0.0.233", "usrfacsysachat", "passachat");
    if ($link = FALSE){
        echo mysql_errno();
    }
 ?>
```

mysql_error()

Le prototype de la fonction est :

```
chaîne mysql_error([ressource connexion])
```

Cette fonction retourne le message d'erreur de la dernière API utilisée. Si le paramètre `connexion` n'est pas spécifié, la dernière connexion ouverte est utilisée.

En voici un exemple :

```php
<?php
    $link = mysql_connect("10.0.0.233", "usrfacsysachat", "passachat");
    if ($link = FALSE){
        echo mysql_error();
    }
 ?>
```

e. Les autres fonctions

Addslashes

Le prototype de la fonction est :

```
Chaîne addslashes(chaîne)
```

Cette fonction n'est pas une fonction spécifique à MySQL. Elle est présentée dans cet ouvrage car elle permet d'échapper les caractères interprétés comme le fait la fonction `mysql_real_escape_string()`.

Une fonction inverse est disponible : `stripslashes()`.

Dans l'idéal, il faut échapper toute information qui peut potentiellement contenir des caractères interprétés tels que le guillemet (") ou l'apostrophe ('), par exemple les formulaires proposés aux utilisateurs.

Après avoir échappé les données, on peut les insérer dans la base de données à l'aide de l'instruction SQL INSERT. Il suffit à la lecture d'utiliser la fonction `stripslashes` avant d'afficher (ou utiliser) les informations lues.

Les caractères échappés sont les guillemets simples et doubles (' et "), l'antislashe (\) et le caractère NULL.

mysql_client_encoding()

Le prototype de la fonction est :

```
chaîne mysql_client_encoding([ressource connexion])
```

Cette fonction retourne le jeu de caractères utilisé par la connexion spécifiée par le paramètre connexion. Si ce paramètre n'est pas spécifié, la dernière connexion ouverte est utilisée.

mysql_get_client_info()

Le prototype de la fonction est :

```
Chaîne mysql_get_client_info()
```

Cette fonction retourne une chaîne contenant la version de la librairie MySQL utilisée.

mysql_get_host_info()

Le prototype de la fonction est :

```
Chaîne mysql_get_host_info([ressource connexion])
```

Cette fonction retourne une chaîne contenant le nom du serveur MySQL et le type de connexion utilisé. Si le paramètre connexion n'est pas précisé, la dernière connexion ouverte est utilisée.

mysql_get_proto_info()

Le prototype de la fonction est :

```
entier mysql_get_proto_info([ressource connexion])
```

Cette fonction retourne la version du protocole MySQL utilisé sous forme d'un entier positif. Si le paramètre `connexion` n'est pas précisé, la dernière connexion ouverte est utilisée.

mysql_get_server_info()

Le prototype de la fonction est :

```
chaîne mysql_get_server_info([ressource connexion])
```

Cette fonction renvoie la version du serveur MySQL sous forme d'une chaîne. Si le paramètre `connexion` n'est pas précisé, la dernière connexion ouverte est utilisée.

mysql_info()

Le prototype de la fonction est :

```
Chaîne mysql_info([ressource connexion])
```

Cette fonction renvoie une chaîne de caractères contenant des informations sur la dernière requête exécutée. Si le paramètre `connexion` n'est pas précisé, la dernière connexion ouverte est utilisée.

Les informations sont équivalentes à celles affichées par le client MySQL dans certains cas. En voici un exemple représentatif :

```
UPDATE ...
La chaîne vaut : Records: 67 Duplicates: 0 Warnings: 0
```

Cette fonction peut retourner des informations sur les requêtes suivantes :

```
INSERT INTO ... SELECT ...
INSERT INTO ... VALUES ...
LOAD DATA INFILE ...
ALTER TABLE ...
UPDATE ...
```

Dans les autres cas, la fonction retourne FALSE.

mysql_list_processes()

Le prototype de la fonction est :

```
ressource mysql_list_processes([ressource connexion])
```

Cette fonction retourne un jeu de résultats décrivant les threads en cours d'exécution sur le serveur. Si le paramètre connexion n'est pas précisé, la dernière connexion ouverte est utilisée.

La fonction retourne un jeu de résultats ou FALSE si elle rencontre une erreur.

Cette fonction est équivalente à la requête SQL : SHOW PROCESSLIST.

mysql_ping()

Le prototype de la fonction est :

```
booléen mysql_ping([ressource connexion])
```

Cette fonction permet de tester la connexion au serveur. Elle effectue une reconnexion automatique si nécessaire. Si le paramètre connexion n'est pas précisé, la dernière connexion ouverte est utilisée.

Les connexions sont automatiquement fermées par le serveur au bout d'un certain temps d'inactivité.

La fonction retourne TRUE si tout se passe bien et FALSE sinon.

mysql_stat()

Le prototype de la fonction est :

```
chaîne mysql_stat([ressource connexion])
```

Cette fonction renvoie une chaîne de caractères contenant les mêmes informations que la commande mysqladmin status (cf. chapitre 5 - E - 4 - g). Si le paramètre connexion n'est pas précisé, la dernière connexion ouverte est utilisée.

mysql_stat() retourne une chaîne de caractères si tout se passe bien et FALSE s'il y a une erreur.

mysql_thread_id()

Le prototype de la fonction est :

```
Unsigned long mysql_thread_id([ressource connexion])
```

Cette fonction retourne le numéro du thread affecté à la connexion courante. Si le paramètre connexion n'est pas précisé, la dernière connexion ouverte est utilisée.

Stripslashes

Le prototype de la fonction est :

```
Chaîne stripslashes(chaîne)
```

Cette fonction est l'inverse de `addslashes()`, elle permet de retirer les caractères d'échappement.

Voir la fonction `addslashes()` pour plus d'informations.

3. Exemple d'application

Comme pour les langages C et PERL, nous pouvons utiliser n'importe quel éditeur de texte pour saisir le code source du programme, même s'il est recommandé d'utiliser un éditeur à reconnaissance syntaxique qui appliquera automatiquement des couleurs. Dans cet exemple nous avons utilisé l'éditeur **VI** sous Linux pour écrire le code source. Sous Windows, nous pouvons utiliser un éditeur tel que **Notepad**.

Écrivons notre première application. Elle affiche le code et le nom de tous les articles. Nous gérons les erreurs et les affichons à l'utilisateur.

Créons d'abord le fichier source :

```
shell>vi exemple.php
```

Saisissons les lignes suivantes :

```
<?php
    /*Connexion au serveur*/
    $link = mysql_connect("10.0.0.233", "usrfacsysachat", "passachat")
or die("Connexion impossible");
    /*selection de la base de donnees*/
    mysql_select_db("facsys") or die("impossible de se connecter a la
base de donnees facsys");
    /*effectuer une requete*/
    $query = "select codearticle, nom from articles ";
    $result = mysql_query($query) or die("erreur pendant la requete");
                                                    .../...
```

```
.../...
    /*Afficher les resultats en HTML */
    $num_rows = mysql_num_rows($result);
    echo "Liste des $num_rows articles:<br>";
    while ($line = mysql_fetch_array($result)){
        echo "$line[codearticle] ==> $line[nom]<br>"


    }
    /* Liberer des resultats */
    mysql_free_result($result);
    /* Fermeture de la connexion */
    mysql_close($link);
?>
```

Nous devons enregistrer ce fichier dans l'arborescence du site Web. Par défaul, Apache utilise les fichiers du répertoire **/var/www/html** sous Linux RedHat. Si nous utilisons EasyPHP sous Windows, Apache utilise les fichiers du dossier **c:\Program Files\EasyPHP**. Enregistrons le fichier sous le nom **index.php**.

→) Nous pouvons vérifier le résultat en navigant à l'adresse http://localhost dans n'importe quel navigateur Web. Ici nous utilisons **Internet Explorer** :

Analyse du programme

Analysons le programme précédent.

```
<?php
```

Cette première instruction spécifie au serveur Web que les instructions qui suivent doivent être passées au moteur PHP pour être traitées avant d'être envoyées à l'utilisateur qui a demandé l'affichage de la page Web.

```
    /*Connexion au serveur*/
    $link = mysql_connect("10.0.0.233", "usrfacsysachat", "passachat")
or die("Connexion impossible");
```

Nous effectuons une connexion au serveur MySQL en précisant l'adresse (ou le nom) du serveur, le nom de l'utilisateur MySQL et son mot de passe. Nous gérons les erreurs avec l'instruction or die qui permet d'afficher un message d'erreur et de terminer le script si la fonction à laquelle elle se rapporte échoue.

```
    /*selection de la base de donnees*/
    mysql_select_db("facsys") or die("impossible de se connecter a la
base de donnees facsys");
```

Nous sélectionnons la base de données de travail à l'aide de la fonction mysql_select_db(). Là encore, nous gérons les erreurs.

```
    /*effectuer une requete*/
    $query = "select codearticle, nom from articles ";
    $result = mysql_query($query) or die("erreur pendant la requete");
```

Nous effectuons notre première requête. Tout d'abord, nous initialisons une variable avec la chaîne représentant notre requête. Nous remarquons qu'il n'est pas nécessaire de déclarer les variables en PHP, il suffit de les valoriser pour qu'elles soient automatiquement déclarées par le moteur PHP.

```
/*Afficher les resultats en HTML */
$num_rows = mysql_num_rows($result);
echo "Liste des $num_rows articles:<br>";
```

Nous valorisons la variable $num_rows avec le nombre d'enregistrements retournés par la requête SQL précédente. Nous utilisons l'instruction echo pour afficher des informations. Cette fonction retourne au serveur web des informations au format HTML qui doivent être envoyées sur le navigateur de l'utilisateur qui a demandé la page. Nous demandons ici d'écrire le nombre d'articles (d'enregistrements) contenus dans la base de données facsys. La balise HTML <br> permet de passer à la ligne.

```
while ($line = mysql_fetch_array($result)){
    print "$line[codearticle] ==> $line[nom]<br>"

}
```

Nous utilisons une boucle while pour balayer l'ensemble des enregistrements. À chaque passage dans la boucle, nous affichons le code de l'article et son nom. Nous utilisons la notion de tableau associatif en précisant le nom des colonnes à afficher. Nous aurions pu également utiliser la syntaxe suivante, qui donne le même résultat :

```
print "$line[0] ==> $line[1]<br>"
```

Le code est plus portable avec le nom des colonnes, en effet si nous insérons une colonne dans la table, le code est toujours correct, alors qu'avec les indices de colonne, il faudrait modifier le code source.

```
/* Liberer des resultats */
mysql_free_result($result);

/* Fermeture de la connexion */
mysql_close($link);
```

Nous libérons l'espace alloué à la variable `$result`. Ce n'est pas obligatoire car les variables sont détruites à la fin du script. Puis, nous fermons la connexion au serveur MySQL. Là encore, la connexion est dans tous les cas fermée automatiquement à la fin du script. Dans certains cas, il est préférable d'utiliser la fonction `mysql_pconnect()` pour effectuer une connexion permanente au serveur. Dans ce cas, même à la fin du script, la connexion n'est pas fermée.

```
?>
```

Enfin, nous fermons la balise d'identification de script PHP. Il est tout à fait possible d'avoir plusieurs blocs d'instructions PHP dans un même script. Dans ce cas, on alterne des instructions PHP et HTML ou Javascript par exemple.

F. L'API ADO

1. Présentation

ActiveX Data Object est une API Windows d'accès aux sources de données telles que les SGBDR ou les fichiers texte au format CVS, ou tout autre élément faisant office de source de données et disposant de driver d'accès.

ADO permet d'accéder à la source de données via un pilote de sources de données tel qu'ODBC *(Open Data Base Connectivity)* ou OLE DB *(Object Linking and Embedding Data Base)*.

MySQL dispose d'un driver ODBC, il se nomme **myODBC** et est disponible dans différents formats (exécutable Windows, RPM, source) en téléchargement sur **http://www.mysql.com**. L'installation étant très simple, elle n'est pas présentée ici. Il suffit de cliquer trois fois sur le bouton **Suivant** pour que l'installation soit effective.

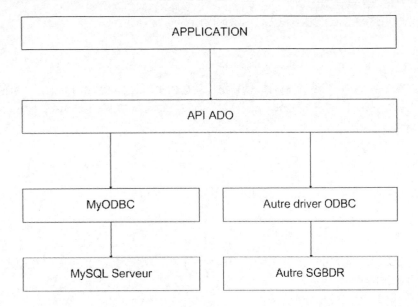

L'avantage d'ODBC est de permettre à un programme de se connecter a tel ou tel autre SGBDR sans modifier le code.

Nous devons créer une source de données ODBC pour que le programme puisse se connecter à MySQL. Nous verrons la création d'une source dans le programme d'exemple.

2. Description des API ADO disponibles

a. Structure de ADO

ADO fournit de nombreux objets permettant de se connecter à une base de données et de manipuler les données.

ADO est construit autour d'objets globaux :

CONNECTION

> Il permet d'initier la connexion au serveur. Cet objet permet aussi d'exécuter des requêtes. Il contient un sous-ensemble ERRORS permettant de gérer les erreurs.

COMMAND

> Il permet d'exécuter des requêtes SQL.

RECORDSET

> Il permet de stocker un jeu d'enregistrements issu d'une requête SQL de type SELECT.

> Chacun des objets précédents contient un sous-ensemble PROPERTIES qui contient à son tour des informations sur l'objet correspondant.

ERRORS

> Permet la gestion des erreurs.

Détaillons chacun de ces objets.

b. L'objet CONNECTION

L'objet CONNECTION permet d'initier et de contrôler une connexion vers un serveur MySQL.

Comme c'est un objet, nous devons l'instancier avant de pouvoir l'utiliser. Nous utilisons une commande comme celle-ci :

```
set adoCnx = Server.CreateObject("ADODB.Connection")
```

Méthodes de l'objet CONNECTION

Open

Établit une nouvelle connexion.

Close

Ferme une connexion.

Execute

Exécute une requête SQL.

Propriétés de l'objet CONNECTION

ConnectionTimeOut

Temps maximal laissé au programme pour effectuer la connexion au serveur MySQL. Si ce temps est dépassé, la connexion échoue et une erreur est retournée. Par défaut, le délai avant dépassement est de 30 secondes. Si nous spécifions la valeur 0, le délai d'attente est infini, attention à ne pas bloquer le programme dans une attente infinie.

CommandTimeOut

Temps d'exécution maximal laissé à une requête. Si ce temps est dépassé, la requête échoue. Par défaut, le délai avant dépassement est de 30 secondes. Si nous spécifions la valeur 0, le délai d'attente est infini, attention à ne pas bloquer le programme, dans une attente infinie.

DefaultDatabase

Retourne le nom de la base de données courante.

Provider

Retourne le nom du fournisseur d'accès à la base de données.

```
state
```

Retourne l'état de la connexion : 0 si la connexion est fermée et 1 si elle est active.

```
Version
```

Renvoie la version d'ADO.

Exemples

Pour initier une connexion vers un serveur MySQL, nous pouvons utiliser différentes méthodes.

Dans l'exemple d'application présenté plus loin, nous utilisons une source de données ODBC. Il suffit dans ce cas de donner le nom de la source de données de la façon suivante :

```
adoCnx.open "ma_source_de_données"
```

ou

```
adoCnx.open "DSN=ma_source_de_données"
```

ou

```
adoCnx.open "DSN=ma_source_de_données;Server=localhost;
Port=3306;UID=nom_utilisateur;PASSWORD=mot_de_passe"
```

Nous pouvons aussi utiliser une chaîne de connexion complète qui correspond aux informations contenues dans une source de données ODBC :

```
adoCnx.open "Driver={MySQL ODBC 3.51 Driver};Database=
facsys;UID=usrfacsysachat;Password=passachat"
```

Pour exécuter une requête, nous pouvons utiliser directement l'objet CONNECTION via la méthode Execute.

```
Set myresult = adoCnx.execute "ma requête SQL"
```

Par exemple :

```
Set myresult = adoCnx.execute "select * from articles"
```

ou

```
adoCnx.execute "insert into articles values ...", myvar, 1
```

Dans la requête précédente, au retour de la fonction, la variable myvar contient le nombre d'enregistrements affectés par la requête. La valeur 1 spécifiée à la fin de la requête permet d'optimiser la requête en spécifiant directement à ADO que nous lui passons une requête SQL.

c. L'objet COMMAND

L'objet COMMAND permet de définir des paramètres spécifiques à chaque requête. Il est nécessaire si nous voulons enchaîner plusieurs requêtes SQL et garder les résultats antérieurs.

Propriétés et méthodes de l'objet COMMAND

```
ActiveConnection
```

Permet de spécifier la connexion à laquelle se rapporte la commande.

```
Commandtext
```

Permet de spécifier la requête SQL.

CommandTimeOut

Permet de définir le délai d'exécution de la requête. Une fois ce délai dépassé, une erreur est retournée. Par défaut, le délai est de 30 secondes et si nous spécifions 0, le programme attend indéfiniment l'exécution de la requête.

Name

Nom de la commande.

State

Retourne l'état de la commande : 0 si l'objet est fermé et 1 s'il est ouvert.

Execute

Exécute la commande.

Properties

Cette collection contient les valeurs des différentes propriétés de l'objet.

Exemples

L'objet COMMAND permet l'exécution de tout type de requête SQL. Si la requête renvoie un résultat tel qu'une requête SELECT, nous devons utiliser un objet de type RECORDSET en complément.

Pour créer un tel objet, nous devons auparavant l'instancier :

```
set adoCmd = Server.CreateObject("ADODB.Command")
```

Nous pouvons ensuite l'utiliser :

```
set adoCmd.CommandTimeOut = 60
set adoCmd.CommandText = "select * from articles"
adoCmd.Execute nbAffected
```

Dans la ligne précédente, la variable `nbAffected` permet de retourner le nombre d'enregistrements affectés par la requête. C'est une option de la méthode `Execute`.

La collection `PARAMETERS` peut être lue de la façon suivante :

```
For each param in adoCmd.parameters
   Response.Write("nom: " & adoCmd.Parameters.name)
   Response.Write(" valeur: " & adoCmd.Parameters.value)
Next
```

Il est possible de supprimer un paramètre avec la commande suivante :

```
adoCmd.Parameters.Delete "nomparametre"
```

d. L'objet RECORSET

L'objet `RECORDSET` est nécessaire pour récupérer le résultat (jeu d'enregistrements) d'une requête, par exemple le résultat d'une requête `SELECT`.

Propriétés de l'objet RECORDSET

`ActiveConnection`

Permet de spécifier la connexion à laquelle se rapporte la commande.

`BOF`

Indique si le curseur est positionné avant le premier enregistrement dans le jeu d'enregistrements.

CursorLocation

Permet de spécifier que le curseur est du côté client (et non pas serveur) en le positionnant à 3. Il est obligatoire de définir cette valeur avec MySQL sinon la propriété RecordCount retourne toujours -1.

EOF

Indique si le curseur est positionné après le dernier enregistrement dans le jeu d'enregistrements.

Filter

Permet de spécifier un filtre de données sur le jeu d'enregistrements.

LockType

Définit le type de verrou utilisé pour le jeu de résultats.

Par défaut, sa valeur est égale à 0, les enregistrements sont obtenus en lecture seule (les commandes AddNew et Delete retournent une erreur) et il n'est possible de se déplacer qu'en avant. C'est aussi dans ce cas que nous obtenons les meilleures performances.

Si la valeur est égale à 3, le jeu d'enregistrements est en lecture seule mais peut être parcouru dans tous les sens.

Si la valeur est égale à 2, le jeu d'enregistrements est en lecture/écriture et peut être parcouru dans tous les sens.

RecordCount

Nombre d'enregistrements contenus dans le jeu de résultats.

Source

Retourne la requête qui a été exécutée pour obtenir le jeu d'enregistrements.

State

Indique si le jeu de résultats est ouvert ou fermé.

Méthodes et collections de l'objet RECORDSET

AddNew

Permet d'insérer un enregistrement.

Par exemple :
```
adoRs.addnew
adoRs("col1") = "val1"
adoRs("col2") = "val2"
adoRs.Update
```

CancelUpdate

Permet d'annuler le traitement en cours, par exemple si l'utilisateur clique sur un bouton d'annulation.

Close

Permet de fermer le jeu de résultats.

Delete

Supprime l'enregistrement courant dans le jeu d'enregistrements.

Move

Permet de définir une nouvelle position pour le curseur. 0 correspond au premier enregistrement. Attention, il doit y avoir un enregistrement courant pour utiliser cette méthode. Si le curseur est BOF ou EOF, une erreur est retournée. Une solution consiste à faire appel auparavant à MoveFirst.

Par exemple, pour nous positionner sur le troisième enregistrement, nous utilisons :

```
adoRs.MoveFirst
adoRs.Move 2
```

MoveFirst

Positionne le curseur sur le premier enregistrement du jeu de résultats.

MoveLast

Positionne le curseur sur le dernier enregistrement du jeu de résultats.

MoveNext

Positionne le curseur sur l'enregistrement suivant dans le jeu de résultats.

MovePrevious

Positionne le curseur sur l'enregistrement précédent dans le jeu de résultats.

Open

Permet d'ouvrir un jeu de résultats.

Requery

Réexécute la requête afin d'actualiser les données.

Update

Valide les modifications en cours. À utiliser par exemple après l'appel à la méthode AddNew.

Fields

Valeur des champs de l'enregistrement courant dans le jeu de résultats.

```
Properties
```

   Valeur des propriétés de l'objet RECORDSET.

e. La gestion des erreurs

Comme nous l'avons vu dans les chapitres précédents, il est nécessaire de gérer les erreurs dans tous les programmes. Pour cela, ADO offre différentes méthodes.

ADO gère une collection d'erreurs que nous pouvons inspecter après chaque requête pour connaître l'état actuel. Une requête qui échoue peut retourner une ou plusieurs erreurs dans la collection.

Si nous programmons en Visual Basic ou ASP, nous pouvons utiliser conjointement les instructions ON ERROR et err. Nous pouvons aussi tester les objets à l'aide de IsEmpty() et IsObject().

La collection ERRORS

```
COUNT
```

   Renvoie le nombre d'erreurs actuelles dans la collection.

```
Item
```

   Permet de retrouver une erreur dans la collection.

```
Clear
```

   Efface toutes les erreurs de la collection. Il est nécessaire de faire appel à cette méthode après une erreur.

```
Errors
```

   Collection permettant de retrouver les erreurs rencontrées par une requête.

Chaque objet `ERROR` (`Item`) de la collection `ERRORS` possède les propriétés suivantes :

`HelpFile`

Chemin vers un fichier d'aide correspondant à l'erreur.

`Number`

Numéro de l'erreur.

`Source`

Nom de l'objet ou de l'application ayant généré l'erreur.

3. Exemple d'application

Nous allons créer une page ASP (*Active Server Page*) qui listera les articles de la base de données **facsys**. ASP est au serveur Web IIS (*Internet Information Server*) ce qu'est PHP au serveur Web Apache. IIS est un serveur Web gratuit édité par Microsoft.

ASP est un langage de programmation de pages Web dynamiques. Bien entendu, nous pouvons écrire un programme utilisant ADO avec n'importe quel langage de programmation tel que VB, C#...

Nous l'avons vu en présentation, nous devons créer une source de données ODBC pour permettre la connexion au SGBDR.

→) Créons une source de données que nous appelons **odbcfacsys**. Pour cela, nous accédons au programme **Sources de données (ODBC)** qui se trouve dans les Outils d'administration du menu **Démarrer** sous Windows NT, 2000 ou XP. Sélectionnons l'onglet **Sources de données système** pour que la source ODBC créée soit accessible par tout utilisateur Windows. Ceci est nécessaire car le serveur IIS est démarré avec un utilisateur autre que celui utilisé pour créer la source ODBC.

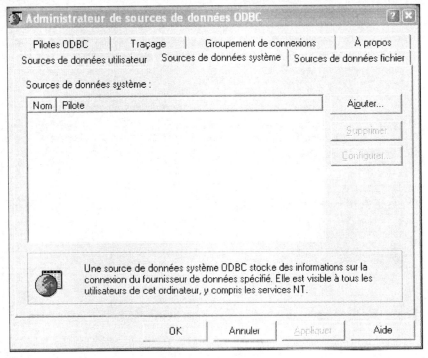

→) Cliquons sur **Ajouter**.

Une nouvelle fenêtre apparaît, elle nous permet de sélectionner le driver à utiliser pour la source de données. Sélectionnons le pilote (driver) **MySQL ODBC 3.51 Driver**.

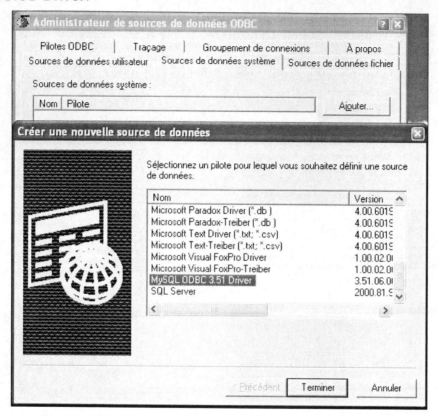

→) Cliquons sur **Terminer**.

→) Renseignons cette nouvelle fenêtre avec les informations de connexion au serveur MySQL :

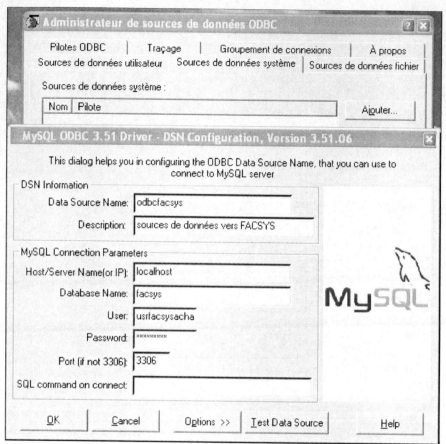

MySQL 5 - Installation, mise en œuvre

⁀) Nous pouvons tester notre source de données en cliquant sur le bouton **Test Data Source**. Nous recevons un message nous confirmant que tout est opérationnel :

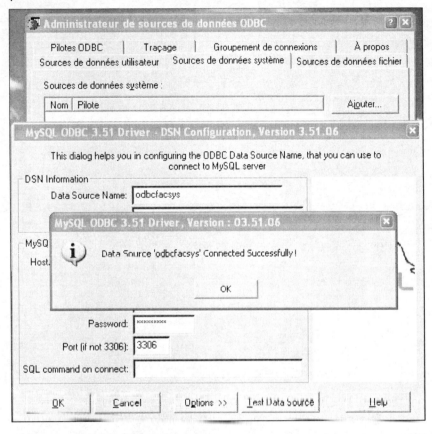

La source de données est prête, nous pouvons créer notre première application. Un fichier ASP est un script pouvant être écrit dans n'importe quel éditeur de texte tel que **Notepad** ou n'importe quel éditeur à reconnaissance syntaxique tel que **Visual Interdev** par exemple.

Voici le code source du script :

```
<%
  On error resume next
set adoCnx = Server.CreateObject("ADODB.Connection")  adoCnx.open
"DSN=odbcfacsys"
if adoCnx.errors.count > 0 then
    Response.Write("Connexion impossible")
  Else
    set adoRs = Server.CreateObject("ADODB.Recordset")
    adoRs.Source = "select * from articles"
    set adoRs.ActiveConnection = adoCnx
    adoRs.CursorLocation = 3
    adoRs.open
    response.write ("Liste des " & adoRS.RecordCount & " articles:<br>")
    do while not adoRS.EOF
      response.write(adoRs("codearticle") & " ==> " & adoRs("nom") &
"<br>")
      adoRs.movenext
    loop
    adoRs.close
    set adoRs = nothing
    adoCnx.close
    set adoCnx = nothing
  End If
%>
```

Nous devons enregistrer ce fichier dans l'arborescence du site Web. Par défaut, IIS utilise les fichiers du dossier **c:\inetpub\wwwroot**. Enregistrons le fichier sous le nom **default.asp**.

→) Nous pouvons vérifier le résultat en naviguant à l'adresse http://localhost dans n'importe quel navigateur Web. Ici nous utilisons **Internet Explorer** :

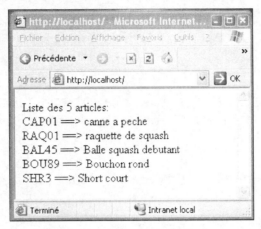

Analyse du programme

Analysons le programme précédent.

```
< %
```

Cette instruction permet d'introduire du code ASP. À partir de cette balise, le code est interprété et exécuté par le moteur ASP, puis le résultat HTML est envoyé au navigateur client.

```
On error resume next
```

Permet de demander l'interception des erreurs. Si le script rencontre une erreur, il continue quand même l'exécution, il est donc possible de tester les erreurs après les requêtes. Si nous ne gérons pas les erreurs, le script se termine anormalement en envoyant un message plus ou moins explicite au navigateur client.

```
set adoCnx = Server.CreateObject("ADODB.Connection")  adoCnx.open
"DSN=odbcfacsys"
if adoCnx.errors.count > 0 then
    Response.Write("Connexion impossible")
  Else
    ...
  End If
```

Nous déclarons une variable de type objet CONNECTION. La deuxième ligne correspond à l'ouverture de la source de données ODBC que nous avons créée. Puis nous testons si la connexion s'est bien effectuée à l'aide de l'objet ERRORS.

L'instruction Response.Write permet d'écrire une ligne HTML et donc de renvoyer un message au navigateur client.

```
set adoRs = Server.CreateObject("ADODB.Recordset")
adoRs.Source = "select * from articles"
set adoRs.ActiveConnection = adoCnx
adoRs.CursorLocation = 3
adoRs.open
```

Nous créons un objet RECORDSET afin de manipuler le résultat de la requête SELECT pour lire les articles de la base de données **facsys**.

Nous aurions pu utiliser la commande suivante au lieu du bloc d'instructions ci-dessus :

```
Set adoRs = adoCnx.Execute("select * from articles")
```

Mais nous voulons obtenir le nombre d'enregistrements du jeu de résultats, nous devons donc préciser la propriété CursorLocation et pour cela nous devons explicitement définir le RECORDSET.

```
response.write ("Liste des " & adoRS.RecordCount & "
articles:<br>")
```

L'instruction précédente permet d'afficher le nombre d'enregistrements et donc le nombre d'articles obtenus à l'aide de la requête SELECT.

```
do while not adoRS.EOF
    response.write(adoRs("codearticle") & " ==> " & adoRs("nom") & "<br>")
    adoRs.MoveNext
loop
```

Nous effectuons une boucle sur tous les enregistrements pour afficher le code et le nom des articles. Cette boucle est effectuée à l'aide du bloc :

```
Do while not adoRs.EOF
Loop
```

Attention de ne pas oublier l'instruction adoRs.MoveNext, sinon une boucle infinie bloque le script.

La syntaxe adoRs("codearticle") permet d'afficher le contenu de la colonne codearticle de l'enregistrement courant.

```
adoRs.close
set adoRs = nothing
adoCnx.close
set adoCnx = nothing
```

Enfin nous fermons les différents objets ouverts à l'aide des propriétés close et nous libérons les ressources allouées à l'aide du mot clé nothing.

```
%>
```

L'instruction précédente permet d'informer IIS que les instructions ASP sont terminées.

Il est possible d'alterner du code ASP et du code HTML ou autre (VBScript, Javascript...). Nous pouvons donc avoir plusieurs blocs <% %>.

Par exemple :

```
<%
   On error resume next
set adoCnx = Server.CreateObject("ADODB.Connection")   adoCnx.open
"DSN=odbcfacsys"
if adoCnx.errors.count > 0 then
%>
    Connexion impossible<br>
<%
   Else
%>
    Connexion réussie<br>
<%
   End If
%>
```

Chapitre 5 : Administration

A. Le fichier de configuration my.cnf **339**

B. Sauvegarde et restauration des bases de données . . **341**

   1. L'utilitaire mysqlhotcopy 342

   2. L'utilitaire mysqldump 343
     a. Syntaxe générale 343
     b. Script Linux de sauvegarde avec mysqldump 345

   3. Réplication vers un autre serveur 348

   4. Instructions SQL 349
     a. BACKUP TABLE 349
     b. RESTORE TABLE 350

C. Maintenance d'un serveur **352**

   1. Présentation 352

   2. Instructions SQL 352
     a. CHECK TABLE 352
     b. REPAIR TABLE 355
     c. OPTIMIZE TABLE 356
     d. ANALYZE TABLE 357

   3. L'utilitaire myisamchk 358
     a. Syntaxe générale 358
     b. Vérification d'une table 359

c. Réparation d'une table 360

d. Analyse d'une table 361

e. Informations sur une table 362

f. Optimisation d'une table 363

g. L'utilisation de la mémoire avec myisamchk 363

4. L'utilitaire mysqlcheck 364

D. Les fichiers de logs **366**

1. Le suivi des erreurs 366

2. Le suivi général des requêtes 369

3. Le suivi des mises à jour (UPDATE) 370

4. Le suivi binaire des mises à jour (UPDATE) 370

5. Le suivi des requêtes lentes 373

6. Maintenance des fichiers de log 374

E. Instructions SQL complémentaires **374**

1. L'instruction DESCRIBE 374

2. L'instruction EXPLAIN 375

3. La fonction BENCHMARK 376

4. L'instruction SHOW 378

a. SHOW DATABASES 378

b. SHOW TABLES 378

c. SHOW OPEN TABLES 379

d. SHOW COLUMNS 380

e. SHOW INDEX 381

f. SHOW TABLE STATUS 381

g. SHOW STATUS 382

h. SHOW VARIABLES 383

i. SHOW LOGS 384

j. SHOW PROCESSLIST 384

k. SHOW GRANTS 385

l. SHOW CREATE TABLE 386

5. L'instruction SET 386

6. L'instruction KILL 387

7. L'instruction FLUSH 389

F. Les différents types de tables **391**

1. Le type MyISAM 391

2. Le type MERGE 391

3. Le type ISAM 392

4. Le type MEMORY (anciennement HEAP) 393

5. Le type CSV 394

6. Le type ARCHIVE 394

7. Le type FEDERATED 396

8. Le type InnoDB 397

9. Le type BDB (BerkeleyDB) 398

G. Sécurisation d'un serveur MySQL **399**

1. Compte anonyme 399

2. Compte de démarrage et privilège FILE 399

3. Mots de passe et privilèges 401

4. Liens symboliques 402

5. Cryptage des données sensibles 403

6. Port de communication et Firewall 403

7. Sécuriser l'échange des données (SSH et SSL) 403

8. Le privilège PROCESSLIST 406

9. Déni de service 406

H. Ajout de fonctions à MySQL **408**

1. Présentation 408

2. Fonctions natives 408

3. Fonctions UDF 408

   a. Généralités 408

   b. Créer une fonction standard 409

   c. Créer une fonction d'agrégat 411

   d. Les arguments 412

   e. Retour de la fonction 413

   f. Exemple 414

**I.   Installation de plusieurs instances
du serveur MySQL sur un même poste** **423**

J.   Localisation de MySQL **424**

1. Les messages d'erreur 424

2. Le jeu de caractères 425

À ce point de l'ouvrage, nous savons gérer les privilèges, gérer les données et créer des applications à l'aide de différentes API. Nous allons maintenant analyser les fonctionnalités offertes à l'administrateur du système pour maintenir le serveur. Ces fonctionnalités vont de la mise en place et l'analyse des logs jusqu'à la création de fonctions personnelles, en passant par les sauvegardes, la sécurité et les procédures de réparation.

A. Le fichier de configuration my.cnf

Les programmes MySQL tels que **mysqld**, **mysql**, **mysqladmin**, **mysqldump**, **mysqlimport**, **mysqlshow**, **mysqlcheck**, **myisamchk**, **myisampack**... acceptent des options en ligne de commande.

Il est possible de spécifier les options dans le fichier de configuration **my.cnf** ou **my.ini**. Ces fichiers sont lus au lancement des programmes, il est donc nécessaire de redémarrer le serveur MySQL pour que les paramètres qui lui correspondent soient pris en compte.

Sous Linux, différents fichiers de configuration sont disponibles :

- **/etc/my.cnf** : pour les options globales.

- **DATADIR/my.cnf** : pour les options spécifiques au serveur, si plusieurs instances de mysqld existent. **DATADIR** vaut généralement **/usr/local/mysql/data** ou **/var/lib/mysql** avec une installation avec les RPM.

- **--defaults-extra-file=filename** : fichier de configuration spécifié en ligne de commande au démarrage du programme.

- **~/.my.cnf** : fichier de configuration personnel à un utilisateur. Le symbole ~ correspond au dossier personnel de l'utilisateur, généralement /home/nom utilisateur.

Sous Windows, on peut trouver le fichier de configuration à trois emplacements :

- **Répertoire_windows\my.ini** (généralement **c:\windows\my.ini** ou **c:\winnt\my.ini**).

- **C:\my.cnf**.

- **DATADIR\my.cnf**.

Ces différents fichiers permettent de spécifier des options globales.

Dans tous les cas, les fichiers respectent le même format et correspondent aux fichiers **INI** de Windows. Ils contiennent des sections (ce sont des mots entre crochets) qui correspondent aux programmes et des options dans chacune de ces sections.

Exemple :

```
[client]
#section utilisee par tous les programmes clients
port=10000
socket=/tmp/mysql.sock

[mysqld]
language=french
port=10000
socket=/tmp/mysql.sock
set-variable = key_buffer_size=16M
log-slow-queries

[mysqldump]
quick
```

Dans l'exemple précédent, nous remarquons trois sections : `[client]`, `[mysqld]` et `[mysqldump]`. Chacune de ces sections contient deux types de clés :

- `option=valeur` : une option correspond à un paramètre de la ligne de commande à laquelle on retire `-` ou `--`. Par exemple, pour activer le suivi des mises à jour (commande UPDATE), nous utilisons le paramètre `--log-update`, nous mettons donc `log-update` dans le fichier de configuration.

- set-variable = variable=valeur : c'est l'équivalent de --set-variable variable=value en ligne de commande. La commande SET VARIABLE est abordée plus loin dans ce chapitre.

Un utilisateur peut par exemple créer dans son répertoire personnel un fichier **.my.cnf** (attention à ne pas oublier le point au début du nom du fichier) tel que celui-ci :

```
[mysql]
#au lieu de nom du serveur, on peut mettre son IP
host=nom_du_serveur
user=nom_utilisateur
password=mon_mot_de_passe
```

📎 Il est très pratique de créer un fichier personnel, mais encore faut-il s'assurer que personne n'a accès à ce fichier car le mot de passe est écrit en clair.

📎 Dans l'exemple ci-dessus, nous remarquons qu'il est possible de commenter le fichier d'options en utilisant le symbole # en début de ligne.

B. Sauvegarde et restauration des bases de données

La sauvegarde est une étape essentielle dans un processus de développement et de production.

Une bonne solution consiste à effectuer une sauvegarde régulière de la base de données. Il suffit pour cela de planifier une commande de sauvegarde avec le daemon **cron** sous Linux et la commande **at** ou le Planificateur de tâches sous Windows.

Nous disposons de différentes solutions pour effectuer des sauvegardes.

1. L'utilitaire mysqlhotcopy

Du fait que les bases de données MySQL sont basées sur une structure de répertoires et de fichiers, la solution la plus simple pour sauvegarder une base de données est de copier l'arborescence. Nous devons cependant prendre des précautions afin de nous assurer que les données ne soient pas modifiées pendant que nous copions les fichiers. Nous devons pour cela bloquer les accès en écriture et demander à MySQL de vider les caches d'écriture.

Nous pourrions écrire un programme qui se connecte au serveur MySQL, verrouille les tables à sauvegarder (LOCK TABLES), vide les caches (FLUSH TABLES), effectue une copie physique du répertoire de la base de données puis déverrouille les tables (UNLOCK TABLES).

Néanmoins, les auteurs de MySQL nous livrent le script **mysqlhotcopy** écrit en PERL permettant d'effectuer les opérations précédentes. Le script effectue les opérations LOCK TABLES, FLUSH TABLES, cp (ou scp : copie de fichiers). C'est le meilleur moyen d'effectuer la sauvegarde d'une base de données. La limitation de ce script réside dans le fait qu'il doit être exécuté localement sur la machine où est installé le serveur MySQL.

Voici la syntaxe d'utilisation du script :

```
shell>mysqlhotcopy -u username -ppassword dbname1[,dbname2,
dbnameN] [/chemin/de/sauvegarde]
```

→) Sauvegardons la base de données **facsys** dans le dossier **/home/backup** :

```
shell>mysqlhotcopy -u root -pmonmotdepasse facsys /home/
backup
```

Le script **mysqlhotcopy** utilise les éventuelles sections [client] et [mysqlhotcopy] du fichier **my.cnf**. On peut par exemple préciser le nom de l'utilisateur et son mot de passe pour la connexion mais il faut alors faire attention que personne ne puisse lire ce fichier.

Pour exécuter le script, l'utilisateur doit avoir les privilèges SELECT pour les tables à sauvegarder et RELOAD pour exécuter la commande FLUSH TABLES. Il doit aussi avoir un droit d'écriture dans le dossier de sauvegarde.

2. L'utilitaire mysqldump

a. Syntaxe générale

Le programme client **mysqldump** offre une option pour effectuer des sauvegardes. Le programme crée un fichier de script en SQL permettant de recréer la base de données et tout son contenu.

Différentes syntaxes sont possibles :

```
shell>mysqldump -u username -ppassword [OPTIONS] dbname
[tables]
```

ou

```
shell>mysqldump [OPTIONS] --databases [OPTIONS]dbname1
[dbname2, dbnameN]
```

ou

```
shell>mysqldump [OPTIONS] --all-databases [OPTIONS]
```

Si aucune table n'est nommée ou que les options --databases ou --all-databases sont présentes, toute la base de données est sauvegardée.

L'utilisation la plus fréquente de la commande est la suivante :

```
shell>mysqldump -u root -p --opt dbname >fichierssauvegarde.sql
Enter password :*****
```

→) La commande suivante permet de sauvegarder la base de données **facsys** dans le dossier **/home/backup** :

```
shell>mysqldump -u root -p --opt facsys >/home/backup/facsys.sql
Enter Password:*****
```

Le paramètre de ligne de commande `--opt` permet de spécifier les options les plus utiles. Il remplace les options `--quick`, `--add-drop-table`, `--add-locks`, `--extended-insert`, `--lock-tables`.

Le programme client **mysqldump** dispose de nombreuses options, nous pouvons les visionner avec l'une des commandes suivantes :

```
shell>mysqldump --help
shell>mysqldump --help | more
shell>man mysqldump
```

La restauration peut être effectuée en exécutant le script à l'aide du programme client **mysql** comme nous l'expliquons au chapitre 4 - A - Utiliser MySQL en batch.

Voici la syntaxe générale :

```
MYSQL -u username -p password bddname < backup.sql
```

→) Pour restaurer une sauvegarde de notre base de données **facsys**, nous utilisons la commande suivante :

```
shell>mysql -u root -p facsys < /home/backup/facsys.sql
Enter password:*****
```

Ou :

```
shell>mysql -u root -p facsys -e "/home/backup/facsys.sql"
Enter password:*****
```

b. Script Linux de sauvegarde avec mysqldump

L'utilitaire **mysqldump** permet d'effectuer très facilement des sauvegardes mais il ne gère pas les sauvegardes successives.

Le script proposé ici est un exemple et peut très bien être adapté à une situation réelle. Par exemple, dans le cas d'un site Web marchand, on peut sauvegarder le catalogue des produits disponibles à la vente seulement lorsqu'il est modifié mais par contre on sauvegarde les tables contenant les achats clients deux fois par jour.

Comme nous l'avons vu précédemment, la planification des sauvegardes est une étape essentielle, il n'existe pas une méthode globale mais des méthodes adaptées à chaque cas.

Le script proposé permet de créer des fichiers de sauvegarde ayant le format **nombase_jour.sql.gz** (par exemple facsys_mardi.sql.gz) pour les quatre premiers jours de la semaine et le format **nombase_AAAA-MM-JJ.sql.gz** (par exemple facsys_2003-04-20.sql.gz) le vendredi. Les sauvegardes du lundi au jeudi sont écrasées de semaine en semaine. Celles du vendredi sont gardées.

Le script est écrit en Bourne Shell (#!/bin/sh en début de fichier).

→) Créons le script avec VI sous le nom /home/backup/ mysql_backup :

```
Shell>vi /home/backup/mysql_backup
#!/bin/sh
#script de sauvegarde d'une base de donnees
if [ -z $1 ] || [ -z $2 ] || [ -z $3 ] || [ -z $4 ]
then
  echo "utilisation: $0 username userpassword databasename /path/to/
backup"
  exit 1
fi
if [ ! -d $4 ]
then
  echo "Le repertoire $4 n'existe pas"
  exit 1
fi
if [ ! -w $4 ]
then
  echo "Impossible d'ecrire dans le repertoire $4"
  exit 1
fi
if [ $(date +%u) = 5 ]
then
  date_info=$(date +%F)
else
  date_info=$(date +%A)
fi
backup=$3_$date_info
backuplog=$3.log
echo "********************************" >> $4/$backuplog
echo "debut de sauvegarde: $(date)" >> $4/$backuplog
echo "creation du fichier $4/$backup.sql" >> $4/$backuplog
mysqldump -u $1 -p$2 --opt $3 > $4/$backup.sql 2>>$4/$backuplog
                                                    .../...
```

```
.../...
echo "creation du fichier archive $4/$backup.sql.gz" >> $4/$backuplog
gzip -f $4/$backup.sql
echo "fin de sauvegarde: $(date)" >> $4/$backuplog
echo " " >> $4/$backuplog
```

→) Rendons le script exécutable :

```
shell>chmod u+x mysql_backup
```

→) Testons le script :

```
shell>./mysql_backup adminfacsys passfacsys facsys /home/backup
```

Nous pouvons vérifier si tout s'est bien passé en éditant le fichier **facsys.log** créé dans le même répertoire que la sauvegarde. Si une erreur a été rencontrée, elle y est consignée. Ci-dessous un extrait du fichier de log après deux sauvegardes :

```
*************************************************************
debut de sauvegarde: Fri Mar 21 23:00:00 CET 2003
creation du fichier /home/backup/facsys_2003-03-21.sql
creation du fichier archive /home/backup/facsys_2003-03-21.sql.gz
fin de sauvegarde: Fri Mar 21 23:00:02 CET 2003
*************************************************************
debut de sauvegarde: Mon Mar 24 23:00:00 CET 2003
creation du fichier /home/backup/facsys_Mardi.sql
creation du fichier archive /home /backup/facsys_mardi.sql.gz
fin de sauvegarde: Mon Mar 24 23:00:02 CET 2003
```

Nous pouvons planifier une tâche qui s'exécute régulièrement. Nous choisissons d'utiliser **CRON** pour effectuer la sauvegarde tous les soirs du lundi au vendredi (jours 1-5) à 23H00. Le script sera exécuté en tant qu'utilisateur **cthibaud** (il vaut mieux éviter d'utiliser root).

→) Éditons le fichier **/etc/crontab** et ajoutons une ligne comme indiqué ci-dessous à la fin du fichier.

```
shell>vi /etc/crontab
```

```
SHELL=/bin/bash
PATH=/sbin:/bin:/usr/sbin:/usr/bin
MAILTO=root
HOME=/

# run-parts
01 * * * * root run-parts /etc/cron.hourly
02 4 * * * root run-parts /etc/cron.daily
22 4 * * 0 root run-parts /etc/cron.weekly
42 4 1 * * root run-parts /etc/cron.monthly

0 23 * * 1-5 cthibaud /home/backup/mysql_backup adminfacsys passfacsys /home/bac
kup
```

→) Il faut redémarrer le daemon **CRON** pour que les modifications soient prises en compte.

```
shell>/etc/init.d/crond restart
```

Une amélioration peut être apportée, elle consiste à faire la copie sur un serveur distant, soit en faisant du répertoire **/home/backup** un répertoire monté via NFS, soit en modifiant le script pour effectuer une copie des fichiers sur un serveur Windows via SAMBA.

3. Réplication vers un autre serveur

Le programme client **mysqldump** offre la possibilité de dupliquer une base de données vers un autre serveur. Cette possibilité est intéressante pour un serveur en production puisqu'il est alors possible de prévoir un serveur de secours qui réplique régulièrement l'original.

En voici la syntaxe :

```
shell>mysqldump [-u username1] [-ppassword1] --opt dbname
[tables] | mysql [-username2] [-ppassword2]
--host=backupserver -C dbname [tables]
```

-) Par exemple, si nous voulons répliquer la base de données **facsys** sur le serveur **srvbackup**, nous employons la commande suivante :

```
shell>mysqldump -u root -pmonmotpasse --opt facsys | mysql
-u root -pmonautremotpasse -host=srvbackup -C facsys
```

Il est possible de planifier une tâche qui exécute cette commande régulièrement.

4. Instructions SQL

a. BACKUP TABLE

Cette commande permet de sauvegarder une ou plusieurs tables dans un répertoire défini. Elle fonctionne avec les tables de type **MyISAM** (voir les différents types de tables au chapitre 5 - F). Voici la syntaxe générale :

```
BACKUP TABLE tablename [, tablename2] TO 'path/to/directory'
```

Cette commande effectue une copie des fichiers **.frm** et **.MYD** dans le répertoire **/path/to/directory**. Le fichier d'extension **.MYI** n'est pas copié car il peut être récréé à partir des deux autres.

Durant l'opération de sauvegarde, la ou les tables sont verrouillées en lecture.

→) Sauvegardons la table **clients** dans le répertoire **/tmp** :

```
mysql>BACKUP TABLE clients TO '/tmp';
```

```
mysql> backup table clients to '/tmp';
+----------------+--------+----------+----------+
| Table          | Op     | Msg_type | Msg_text |
+----------------+--------+----------+----------+
| facsys.clients | backup | status   | OK       |
+----------------+--------+----------+----------+
1 row in set (0.13 sec)

mysql>
```

La valeur OK dans la colonne Msg_text confirme que la sauvegarde s'est effectuée sans erreur.

b. RESTORE TABLE

Cette commande permet de restaurer une ou plusieurs tables depuis un répertoire défini. Elle fonctionne avec les tables de type **MyISAM** (voir les différents types de tables au chapitre 5 - F). Voici la syntaxe générale :

```
RESTORE TABLE tablename [, tablename2] FROM 'path/to/directory'
```

Le temps de restauration est supérieur au temps de sauvegarde car le serveur doit recréer les index à partir des informations contenues dans les fichiers **.frm** et **.MYD**.

RESTORE DATABASE ne peut pas restaurer la table si celle-ci existe déjà. Il faut supprimer l'ancienne (DROP TABLE) pour restaurer la nouvelle.

-) Restaurons la table **clients** depuis le répertoire **/tmp** :

```
mysql>RESTORE TABLE clients FROM '/tmp';
```

```
mysql>  restore table clients from '/tmp';
+-----------+----------+----------+--------------------------------------------+
| Table     | Op       | Msg_type | Msg_text                                   |
+-----------+----------+----------+--------------------------------------------+
| clients   | restore  | error    | table exists, will not overwrite on restore |
+-----------+----------+----------+--------------------------------------------+
1 row in set (0.00 sec)

mysql>
```

Nous recevons un message d'erreur car la table **clients** existe déjà.

-) Supprimons la table puis restaurons la sauvegarde :

```
mysql>DROP TABLE CLIENTS;
mysql>RESTORE TABLE clients FROM '/tmp';
```

```
mysql>  restore table clients from '/tmp';
+----------------+----------+----------+----------+
| Table          | Op       | Msg_type | Msg_text |
+----------------+----------+----------+----------+
| facsys.clients | restore  | status   | OK       |
+----------------+----------+----------+----------+
1 row in set (0.03 sec)

mysql>
```

La valeur OK dans la colonne Msg_text confirme que la restauration s'est effectuée sans erreur.

C. Maintenance d'un serveur

1. Présentation

MySQL est extrêmement fiable. Malgré tout il se peut, pour différentes raisons, qu'une base de données soit dans un état instable. Par exemple, si la machine sur laquelle est installé MySQL est rebootée brutalement, il se peut que des données ne soient pas encore écrites physiquement mais soient toujours dans le cache.

Il est aussi nécessaire de temps à autre d'optimiser les bases de données ayant subi de nombreuses suppressions et/ou modifications afin de réduire la fragmentation des fichiers. L'idéal est de prévoir des tâches qui s'exécutent à intervalles réguliers pour vérifier et optimiser les tables. Là encore nous pouvons utiliser les utilitaires **CRON** de Linux et **AT** ou le Planificateur de tâches sous Windows pour planifier ces tâches.

2. Instructions SQL

Les instructions suivantes permettent de vérifier, réparer, optimiser et analyser des tables.

a. CHECK TABLE

Cette instruction fonctionne avec les tables de type **MyISAM** et **InnoDB**. Voici la syntaxe générale :

```
CHECK TABLE tablename [, tablename2] [option [option]]
```

Où option peut prendre les valeurs QUICK, FAST, MEDIUM, EXTENDED, CHANGED.

Si aucune option n'est précisée, MEDIUM est utilisé.

QUICK

Ne recherche pas les enregistrements orphelins. Ce sont les enregistrements qui ne répondent pas aux critères d'intégrité d'une table **InnoDB**.

FAST

Ne vérifie que les tables dont la fermeture ne s'est pas effectuée proprement.

CHANGED

Ne vérifie que les tables qui ont subi des modifications depuis la dernière vérification.

MEDIUM

Vérifie les enregistrements et calcule une clé d'intégrité (Checksum).

EXTENDED

Vérifie les enregistrements et calcule une clé d'intégrité pour chacun des enregistrements. C'est la méthode la plus sûre mais la plus longue aussi.

La commande CHECK TABLE retourne une table dont les enregistrements renseignent sur l'état des tables vérifiées.

→) Vérifions les tables **commandes** et **details** de la base de données **facsys** :

```
mysql>use facsys;
mysql>CHECK TABLE commandes, details;
```

```
mysql> check table commandes, details;
+-------------------------+--------+---------+-------------------------------------------
-----------------+
| Table                   | Op     | Msg_type | Msg_text
                 |
+-------------------------+--------+---------+-------------------------------------------
-----------------+
| facsys.commandes        | check  | warning  | 1 clients is using or hasn't closed the
table properly |
| facsys.commandes        | check  | status   | OK
                 |
| facsys.details          | check  | status   | OK
                 |
+-------------------------+--------+---------+-------------------------------------------
-----------------+
3 rows in set (0.09 sec)

mysql>
```

La colonne `Table` donne le nom de la table à laquelle la vérification fait référence. La colonne `Op` vaut toujours `check`. La colonne `Msg_type` contient le mot `status` (état de la table), `error` (message d'erreur), `info` (information) ou `warning` (message d'avertissement) et renseigne sur la nature du message contenu dans la colonne `Msg_text`.

Dans cet exemple, nous recevons un message `warning` qui nous informe que la table **commandes** est en cours d'utilisation ou a été mal fermée. Nous pouvons attendre un peu et relancer la vérification car il se peut qu'un utilisateur fasse actuellement une requête sur la table, ce qui expliquerait le message. Par contre, si nous avons toujours l'erreur, nous devons réparer la table.

Il se peut aussi que le serveur MySQL garde la table ouverte pour des questions de performances. Si nous voulons forcer la fermeture de toutes les tables, nous pouvons utiliser la commande `FLUSH TABLES`.

Pour les tables de taille dynamique (contenant des données de types VARCHAR, TEXT, BLOB), nous devons utiliser l'option MEDIUM (c'est l'option par défaut). Pour les tables statiques, il y a très peu de risques d'erreur, nous pouvons donc combiner les options QUICK et FAST

```
mysql>CHECK TABLE tablename FAST QUICK;
```

b. REPAIR TABLE

Si nous relevons des erreurs lors de la vérification (CHECK TABLE), nous utilisons la commande REPAIR TABLE pour corriger.

Voici la syntaxe générale de cette commande :

```
REPAIR TABLE tablename [, tablename2] [QUICK] [EXTENDED] [USE_FRM]
```

Cette commande ne fonctionne qu'avec les tables de type **MyISAM**. Elle retourne une table identique à la commande CHECK, sauf que la colonne Op contient toujours repair.

Avec l'option QUICK, seul l'index est réparé. L'option EXTENDED permet de mieux gérer les index formés de chaînes longues. L'option USE_FRM permet de recréer un fichier **.MYI** (index) à partir des informations contenues dans le fichier **.frm**.

-) Réparons les tables **commandes** et **details** :

```
mysql>REPAIR TABLE commandes, details;
```

```
mysql> repair table commandes, details;
+------------------+--------+----------+----------+
| Table            | Op     | Msg_type | Msg_text |
+------------------+--------+----------+----------+
| facsys.commandes | repair | status   | OK       |
| facsys.details   | repair | status   | OK       |
+------------------+--------+----------+----------+
2 rows in set (0.04 sec)

mysql>
```

La commande REPAIR TABLE peut retourner plusieurs lignes par table. Elle doit néanmoins retourner une ligne par table contenant un Msg_type de type status avec un Msg_text valant OK.

La commande REPAIR TABLE est récente et n'implémente pas encore toutes les options nécessaires. Si nous n'obtenons pas de status OK, nous pouvons dans ce cas utiliser l'utilitaire **myisamchk** avec l'option -o.

c. OPTIMIZE TABLE

La commande OPTIMIZE TABLE permet de réduire la fragmentation et doit être utilisée lorsqu'une table dynamique (contenant des champs VARCHAR, TEXT, BLOB) a subi de nombreuses suppressions et/ou modifications. Voici la syntaxe générale :

```
OPTIMIZE TABLE tablename [, tablename2]
```

Cette commande ne fonctionne pour l'instant qu'avec les tables de type **MyISAM** et **BDB** (voir les différents types de tables au chapitre 5 - F).

OPTIMIZE TABLE agit sur trois points : si la table contient des enregistrements supprimés ou fragmentés, elle corrige et améliore le stockage. Elle trie les index pour un gain de vitesse. Elle met les statistiques de la table à jour. Pendant toute l'opération, la table est verrouillée.

OPTIMIZE TABLE retourne une table équivalente aux commandes CHECK TABLE et REPAIR TABLE sauf que la colonne Op contient optimize.

→) Optimisons les tables **commandes** et **details** :

```
mysql>OPTIMIZE TABLE commandes, details;
```

```
mysql> optimize table commandes, details;
+---------------------+----------+----------+----------+
| Table               | Op       | Msg_type | Msg_text |
+---------------------+----------+----------+----------+
| facsys.commandes    | optimize | status   | OK       |
| facsys.details      | optimize | status   | OK       |
+---------------------+----------+----------+----------+
2 rows in set (0.08 sec)

mysql>
```

Cette commande est équivalente à la commande `myisamchk` suivante :
`shell>myisamchk --quick --check-only-changed --sort-index --analyze.`

d. ANALYZE TABLE

La commande `ANALYZE TABLE` analyse et enregistre les statistiques sur une ou plusieurs tables. Voici la syntaxe générale :

`ANALYZE TABLE tablename [, tablename2]`

Cette commande ne fonctionne pour l'instant qu'avec les tables de type **MyISAM** et **BDB**.

`ANALYZE TABLE` retourne une table équivalente aux commandes `CHECK TABLE`, `REPAIR TABLE` et `OPTIMIZE TABLE` sauf que la colonne `Op` contient `analyze`.

→) Analysons les tables **commandes** et **details** :
`mysql>ANALYZE TABLE commandes, details;`

```
mysql> analyze table commandes, details;
+-------------------+---------+----------+---------------------------+
| Table             | Op      | Msg_type | Msg_text                  |
+-------------------+---------+----------+---------------------------+
| facsys.commandes  | analyze | status   | OK                        |
| facsys.details    | analyze | status   | Table is already up to date |
+-------------------+---------+----------+---------------------------+
2 rows in set (0.00 sec)

mysql>
```

Sur cet exemple, la table **details** était déjà à jour, par contre MySQL a mis les statistiques de la table **commandes** à jour.

Cette commande est équivalente à la commande `myisamchk` suivante :
`shell>myisamchk -a tablename`.

3. L'utilitaire myisamchk

a. Syntaxe générale

Le programme **myisamchk** permet d'effectuer en ligne de commande les opérations de maintenance vues dans les paragraphes précédents. Il doit être utilisé pour les tables de type **MyISAM**.

Ce programme est très pratique et permet de mettre en place des procédures de maintenance automatiques via des tâches planifiées à l'aide de la commande **cron** sous Linux ou la commande **AT** ou le Planificateur de tâches sous Windows.

La syntaxe générale d'utilisation de ce programme est :

`shell>MYISAMCHK [options] tablename [tablename2]`

Il est aussi possible de demander au programme de travailler sur un fichier précis ou sur un ensemble de fichiers en utilisant des caractères jokers. Par exemple, si nous voulons vérifier tous les index de la base de données **facsys**, nous exécutons :

```
shell>myisamchk /var/lib/mysql/facsys/*.MYI
```

Attention, le programme **myisamchk** n'a pas connaissance du répertoire des bases de données, nous devons donc l'exécuter depuis le répertoire contenant la base de données ou bien préciser le chemin en ligne de commande.

Nous devons être sûr que MySQL n'accède pas aux fichiers lorsque le programme **myisamchk** opère. Il pourrait en résulter une incohérence de base de données. Imaginons par exemple que nous forcions **myisamchk** à réparer toutes les erreurs et qu'une table soit actuellement ouverte par le serveur MySQL, **myisamchk** va modifier son état qui pour lui est une erreur.

Regardons maintenant les options disponibles. Il est possible d'en obtenir la liste complète à l'aide de la commande `myisamchk --help`.

b. Vérification d'une table

Pour effectuer une vérification, l'équivalent de CHECK TABLE, il n'est pas nécessaire de préciser d'option sur la ligne de commandes.

Voici la syntaxe générale :

```
shell>MYISAMCHK tablename [tablename2]
```

→) Vérifions les tables **commandes** et **details** :

```
shell>myisamchk /var/lib/mysql/facsys/commandes
/var/lib/mysql/facsys/details
```

```
[root@srv-redhat3 mysql]# myisamchk /var/lib/mysql/facsys/commandes /var/lib/mys
ql/facsys/details;
Checking MyISAM file: /var/lib/mysql/facsys/commandes
Data records:      2    Deleted blocks:       1
- check file-size
- check key delete-chain
- check record delete-chain
- check index reference
- check data record references index: 1


---------

Checking MyISAM file: /var/lib/mysql/facsys/details
Data records:      4    Deleted blocks:       0
- check file-size
- check key delete-chain
- check record delete-chain
- check index reference
- check data record references index: 1
[root@srv-redhat3 mysql]#
```

Il est possible de spécifier différentes options pour modifier la méthode de vérification.

-F ou --fast

Permet de ne vérifier que les tables fermées. On évite ainsi les messages d'erreur sur les tables actuellement ouvertes par le serveur MySQL.

-C ou --check-only-changed

Vérifie uniquement les tables qui ont subi des modifications depuis la vérification précédente.

-i ou --information

Montre les statistiques complètes liées à la vérification.

c. Réparation d'une table

Généralement nous utilisons l'option -r ou --recover pour réparer les tables.

Voici la syntaxe générale :

```
shell>myisamchk -r tablename [tablename2]
```

Cette option ne permet pas de corriger les doublons de clé primaire. Si toutefois `myisachk` informe qu'il ne peut pas réparer la table, nous pouvons utiliser l'option `-o` ou `--safe-recover`.

→) Réparons les tables **commandes** et **details** :

```
shell>myisamchk -r /var/lib/mysql/facsys/commandes /var/lib
/mysql/facsys/details
```

```
[root@srv-redhat3 mysql]# myisamchk -r /var/lib/mysql/facsys/commandes /var/lib/
mysql/facsys/details;
- recovering (with sort) MyISAM-table '/var/lib/mysql/facsys/commandes.MYI'
Data records: 2
- Fixing index 1

---------

- recovering (with sort) MyISAM-table '/var/lib/mysql/facsys/details.MYI'
Data records: 4
- Fixing index 1
[root@srv-redhat3 mysql]#
```

d. Analyse d'une table

L'option `-a` ou `--analyze` permet d'analyser une ou plusieurs tables.

Voici la syntaxe générale :

```
shell>myisamchk -a tablename [tablename2]
```

L'analyse porte sur les index et permet d'optimiser ceux-ci et d'accroître les performances des requêtes contenant une jointure.

→) Analysons les tables **commandes** et **details** :

```
shell>myisamchk -a /var/lib/mysql/facsys/commandes /var/lib/
mysql/facsys/details
```

```
[root@srv-redhat3 mysql]# myisamchk -a /var/lib/mysql/facsys/commandes /var/lib/
mysql/facsys/details;
Checking MyISAM file: /var/lib/mysql/facsys/commandes
Data records:       2    Deleted blocks:        0
- check file-size
- check key delete-chain
- check record delete-chain
- check index reference
- check data record references index: 1


-----------

Checking MyISAM file: /var/lib/mysql/facsys/details
Data records:       4    Deleted blocks:        0
- check file-size
- check key delete-chain
- check record delete-chain
- check index reference
- check data record references index: 1
[root@srv-redhat3 mysql]# _
```

e. Informations sur une table

L'option -d ou --description permet quant à elle de donner des informations sur le type de la table (enregistrements fixes ou dynamiques), sur le jeu de caractères utilisé, sur le nombre d'enregistrements...

Voici la syntaxe générale :

```
shell>myisamchk -d tablename [tablename2]
```

→) Demandons des informations sur la table **details** :

```
shell>myisamchk -d /var/lib/mysql/facsys/details
```

```
[root@srv-redhat3 mysql]# myisamchk -d /var/lib/mysql/facsys/details;

MyISAM file:           /var/lib/mysql/facsys/details
Record format:         Fixed length
Character set:         latin1 (8)
Data records:                        4    Deleted blocks:                0
Recordlength:                       17

table description:
Key Start Len Index    Type
1   2     4   unique   unsigned long
    6     1            binary
[root@srv-redhat3 mysql]# _
```

D'autres options sont disponibles et permettent d'obtenir encore plus d'informations. Par exemple, les options -dv, -eis, -eiv... La commande `myisamchk -help` permet d'en obtenir la liste.

f. Optimisation d'une table

De nombreuses options sont disponibles pour optimiser les tables.

L'option -r est certainement la plus utile puisqu'elle défragmente les fichiers et libère l'espace inutilisé suite à des suppressions ou des mises à jour.

L'option -S ou --sort-index permet de trier les index afin d'optimiser les requêtes.

g. L'utilisation de la mémoire avec myisamchk

Le programme **myisamchk** utilise seulement 3 Mo de mémoire par défaut. Avec des tables de grande taille, il est préférable de donner plus de mémoire à **myisamchk** afin d'optimiser la vitesse. Pour cela, nous pouvons spécifier différentes options telles que :

```
shell>myisamchk -O sort=16M -O key=16M -O read=1M -O write=1M
```

Pour obtenir un détail complet de toutes les possibilités offertes, nous pouvons demander l'aide de **myisamchk** avec :

```
shell>myisamchk --help
```

4. L'utilitaire mysqlcheck

Le programme **mysqlcheck** permet d'effectuer la maintenance des tables de type **MyISAM**. **Mysqlcheck**, contrairement à **myisamchk**, doit être utilisé lorsque le serveur **mysqld** est démarré car il se connecte au serveur. Et puisqu'il se connecte au serveur, il n'est pas nécessaire de donner le chemin menant à la base de données, il le retrouve automatiquement via le serveur.

Plusieurs syntaxes sont disponibles :

```
shell>mysqlcheck [OPTIONS] database [tables]
shell>mysqlcheck [OPTIONS] --databases database1 [database2
database3]
shell>mysqlcheck [OPTIONS] --all-databases
```

mysqlcheck permet de vérifier, réparer, analyser et optimiser des tables et même des bases de données complètes.

Pour nous connecter, nous pouvons préciser un nom d'utilisateur, un mot de passe et le nom du serveur comme pour le programme client **mysql**. Analysons toutes les tables de la base de données **facsys** :

```
shell>mysqlcheck -u root -p --host=10.0.0.233 facsys
```

```
[cthibaud@pclin1 cthibaud]$ mysqlcheck -u root -p --host=10.0.0.233 facsys
Enter password:
facsys.articles                              OK
facsys.categories                            OK
facsys.clients                               OK
facsys.commandes                             OK
facsys.details                               OK
[cthibaud@pclin1 cthibaud]$ _
```

De nombreuses autres options existent, une aide est disponible :

```
shell>mysqlcheck --help
```

Il existe entre autres :

`-A` ou `--all-databases`

> Cette option permet de spécifier que toutes les bases de données doivent être traitées par la commande.

`-B` ou `-databases`

> Cette option permet de spécifier la ou les bases de données qui doivent être traitées par la commande.

`-c` ou `--check`

> C'est l'option par défaut si aucune option n'est spécifiée. Elle permet de vérifier la ou les bases de données.

`-C` ou `--check-only-changed`

> Avec cette option, **mysqlcheck** ne vérifie que les tables ayant subi de modifications depuis la dernière vérification et les tables mal fermées.

`-r` ou `--repair`

> Cette option permet d'effectuer une réparation. Par contre, comme pour **myisamchk**, cette option ne permet pas de réparer un index de clé primaire ayant des doublons.

`-a` ou `--analyze`

> Cette option permet d'effectuer une analyse.

```
-o ou --optimise
```

Cette option permet d'effectuer une optimisation.

```
-F ou --fast
```

Cette option permet de vérifier uniquement les tables mal fermées.

D. Les fichiers de logs

MySQL génère des fichiers de suivi d'activité de différentes natures. Leur analyse périodique est importante et nécessaire pour prévenir toute défaillance, ou pour optimiser le daemon.

Leur analyse m'a dernièrement révélé qu'un serveur MySQL présentait un problème dû à un fichier pour la gestion des tables **InnoDB**. Aucune base de données du serveur n'utilisant ce type de table, il n'y avait aucun intérêt à charger le module, je l'ai donc désactivé, ce qui a corrigé l'erreur et a optimisé les performances.

1. Le suivi des erreurs

Le fichier de suivi des erreurs est automatiquement créé par le serveur MySQL et se trouve dans le répertoire des bases de données (/var/lib/mysql par défaut pour une installation avec les RPMs et \mysql\data sous Windows).

Ce fichier est nommé **hostname.err** sous Linux où hostname correspond au nom du serveur et **mysql.err** sous Windows.

→) Vérifions la présence du fichier :

```
shell>cd /var/lib/mysql
```

```
[root@srv-redhat3 mysql]# ls
facsys  mysql  mysql.sock  srv-redhat3.err  srv-redhat3.pid  test
[root@srv-redhat3 mysql]#
```

Sur cet exemple, le serveur s'appelle `srv-redhat3`, le fichier est donc nommé `srv-redhat3.err`.

Ce fichier contient des informations sur chaque démarrage et arrêt du serveur **mysqld**. MySQL stocke aussi les éventuelles erreurs fatales et les réparations automatiques de table s'il en effectue.

→) Regardons le contenu d'un fichier de ce type :

```
shell>cat /var/lib/mysql/srv-redhat3.err
```

```
[root@srv-redhat3 mysql]# cat /var/lib/mysql/srv-redhat3.err
030301 22:07:16  mysqld started
/usr/sbin/mysqld: ready for connections
030301 22:07:36  /usr/sbin/mysqld: Normal shutdown

030301 22:07:36  /usr/sbin/mysqld: Shutdown Complete

030301 22:07:36  mysqld ended

030301 22:07:42  mysqld started
/usr/sbin/mysqld: ready for connections
[root@srv-redhat3 mysql]# _
```

Sur cet exemple, nous remarquons que le serveur a été démarré deux fois et arrêté une fois. Actuellement, le serveur est démarré et attend les connexions des clients.

→) Regardons le contenu d'un fichier comportant les informations inscrites suite à une erreur fatale. Elle a été générée en créant un pointeur sur de la mémoire non allouée dans la fonction UDF `montant()` (cf. ce chapitre - H - 3 - Fonctions UDF).

administration et programmation

```
030224 21:00:12  mysqld started
/usr/sbin/mysqld: ready for connections
mysqld got signal 11;
This could be because you hit a bug. It is also possible that this binary
or one of the libraries it was linked agaist is corrupt, improperly built,
or misconfigured. This error can also be caused by malfunctioning hardware.
We will try our best to scrape up some info that will hopefully help diagnose
the problem, but since we have already crashed, something is definitely wrong
and this may fail

key_buffer_size=8388600
record_buffer=131072
sort_buffer=2097144
max_used_connections=4
max_connections=100
threads_connected=2
It is possible that mysqld could use up to
key_buffer_size + (record_buffer + sort_buffer)*max_connections = 225791 K
bytes of memory
Hope that's ok, if not, decrease some variables in the equation

Attempting backtrace. You can use the following information to find out
where mysqld died. If you see no messages after this, something went
terribly wrong...
Stack range sanity check OK, backtrace follows:
0x806ede4
0x8120148
(nil)
0x8099f54
0x809506c
0x8094537
0x8094243
0x808d608
0x8075a20
0x8079abc
0x8074be4
0x8073f97
Stack trace seems successful - bottom reached
Please read http://www.mysql.com/doc/U/s/Using_stack_trace.html and follow instr
uctions on how to resolve the stack trace. Resolved
stack trace is much more helpful in diagnosing the problem, so please do
resolve it
Trying to get some variables.
Some pointers may be invalid and cause the dump to abort...
thd->query at 0x8281a88 = select numcommande, montant(quantite, prix) from deta
ls group by numcommande
thd->thread_id=22

Successfully dumped variables, if you ran with --log, take a look at the
details of what thread 22 did to cause the crash.  In some cases of really
bad corruption, the values shown above may be invalid

The manual page at http://www.mysql.com/doc/C/r/Crashing.html contains
information that should help you find out what is causing the crash

Number of processes running now: 0
030225 06:12:05  mysqld restarted
/usr/sbin/mysqld: ready for connections
```

Le log est très détaillé et les instructions données sont très pratiques pour retrouver rapidement l'origine d'un problème.

2. Le suivi général des requêtes

Par défaut, cet historique n'est pas activé. Il respecte les mêmes règles de nommage que le fichier des erreurs mais son extension est **.log**.

Pour l'activer, nous devons soit lancer le serveur **mysqld** avec l'option `--log[=nomdufichier]`, soit modifier le fichier de configuration **my.cnf** pour qu'il contienne la section suivante :

```
[mysqld]
log
```

ou si nous voulons choisir le nom du fichier :

```
[mysqld]
log=/tmp/mysql.log
```

→) Redémarrons le serveur MySQL et vérifions que le serveur crée bien le suivi :

```
shell>/etc/init.d/mysql stop
shell>/etc/init.d/mysql start
shell>ls /var/lib/mysql
```

```
[root@srv-redhat3 mysql]# ls /var/lib/mysql/
facsys   mysql.sock        srv-redhat3.log   test
mysql    srv-redhat3.err   srv-redhat3.pid
[root@srv-redhat3 mysql]#
```

Un fichier **srv-redhat3.log** a été créé. Il permet de suivre toutes les requêtes effectuées par les clients.

Attention car la création de ce fichier prend du temps, il est donc conseillé de ne pas l'activer en environnement de production ou alors très temporairement.

→) Regardons le contenu du fichier après avoir lancé une requête :

```
shell> cat /var/lib/mysql/svr-redhat3.log
```

```
[root@srv-redhat3 mysql]# cat /var/lib/mysql/srv-redhat3.log
/usr/sbin/mysqld, Version: 3.23.52-log, started with:
Tcp port: 3306  Unix socket: /var/lib/mysql/mysql.sock
Time                 Id Command     Argument
030301 22:40:37       1 Connect     root@10.0.0.236 on facsys
                      1 Query       show databases
                      1 Query       show tables
                      1 Field List  articles
                      1 Field List  categories
                      1 Field List  clients
                      1 Field List  commandes
                      1 Field List  details
                      1 Field List  tempclients
                      1 Query       select * from details
[root@srv-redhat3 mysql]# _
```

Sur cet exemple, nous voyons qu'une personne connectée en tant que **root** sur la machine dont l'adresse IP est 10.0.0.236 a effectué différentes requêtes :

- show databases ;

- show tables ;

- select * from details

3. Le suivi des mises à jour (UPDATE)

Ce fichier est activé avec l'option --log-update[=nomdufichier].

Toutefois, il est abandonné au profit du fichier de suivi binaire.

4. Le suivi binaire des mises à jour (UPDATE)

Ce fichier remplace le fichier de suivi des mises à jour et doit être utilisé en lieu et place de ce dernier dès que possible si vous ne l'utilisez pas encore. Il offre des informations plus détaillées.

Nous retrouvons dans ce fichier toutes les requêtes de mises à jour telles que la commande UPDATE.

Nous devons lancer le serveur avec l'option `--log-bin[=nomdufichier]` ou ajouter une information dans la section `my.cnf` du fichier de configuration **my.cnf**.

```
[Mysql]
--log-bin
```

ou

```
[Mysql]
--log-bin=/tmp/mysql
```

MySQL crée un fichier nommé **mysql** sous Windows et le nom du serveur sous Linux, comme pour le fichier de suivi général des requêtes.

L'extension du fichier est un nombre qui est incrémenté à chaque démarrage de MySQL ou à chaque fois qu'une commande du type `mysqladmin refresh`, `mysqladmin flush-logs` ou `FLUSH LOGS` est exécutée ou à chaque fois que la taille maximale spécifiée par la variable `max_binlog_size` est atteinte. MySQL maintient aussi un fichier index de ces fichiers de suivi, il porte le même nom mais l'extension est **.index**. Il est possible de spécifier un nom différent avec l'option `--log-bin-index filename`.

➜) Vérifions la présence de tels fichiers :

```
shell>ls /var/lib/mysql
```

```
[root@srv-redhat3 mysql]# ls /var/lib/mysql/
facsys   mysql.sock              srv-redhat3-bin.002   srv-redhat3-bin.index   test
mysql    srv-redhat3-bin.001     srv-redhat3-bin.003   srv-redhat3.pid
[root@srv-redhat3 mysql]# _
```

Il est possible de spécifier des options complémentaires au démarrage du serveur :

```
binlog-do-db=databasename
```

Permet de préciser quelle base de données doit être surveillée. Par défaut, elles le sont toutes.

```
binlog-ignore-db=databasename
```

Permet de ne pas effectuer de suivi de la ou des bases de données spécifiées.

Pour analyser les fichiers, nous devons utiliser le programme **mysqlbinlog** car les fichiers sont au format binaire.

Exemple :

```
shell>mysqlbinlog srv-redhat3-bin.003
```

```
[root@srv-redhat3 mysql]# mysqlbinlog srv-redhat3-bin.003
# at 4
#030301 23:24:35 server id  1    Start: binlog v 1, server v 3.23.52-log created
030301 23:24:35
# at 73
#030301 23:40:09 server id  1    Query    thread_id=1    exec_time=0    error_co
de=0
use facsys;
SET TIMESTAMP=1046558409;
update details set numordre=4 where numcommande=2;
[root@srv-redhat3 mysql]#
```

Dans cet exemple, une mise à jour a été effectuée dans la table **details**.

5. Le suivi des requêtes lentes

Ce fichier de log permet de suivre les requêtes dont le temps d'exécution est supérieur à la valeur de la variable long-query-time. Ce fichier respecte la règle de nommage du fichier de suivi général sauf que son extension est **-slow.log**. Nous activons ce fichier en spécifiant l'option --log-slow-queries[=filename] ou en précisant l'option dans le fichier de configuration **my.cnf** comme ceci :

```
[mysqld]
log-slow-queries
```

ou

```
[mysqld]
log-slow-queries=/tmp/mysql-slow.log
```

→) Vérifions la présence du fichier après avoir redémarré le serveur MySQL :

```
shell>ls /var/lib/mysql
```

```
[root@srv-redhat3 mysql]# ls /var/lib/mysql/
facsys   mysql.sock          srv-redhat3-bin.002  srv-redhat3-bin.index  test
mysql    srv-redhat3-bin.001  srv-redhat3-bin.003  srv-redhat3.pid
[root@srv-redhat3 mysql]# _
```

→) Nous pouvons utiliser l'utilitaire **mysqldumpslow** pour lire les fichiers :

```
shell>mysqldumpslow srv-redhat3-slow.log
```

```
[root@srv-redhat3 mysql]# mysqldumpslow srv-redhat3-slow.log

Reading mysql slow query log from srv-redhat3-slow.log
Count: 1  Time=0.00s (0s)  Lock=0.00s (0s)  Rows=0.0 (0), 0users@0hosts


[root@srv-redhat3 mysql]# _
```

6. Maintenance des fichiers de log

Les fichiers que nous venons de décrire auparavant sont très importants mais leur taille peut croître très rapidement, il est donc important de les surveiller et de mettre en place une procédure de suivi.

Il peut être nécessaire de mettre en place une procédure de sauvegarde de ces fichiers via un script et une planification de tâches (**cron** sous Linux et **AT** ou le Planificateur de tâches sous Windows). Pour cela, nous devons lancer une commande telle que `mysqladmin flush-logs`, ou FLUSH LOG pour demander à MySQL de vider ses caches (et d'utiliser de nouveaux noms de fichiers dans le cas du suivi des mises à jour) puis effectuer une sauvegarde des différents fichiers de suivi.

E. Instructions SQL complémentaires

1. L'instruction DESCRIBE

Nous avons utilisé plusieurs fois cette commande, elle permet d'obtenir le schéma structurel d'une table. Cette instruction est l'équivalent de SHOW COLUMNS FROM table.

Exemple :

```
mysql>DESCRIBE articles;
```

```
mysql> describe articles;
+-------------+-------------------+------+-----+---------+-------+
| Field       | Type              | Null | Key | Default | Extra |
+-------------+-------------------+------+-----+---------+-------+
| codearticle | char(5)           | NO   | PRI |         |       |
| nom         | char(50)          | YES  |     | NULL    |       |
| prix        | float(7,5)        | YES  |     | NULL    |       |
| stock       | smallint(5) unsigned | YES |   | NULL    |       |
| idcategorie | tinyint(3) unsigned | YES | MUL | NULL    |       |
+-------------+-------------------+------+-----+---------+-------+
5 rows in set (0.01 sec)

mysql>
```

2. L'instruction EXPLAIN

L'instruction EXPLAIN retourne le même résultat que DESCRIBE si elle est utilisée avec une table.

Exemple :

```
mysql>EXPLAIN articles;
```

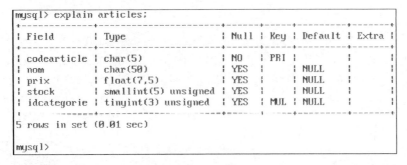

```
mysql> explain articles;
+-------------+-------------------+------+-----+---------+-------+
| Field       | Type              | Null | Key | Default | Extra |
+-------------+-------------------+------+-----+---------+-------+
| codearticle | char(5)           | NO   | PRI |         |       |
| nom         | char(50)          | YES  |     | NULL    |       |
| prix        | float(7,5)        | YES  |     | NULL    |       |
| stock       | smallint(5) unsigned | YES |   | NULL    |       |
| idcategorie | tinyint(3) unsigned | YES | MUL | NULL    |       |
+-------------+-------------------+------+-----+---------+-------+
5 rows in set (0.01 sec)

mysql>
```

Mais souvent, l'instruction EXPLAIN est utilisée pour expliquer le processus suivi par le serveur MySQL pour effectuer une requête de type SELECT. L'analyse de cette commande peut mettre en évidence la mauvaise construction d'une requête qui prend trop de temps.

→) Dans un chapitre précédent, nous avons utilisé la commande suivante pour connaître le nom des clients n'ayant jamais passé de commande :

```
mysql>select nom, prenom, numcommande from clients LEFT
JOIN commandes ON clients.idclient=commandes.idclient where
numcommande IS NULL;
```

Regardons le processus suivi par MySQL pour arriver au résultat :

```
mysql>EXPLAIN select nom, prenom, numcommande from clients
LEFT JOIN commandes ON clients.idclient=commandes.idclient
where numcommande IS NULL;
```

```
mysql> explain select nom, prenom, numcommande
    -> from clients LEFT JOIN commandes
    -> on clients.idclient=commandes.idclient
    -> where numcommande IS NULL;
+----+-------------+-----------+------+---------------+------+---------+------+------+--------------------------+
| id | select_type | table     | type | possible_keys | key  | key_len | ref  | rows | Extra                    |
+----+-------------+-----------+------+---------------+------+---------+------+------+--------------------------+
|  1 | SIMPLE      | clients   | ALL  | NULL          | NULL | NULL    | NULL |    4 |                          |
|  1 | SIMPLE      | commandes | ALL  | NULL          | NULL | NULL    | NULL |    4 | Using where; Not exists  |
+----+-------------+-----------+------+---------------+------+---------+------+------+--------------------------+
2 rows in set (0.01 sec)

mysql>
```

Dans cet exemple, nous remarquons que la requête est exécutée en deux étapes ; d'abord lecture de la table clients, puis restriction à ceux qui n'ont pas commandé. Nous ne pouvons pas faire plus simple.

3. La fonction BENCHMARK

La syntaxe générale est :

```
BENCHMARK(nbfois, expression)
```

Cette fonction exécute nbfois l'expression. Le résultat renvoyé est toujours 0, mais nous pouvons voir le temps d'exécution dans le client MySQL.

Attention, le temps d'exécution retourné est le temps écoulé entre le début et la fin de l'exécution, ce n'est pas le temps processeur. La charge de la machine au moment de l'exécution de la requête peut influer sur le temps retourné par la fonction BENCHMARK(), il est donc recommandé d'exécuter plusieurs fois la commande.

-) Effectuons une lecture de tous les articles dix millions de fois. Nous le faisons trois fois pour éviter toute perturbation externe. Nous pouvons remarquer que MySQL est extrêmement rapide, il lui faut moins d'une demi-seconde pour effectuer la requête :

```
mysql>select BENCHMARK(10000000, "select * from articles") ;
```

```
mysql> select BENCHMARK(10000000, "select * from articles");
+-------------------------------------------------+
| BENCHMARK(10000000, "select * from articles")   |
+-------------------------------------------------+
|                                               0 |
+-------------------------------------------------+
1 row in set (0.22 sec)

mysql> select BENCHMARK(10000000, "select * from articles");
+-------------------------------------------------+
| BENCHMARK(10000000, "select * from articles")   |
+-------------------------------------------------+
|                                               0 |
+-------------------------------------------------+
1 row in set (0.22 sec)

mysql> select BENCHMARK(10000000, "select * from articles");
+-------------------------------------------------+
| BENCHMARK(10000000, "select * from articles")   |
+-------------------------------------------------+
|                                               0 |
+-------------------------------------------------+
1 row in set (0.19 sec)

mysql>
```

En réalité, si MySQL est aussi rapide c'est parce qu'une fois une requête exécutée, il la garde en cache. Il ne relit donc pas réellement les données depuis le disque à chaque requête. La gestion des caches par MySQL est extrêmement performante.

4. L'instruction SHOW

Cette instruction permet d'obtenir des informations sur différents objets de MySQL.

a. SHOW DATABASES

Nous avons déjà utilisé cette instruction, elle permet de connaître le nom de toutes les bases de données du serveur MySQL.

La syntaxe générale est :

```
SHOW DATABASES [LIKE '%motif%'].
```

Exemple :

```
mysql>SHOW DATABASES;
```

```
mysql> show databases;
+--------------------+
| Database           |
+--------------------+
| information_schema |
| facsys             |
| mysql              |
| test               |
+--------------------+
4 rows in set (0.00 sec)

mysql>
```

b. SHOW TABLES

Cette instruction indique à l'utilisateur les tables auxquelles il a accès. C'est un équivalent de `mysqlshow databasename`.

La commande générale est :

```
SHOW TABLES [FROM dbname] [LIKE '%motif%']
```

Exemple :

```
mysql>use facsys;
mysql>SHOW TABLES;
```

```
mysql> use facsys
Database changed
mysql> show tables;
+------------------+
| Tables_in_facsys |
+------------------+
| articles         |
| categories       |
| clients          |
| commandes        |
| details          |
+------------------+
5 rows in set (0.01 sec)

mysql> █
```

c. SHOW OPEN TABLES

Cette instruction indique à l'utilisateur les tables actuellement ouvertes. Ce sont les tables sur lesquelles des requêtes sont actuellement exécutées ou que MySQL garde en cache.

La syntaxe générale est :

```
shell>SHOW OPEN TABLES [FROM dbname] [LIKE '%motif%'];
```

Exemple :

```
mysql>SHOW OPEN TABLES;
```

```
mysql> show open tables;
+-----------+-----------+---------+-------------+
| Database  | Table     | In_use  | Name_locked |
+-----------+-----------+---------+-------------+
| facsys    | clients   |    0    |      0      |
| facsys    | details   |    0    |      0      |
| facsys    | articles  |    0    |      0      |
| facsys    | categories|    0    |      0      |
| facsys    | commandes |    0    |      0      |
+-----------+-----------+---------+-------------+
5 rows in set (0.00 sec)

mysql> █
```

d. SHOW COLUMNS

Cette instruction décrit les champs de la table spécifiée. C'est un équivalent de describe nomtable et SHOW FIELDS.

La syntaxe est :

SHOW [FULL] COLUMNS FROM nomtable [LIKE '%motif%'];

L'option FULL affiche les privilèges de l'utilisateur sur chacune des colonnes.

Exemple :

mysql>SHOW FULL COLUMNS FROM articles;

```
mysql> show full columns from articles;
+-------------+-------------------+-----------------+------+-----+---------+-------+---------------------------------+
| Field       | Type              | Collation       | Null | Key | Default | Extra | Privileges                      |
+-------------+-------------------+-----------------+------+-----+---------+-------+---------------------------------+
| codearticle | char(5)           | latin1_swedish_ci| NO  | PRI |         |       | select,insert,update,references |
| nom         | char(50)          | latin1_swedish_ci| YES |     | NULL    |       | select,insert,update,references |
| prix        | float(7,5)        | NULL            | YES |     | NULL    |       | select,insert,update,references |
| stock       | smallint(5) unsigned| NULL          | YES |     | NULL    |       | select,insert,update,references |
| idcategorie | tinyint(3) unsigned| NULL           | YES | MUL | NULL    |       | select,insert,update,references |
+-------------+-------------------+-----------------+------+-----+---------+-------+---------------------------------+
5 rows in set (0.01 sec)

mysql>
```

e. SHOW INDEX

Cette instruction donne des informations sur les index. C'est un équivalent de SHOW KEYS.

La syntaxe générale est :

```
SHOW INDEX FROM nomtable [FROM dbname]
```

Exemple :

```
mysql>SHOW INDEX FROM articles;
```

```
mysql> show index from articles;
+----------+------------+-----------+--------------+-------------+-----------+-------------+----------+--------+------+------------+---------+
| Table    | Non_unique | Key_name  | Seq_in_index | Column_name | Collation | Cardinality | Sub_part | Packed | Null | Index_type | Comment |
+----------+------------+-----------+--------------+-------------+-----------+-------------+----------+--------+------+------------+---------+
| articles |          0 | PRIMARY   |            1 | codearticle | A         |           5 | NULL     | NULL   |      | BTREE      |         |
| articles |          1 | idcategorie |          1 | idcategorie | A         | NULL        | NULL     | NULL   | YES  | BTREE      |         |
+----------+------------+-----------+--------------+-------------+-----------+-------------+----------+--------+------+------------+---------+
2 rows in set (0.00 sec)

mysql>
```

f. SHOW TABLE STATUS

Cette instruction donne de nombreuses informations sur une table. C'est un équivalent de --status dbname.

La syntaxe générale est :

```
SHOW TABLE STATUS [FROM dbname] [LIKE '%motif%']
```

Exemple :

```
mysql>SHOW TABLE STATUS;
```

```
mysql> show table status;
+-----------+--------+---------+------------+------+----------------+-------------+-----------------+--------------+----------+
| Name      | Engine | Version | Row_format | Rows | Avg_row_length | Data_length | Max_data_length | Index_length | Data_fre
e | Auto_increment | Create_time        | Update_time        | Check_time         | Collation       | Checksum | Create_op
ions | Comment |
+-----------+--------+---------+------------+------+----------------+-------------+-----------------+--------------+----------+
| articles  | MyISAM |      10 | Fixed      |    5 |             63 |         378 | 17732923532771327 |         3072 |
3 |           NULL | 2005-11-19 15:29:21 | 2005-11-20 12:56:54 | NULL              | latin1_swedish_ci |     NULL |
       |        |
| categories | MyISAM |      10 | Dynamic    |    3 |             40 |         120 | 281474976710655 |          2048 |
0 |              4 | 2005-11-13 19:54:37 | 2005-11-19 09:41:04 | 2005-11-20 13:12:27 | latin1_swedish_ci |     NULL |
       |        |
| clients   | MyISAM |      10 | Fixed      |    4 |            155 |         620 | 43620621390151679 |         2048 |
0 |           NULL | 2005-11-13 19:48:25 | 2005-11-19 09:59:38 | 2005-11-20 13:12:28 | latin1_swedish_ci |     NULL |
       |        |
| commandes | MyISAM |      10 | Fixed      |    4 |             15 |          60 | 4222124650659839 |          2048 |
0 |              5 | 2005-11-19 10:09:52 | 2005-11-19 10:12:00 | 2005-11-20 13:12:28 | latin1_swedish_ci |     NULL |
       |        |
| details   | MyISAM |      10 | Fixed      |    4 |             17 |          68 | 4785074604081151 |          2048 |
0 |           NULL | 2005-11-13 19:57:49 | 2005-11-19 10:13:51 | 2005-11-20 13:12:28 | latin1_swedish_ci |     NULL |
       |        |
+-----------+--------+---------+------------+------+----------------+-------------+-----------------+--------------+----------+
5 rows in set (0.01 sec)

mysql>
```

Sur cet écran, on peut lire de nombreuses informations, par exemple la table **articles** contient des enregistrements de longueur fixe (elle ne contient donc pas de champs de type TEXT, BLOB ou VARCHAR) contrairement à la table **categories**. La table **articles** contient cinq enregistrements et la table **categories** trois seulement.

g. SHOW STATUS

Cette instruction affiche les variables de statut du serveur. C'est un équivalent de `mysqladmin status` ou `mysqladmin extended-status`.

La syntaxe générale est :

```
SHOW STATUS [LIKE '%motif%']
```

Exemple :

```
mysql>SHOW STATUS like '0%';
```

```
mysql> show status like '0%';
+---------------+-------+
¦ Variable_name ¦ Value ¦
+---------------+-------+
¦ Open_files    ¦ 48    ¦
¦ Open_streams  ¦ 0     ¦
¦ Open_tables   ¦ 23    ¦
¦ Opened_tables ¦ 0     ¦
+---------------+-------+
4 rows in set (0.01 sec)

mysql> █
```

h. SHOW VARIABLES

Cette instruction affiche les options du serveur. C'est un équivalent de `mysqladmin variables`. Ces variables peuvent ensuite être modifiées avec l'instruction `SET`.

La syntaxe générale est :

```
SHOW [GLOBAL | SESSION] VARIABLES [LIKE '%motif%']
```

`GLOBAL`

permet d'obtenir la liste des options communes à tous les utilisateurs.

`SESSION`

affiche les options spécifiques à l'utilisateur initiateur de la commande.

Exemple :

```
mysql>SHOW VARIABLES LIKE '0%';
```

```
mysql> show variables like '0%';
+-----------------------+-------+
| Variable_name         | Value |
+-----------------------+-------+
| old_passwords         | ON    |
| open_files_limit      | 1024  |
| optimizer_prune_level | 1     |
| optimizer_search_depth| 62    |
+-----------------------+-------+
4 rows in set (0.00 sec)

mysql>
```

i. SHOW LOGS

Cette instruction donne des informations sur d'éventuels fichiers de suivi. Actuellement, cette fonctionnalité s'applique aux fichiers de suivi de type **BerkeleyDB** (voir les différents types de tables au chapitre 5 - F). Elle est donc assez peu utilisée.

j. SHOW PROCESSLIST

Cette instruction montre tous les processus du serveur MySQL, et même tous les threads si l'utilisateur dispose des privilèges suffisants. C'est un équivalent de `mysqladmin processlist`.

Il faut disposer du privilège `PROCESSLIST` pour exécuter cette instruction.

On peut utiliser l'instruction `KILL` en complément pour tuer un processus.

La syntaxe générale est :

```
SHOW [FULL] PROCESSLIST
```

Exemple :

```
mysql>SHOW PROCESSLIST;
```

```
mysql> show processlist;
+----+------------+-----------+-------+---------+------+-------+------------------+
| Id | User       | Host      | db    | Command | Time | State | Info             |
+----+------------+-----------+-------+---------+------+-------+------------------+
| 10 | adminfacsys| localhost | facsys| Sleep   |   67 |       | NULL             |
| 11 | root       | localhost | facsys| Sleep   |   33 |       | NULL             |
| 12 | root       | localhost | NULL  | Query   |    0 | NULL  | show processlist |
+----+------------+-----------+-------+---------+------+-------+------------------+
3 rows in set (0.00 sec)

mysql>
```

Attention, cette commande affiche en clair les requêtes tapées, il est donc nécessaire de limiter le nombre d'utilisateurs ayant accès à cette commande (privilège `processlist`). Si l'option `FULL` est précisée, les requêtes apparaissent en entier sinon seuls les 100 premiers caractères apparaissent.

k. SHOW GRANTS

Cette instruction liste les privilèges d'un utilisateur. La syntaxe générale est :

```
SHOW GRANTS FOR user
```

Exemple :

```
mysql>SHOW GRANTS FOR usrfacsysachat@'%;
```

```
mysql> show grants for usrfacsysachat@'%';
+-----------------------------------------------------------------------------------------+
| Grants for usrfacsysachat@%                                                             |
+-----------------------------------------------------------------------------------------+
| GRANT USAGE ON *.* TO 'usrfacsysachat'@'%' IDENTIFIED BY PASSWORD '067ffbce3467e2d6'    |
| GRANT SELECT, INSERT, UPDATE, DELETE ON `facsys`.`categories` TO 'usrfacsysachat'@'%'   |
| GRANT SELECT (numordre, numcommande) ON `facsys`.`details` TO 'usrfacsysachat'@'%'      |
| GRANT SELECT, INSERT, UPDATE, DELETE ON `facsys`.`articles` TO 'usrfacsysachat'@'%'     |
+-----------------------------------------------------------------------------------------+
4 rows in set (0.00 sec)

mysql>
```

I. SHOW CREATE TABLE

Cette instruction affiche la requête de création d'une table.

La syntaxe générale est :

```
SHOW CREATE TABLE nomtable [\G]
```

L'option \G permet de spécifier un format d'affichage plus lisible.

Exemple :

```
mysql>SHOW CREATE TABLE articles\G;
```

```
mysql> show create table articles\G;
*************************** 1. row ***************************
       Table: articles
Create Table: CREATE TABLE `articles` (
   `codearticle` char(5) NOT NULL,
   `nom` char(50) default NULL,
   `prix` float(7,5) default NULL,
   `stock` smallint(5) unsigned default NULL,
   `idcategorie` tinyint(3) unsigned default NULL,
   PRIMARY KEY (`codearticle`),
   KEY `idcategorie` (`idcategorie`)
) ENGINE=MyISAM DEFAULT CHARSET=latin1
1 row in set (0.00 sec)

ERROR:
No query specified

mysql>
```

5. L'instruction SET

L'instruction SET permet de valoriser des options du serveur ou des programmes clients.

Voici la syntaxe générale :

```
SET [GLOBAL | SESSION] sql_variable=expression, [[GLOBAL |
SESSION] sql_variable=expression...]
```

Cette instruction permet de modifier les options du serveur comme celles contenues dans le fichier **my.cnf** ou les paramètres de ligne de commandes utilisés pour démarrer le serveur. À la différence des autres méthodes, l'instruction SET permet de faire des modifications alors que le serveur est déjà démarré.

Les mots clés GLOBAL et SESSIONS permettent de modifier les options globales (pour tous) ou celles de la session de l'utilisateur qui exécute la commande.

Pour être compatible avec d'autres SGBDR, MySQL accepte aussi les syntaxes :
@@GLOBAL.variable = valeur et @@SESSION.variable=valeur.

Dans l'exemple suivant, toutes les commandes sont équivalentes :

```
mysql>SET max_connections = 200;
mysql>SET SESSION max_connections = 200;
mysql>SET @@session.max_connections = 200;
mysql>SET @@max_connections = 200;
```

L'instruction SHOW VARIABLES permet d'obtenir liste des options actuelles d'un serveur MySQL.

6. L'instruction KILL

Cette instruction permet d'interrompre des threads en cours. C'est un équivalent de mysqladmin kill.

La syntaxe générale est :

```
KILL idThread
```

idThread est un numéro que l'on peut obtenir via la commande SHOW PROCESSLIST ou mysqladmin processlist. Chaque utilisateur peut "tuer" ses propres threads. L'utilisateur disposant du privilège Process peut utiliser la commande KILL sur tous les threads.

L'instruction KILL n'interrompt pas réellement le thread, mais positionne un drapeau qui indique au thread qu'il doit se terminer dès que possible. Le but étant de ne pas interrompre un thread qui se serait en train de faire une opération telle qu'une mise à jour d'enregistrements. Le thread se terminera de lui-même dès que possible.

→) Vérifions les processus en cours :

Mysql>SHOW PROCESSLIST;

```
mysql> show processlist;
+----+------------+-----------+--------+---------+------+-------+------------------+
| Id | User       | Host      | db     | Command | Time | State | Info             |
+----+------------+-----------+--------+---------+------+-------+------------------+
| 10 | adminfacsys | localhost | facsys | Sleep   |   22 |       | NULL             |
| 11 | root       | localhost | facsys | Query   |    0 | NULL  | show processlist |
| 12 | root       | localhost | NULL   | Sleep   |   25 |       | NULL             |
+----+------------+-----------+--------+---------+------+-------+------------------+
3 rows in set (0.00 sec)

mysql>
```

→) Tuons le processus de l'utilisateur adminfacsys dont l'Id est 10 :

Mysql>KILL 10;

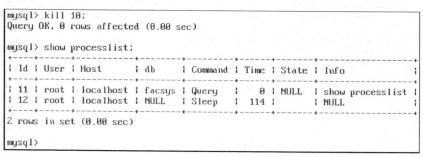

```
mysql> kill 10;
Query OK, 0 rows affected (0.00 sec)

mysql> show processlist;
+----+------+-----------+--------+---------+------+-------+------------------+
| Id | User | Host      | db     | Command | Time | State | Info             |
+----+------+-----------+--------+---------+------+-------+------------------+
| 11 | root | localhost | facsys | Query   |    0 | NULL  | show processlist |
| 12 | root | localhost | NULL   | Sleep   |  114 |       | NULL             |
+----+------+-----------+--------+---------+------+-------+------------------+
2 rows in set (0.00 sec)

mysql>
```

7. L'instruction FLUSH

L'instruction FLUSH permet de vider les caches de MySQL.

La syntaxe générale est :

```
FLUSH option [,option, ...]
```

Le mot clé `option` peut prendre différentes valeurs :

```
HOSTS
```

Cette opération peut être nécessaire dans un environnement utilisant DHCP. Il se peut qu'un poste change d'adresse IP mais que MySQL garde en cache l'IP précédente. Cette commande permet de réinitialiser le cache.

```
LOGS
```

Ferme tous les fichiers de suivi (les logs) actifs et en ouvre de nouveaux.

```
PRIVILEGES
```

Demande à MySQL de recharger les tables de privilèges de la base de données Mysql.

```
TABLES
```

Vide les caches des tables et ferme les tables ouvertes par le serveur.

```
[TABLE | TABLES] nomtable [, nomtable]
```

Équivalent de la commande précédente mais permet de spécifier le nom des tables dont le cache doit être vidé.

TABLES WITH READ LOCK

Équivalent à la commande FLUSH TABLES mais verrouille ensuite les tables en lecture jusqu'à ce que la commande UNLOCK TABLE soit utilisée.

STATUS

Remet les variables du serveur à leur valeur par défaut. Par exemple pour réinitialiser des variables modifiées avec l'instruction SET.

Ces instructions sont les équivalentes de :

```
shell>mysqladmin flush-hosts
shell>mysqladmin flush-logs
shell>mysqladmin flush-reload (pour PRIVILEGES)
shell>mysqladmin flush-tables
shell>mysqladmin flush-status
```

→) Demandons à MySQL de relire les tables de privilèges, suite à des modifications de ces tables directement dans la base de données **mysql** en utilisant les instructions SQL standard (INSERT, UPDATE, DELETE) au lieu de l'instruction GRANT :

```
mysql>FLUSH PRIVILEGES;
```

```
mysql> flush privileges;
Query OK, 0 rows affected (0.00 sec)

mysql>
```

F. Les différents types de tables

Jusqu'à maintenant nous avons utilisé le type de table par défaut de MySQL. Nous allons décrire rapidement les différents types de tables gérés par MySQL. Si vous souhaitez obtenir plus d'informations quant à leur utilisation, vous pouvez consulter la documentation disponible sur le site http://www.mysql.com

1. Le type MyISAM

Depuis la version 3.23, le type de table par défaut est MyISAM. C'est une extension du type ISAM. Les données sont stockées dans des fichiers d'extension **.MYD** (MY Data) et les index dans des fichiers d'extension **.MYI** (MY Index), la structure de la table est stockée dans des fichiers d'extension **.frm**. L'utilitaire **myisamchk** permet de vérifier et réparer ce type de table et l'utilitaire **myisampack** de les compacter.

2. Le type MERGE

Il offre la possibilité de grouper des tables de structure identique pour en faciliter la manipulation. Par exemple, imaginons des statistiques séparées dans différentes tables suivant le mois. Pour une analyse complète des statistiques, nous créons une table MERGE. L'intérêt est, qu'indépendamment, l'utilisation de chaque table est très rapide, par exemple lors d'insertions, les index à mettre à jour sont plus petits car partiels. Et lorsque nous effectuons des requêtes de lecture conditionnelle (WHERE), la recherche est d'autant plus rapide qu'il y a moins de données.

L'exemple suivant est un exemple de création d'une table MERGE **stats**, qui regroupe les données des deux tables **stats_janvier** et **stats_fevrier**.

```
mysql> create table stats_janvier(id int not null auto_increment primary key, message varchar(100));
Query OK, 0 rows affected (0.01 sec)

mysql> create table stats_fevrier(id int not null auto_increment primary key, message varchar(100));
Query OK, 0 rows affected (0.00 sec)

mysql> insert into stats_janvier(message) values ('3 janvier, 20 visites'), ('6 janvier, 3000 visites');
Query OK, 2 rows affected (0.00 sec)
Records: 2  Duplicates: 0  Warnings: 0

mysql> insert into stats_fevrier(message) values ('2 fevrier, 47 visites'), ('26 fevrier, 3 visites');
Query OK, 2 rows affected (0.01 sec)
Records: 2  Duplicates: 0  Warnings: 0

mysql> create table stats(id int not null auto_increment primary key, message varchar(100), index(id))
    -> type=MERGE UNION=(stats_janvier, stats_fevrier);
Query OK, 0 rows affected, 1 warning (0.00 sec)

mysql> select * from stats;
+----+--------------------------+
| id | message                  |
+----+--------------------------+
|  1 | 3 janvier, 20 visites    |
|  2 | 6 janvier, 3000 visites  |
|  1 | 2 fevrier, 47 visites    |
|  2 | 26 fevrier, 3 visites    |
+----+--------------------------+
4 rows in set (0.00 sec)

mysql>
```

Une table MERGE est identifiable par un fichier d'extension **.frm** qui est la table de définition et un fichier d'extension **.MRG** qui contient la liste des fichiers index (**.MYI**). Les tables utilisées par la table MERGE peuvent se trouver dans différentes bases de données.

3. Le type ISAM

C'est le type originellement utilisé par MySQL, mais qui a laissé place à la version MyISAM. Il est maintenant obsolète. Il comporte des limitations telles que la taille maximale d'une table qui est de 4 gigaoctets.

Les tables MyISAM sont composées de fichiers **.ISM** et **.ISD**.

Il est possible de convertir une ancienne table de type ISAM vers MYISAM à l'aide de l'instruction suivante :

```
mysql>ALTER TABLE tablename TYPE = MYISAM
```

4. Le type MEMORY (anciennement HEAP)

Les données des tables de type MEMORY sont stockées en mémoire. Seule la structure de la table est stockée sur le disque dans un fichier **.frm**. Cela a pour conséquence qu'un plantage de MySQL équivaut à une perte des données ; par contre, du fait que ces dernières sont stockées en mémoire, les accès aux tables de type MEMORY sont extrêmement rapides.

Par défaut, le moteur MEMORY utilise un hachage au lieu du standard B-tree pour les index et ces derniers sont eux aussi stockés en mémoire.

Les tables MEMORY ne supportent pas les champs de type TEXT et BLOB, ni l'attribut AUTO_INCREMENT.

Ce type de table est généralement utilisé pour les tables temporaires.

La commande suivante permet de créer, interroger et supprimer une telle table :

```
mysql>CREATE TABLE tempclients TYPE=MEMORY select * from
clients;
mysql>select * from tempclients;
mysql>drop table tempclients;
mysql>select * from tempclients;
```

```
mysql> create table tempclients type=memory select * from clients;
Query OK, 4 rows affected, 1 warning (0.01 sec)
Records: 4  Duplicates: 0  Warnings: 0

mysql> select * from tempclients;
+----------+---------+---------+---------------+------------+---------------+-----------+
| idclient | nom     | prenom  | adresse       | codepostal | ville         | telephone |
+----------+---------+---------+---------------+------------+---------------+-----------+
| DUR001   | Durand  | Pierre  | Rue du menhir |      44500 | Nantes        | 240955689 |
| BLI034   | Blineau | Daniel  | La motte      |      85260 | Herbergement  | 251429803 |
| TES23    | Tesson  | Alain   | 1 av de la mer|      56546 | Saint Florent |      NULL |
| DUR004   | Durand  | Sylvain | Place mayeu   |      75000 | Paris         | 109457698 |
+----------+---------+---------+---------------+------------+---------------+-----------+
4 rows in set (0.00 sec)

mysql> drop table tempclients;
Query OK, 0 rows affected (0.01 sec)

mysql> select * from tempclients;
ERROR 1146 (42S02): Table 'facsys.tempclients' doesn't exist
mysql>
```

5. Le type CSV

Ce moteur stocke les données dans un fichier texte au standard CSV, c'est-à-dire que les champs sont séparés par des virgules et chaque ligne du fichier correspond à un enregistrement de la table. Ce moteur de stockage est intéressant pour échanger des données avec le monde extérieur. Par exemple, il rend possible un échange de données entre un serveur MySQL et un autre système non compatible avec les APIs par exemple.

Les tables CSV sont composées de fichiers **.frm** pour décrire la structure de la table et un fichier **.CSV** pour le stockage des données.

Créons une table **fichierplat** prise en charge par le moteur CSV. Après avoir inséré quelques données, affichons le contenu du fichier texte **fichierplat.csv** qui est enregistré sur le disque.

```
mysql> create table fichierplat(id int, nom char(25), prenom char(25)) ENGINE=CSV;
Query OK, 0 rows affected (0.04 sec)

mysql> insert into fichierplat values(1, 'THIBAUD', 'Quentin'), (2, 'Doe', 'John');
Query OK, 2 rows affected (0.00 sec)
Records: 2  Duplicates: 0  Warnings: 0

mysql> select * from fichierplat;
+------+---------+---------+
| id   | nom     | prenom  |
+------+---------+---------+
|    1 | THIBAUD | Quentin |
|    2 | Doe     | John    |
+------+---------+---------+
2 rows in set (0.00 sec)

mysql> exit
Bye
srv-jupiter:~# cat /var/lib/mysql/facsys/fichierplat.CSV
"1","THIBAUD","Quentin"
"2","Doe","John"
srv-jupiter:~# █
```

6. Le type ARCHIVE

Le moteur ARCHIVE est parfaitement adapté au stockage de données du type journaux d'application. Il est optimisé pour prendre le minimum de place sur le disque et ne supporte que les requêtes d'insertion et de lecture.

Il est impossible de supprimer ou de mettre à jour des données dans une table de type ARCHIVE.

Chaque table est constituée d'un fichier d'extension **.frm** pour la définition de la table, d'un fichier d'extension **.ARZ** pour les données et d'un fichier **.ARM** pour les métadonnées. Un fichier d'extension **.ARN** peut être utilisé pendant les phases d'optimisation.

Dans l'exemple ci-dessous, nous créons une table **mesarchives** dans laquelle nous insérons des données. Nous essayons d'effacer et de mettre à jour les enregistrements de la table et vérifions que les données n'ont pas été altérées par ces deux opérations.

```
mysql> create table mesarchives(id int, nom char(25), prenom char(25)) ENGINE=ARCHIVE;
Query OK, 0 rows affected (0.02 sec)

mysql> insert into mesarchives values(1, 'THIBAUD', 'Quentin'), (2, 'Doe', 'John');
Query OK, 2 rows affected (0.01 sec)
Records: 2  Duplicates: 0  Warnings: 0

mysql> select * from mesarchives;
+------+---------+---------+
| id   | nom     | prenom  |
+------+---------+---------+
|    1 | THIBAUD | Quentin |
|    2 | Doe     | John    |
+------+---------+---------+
2 rows in set (0.01 sec)

mysql> delete from mesarchives;
Query OK, 2 rows affected (0.00 sec)

mysql> select * from mesarchives;
+------+---------+---------+
| id   | nom     | prenom  |
+------+---------+---------+
|    1 | THIBAUD | Quentin |
|    2 | Doe     | John    |
+------+---------+---------+
2 rows in set (0.00 sec)

mysql> update mesarchives set id=5;
ERROR 1031 (HY000): Table storage engine for 'mesarchives' doesn't have this option
mysql> select * from mesarchives;
+------+---------+---------+
| id   | nom     | prenom  |
+------+---------+---------+
|    1 | THIBAUD | Quentin |
|    2 | Doe     | John    |
+------+---------+---------+
2 rows in set (0.00 sec)

mysql>
```

7. Le type FEDERATED

Le moteur FEDERATED permet de créer une table qui ne contient pas de données mais qui extrait ses données d'une table contenue dans une base de données sur un serveur MySQL distant.

Ce principe est pratique pour agréger des données de différents serveurs.
Il est prévu dans le futur que le moteur FEDERATED puisse se connecter à des tables distantes de serveurs autres que MySQL.

Créons une table **tabledistante** sur le serveur `srv-pluton` d'adresse IP 192.168.1.103. Créons aussi un utilisateur **usrtest** qui pourra se connecter depuis n'importe quelle machine et qui aura le droit de lire les données de la table créée précédemment :

```
mysql> create table tabledistante( id int primary key auto_increment not null, v
ille char(20));
Query OK, 0 rows affected (0.01 sec)

mysql> insert into tabledistante(ville) values ('Nantes'), ('Paris'), ('Lyon');
Query OK, 3 rows affected (0.00 sec)
Records: 3  Duplicates: 0  Warnings: 0

mysql> select * from tabledistante;
+----+--------+
| id | ville  |
+----+--------+
|  1 | Nantes |
|  2 | Paris  |
|  3 | Lyon   |
+----+--------+
3 rows in set (0.01 sec)

mysql> grant select on test.tabledistante to usrtest@"%" IDENTIFIED BY 'test';
Query OK, 0 rows affected (0.04 sec)

mysql> _
```

Maintenant, sur un autre serveur MySQL, créons une table **tablefederated** de type FEDERATED, qui va utiliser les données de la table **tabledistante** du serveur `srv-pluton`.

```
mysql> create table tablefederated (id int primary key auto_increment not null, ville char(20)) ENGINE=FEDERATED CONNECTION='mys
ql://usrtest:test@192.168.1.103:3306/test/tabledistante';
Query OK, 0 rows affected (0.03 sec)

mysql> select * from tablefederated;
+----+--------+
| id | ville  |
+----+--------+
|  1 | Nantes |
|  2 | Paris  |
|  3 | Lyon   |
+----+--------+
3 rows in set (0.08 sec)

mysql>
```

Toutes les opérations effectuées sur la table locale **tablefederated** sont réellement effectuées sur la table distante **tabledistante** sur le serveur **srv-pluton**.

Par exemple, pour centraliser les informations de logs de tous nos serveurs MySQL, on peut imaginer que toutes les bases de données de l'entreprise disposent d'une table de type FEDERATED qui se connecte à une table de type ARCHIVE sur un serveur distant.

On peut aussi par exemple exporter les données sur un serveur central via des tables FEDERATED connectées sur des tables de type CSV.

8. Le type InnoDB

Les tables InnoDB apportent le support de transactions sécurisées avec les instructions COMMIT et ROLLBACK. Ce moteur permet aussi la gestion des contraintes entre tables. Il est aussi possible de verrouiller les enregistrements un à un au lieu de la table entière. Bien évidemment, l'intérêt est d'augmenter la sécurité et les performances en environnement multiutilisateur.

Le type InnoDB est disponible depuis la version 3.23.34a et avec la distribution Mysql-Max. Si vous disposez d'une version ne supportant pas InnoDB, il suffit de remplacer le programme serveur (**mysqld**) par la version contenue dans Mysql-max. En effet, les versions ne diffèrent que par l'exécutable.

Il est aussi possible de compiler les sources avec l'option correspondante pour obtenir le support d'InnoDB :

```
shell>cd chemin/des/sources/mysql
shell>./configure --with-innodb
```

Il est impossible de décrire ici l'utilisation complète des tables InnoDB, ce type mériterait à lui seul un ouvrage à part entière. Nous vous encourageons cependant à lire la documentation disponible sur le site http://www.mysql.org (la version anglaise est bien plus complète que la française).

Il est recommandé de visiter le site http://www.innodb.com pour obtenir les dernières informations disponibles.

Nous ne connaissons pas le devenir du moteur InnoDB car la société a été rachetée par un concurrent de MySQL : Oracle.

9. Le type BDB (BerkeleyDB)

Le type BDB est disponible depuis la version 3.23.34 et est activé dans la distribution Mysql-Max. Des informations sont disponibles sur le site http://www.sleepycat.com.

BerkeleyDB gère les transactions (COMMIT et ROLLBACK).

G.Sécurisation d'un serveur MySQL

1. Compte anonyme

Pour sécuriser le serveur MySQL, nous pouvons tout d'abord supprimer l'utilisateur anonyme. Cet utilisateur permet à toute personne de se connecter au serveur, ce qui peut être une faille de sécurité. Pour cela, utilisons la commande DELETE et FLUSH PRIVILEGES car la commande GRANT ne permet pas de supprimer un utilisateur mais seulement de supprimer tous ses privilèges.

```
shell> Mysql -u root -p
enter password : *****

mysql> use Mysql
mysql> delete from user where user =";
```

Nous supprimons aussi l'accès aux bases de données dont le nom commence par test :

```
Mysql > delete from db where db like 'test%';
```

Enfin, nous demandons au serveur de relire les tables de privilèges pour prendre en compte nos modifications

```
Mysql > Flush Privilèges
```

2. Compte de démarrage et privilège FILE

Tout utilisateur ayant le privilège File peut lire ou écrire des fichiers sur le disque dur. L'utilisateur MySQL dispose des droits de l'utilisateur Linux ou Windows qui démarre le serveur MySQL.

Imaginons que le script de démarrage du serveur MySQL utilise le compte root, alors les utilisateurs MySQL ayant le privilège `File` ont accès à tous les fichiers du disque dur. Le pire est à imaginer, l'utilisateur peut par exemple modifier le fichier **/etc/password** qui contient les comptes utilisateurs de Linux et s'approprier le compte **root** du système d'exploitation.

Vérifions le compte de démarrage du serveur MySQL à l'aide de la commande suivante :

```
shell>ps -aux | grep mysql
```

```
[root@srv-redhat3 mysql]# ps -aux | grep mysql
root      4905  0.0  1.4  1692   908 tty2      S     06:10   0:00 mysql -u root -p>
mysql     5022  0.0  2.4 11960 1536 ?         S     06:14   0:00 /usr/sbin/mysqld
mysql     5024  0.0  2.4 11960 1536 ?         S     06:14   0:00 /usr/sbin/mysqld
mysql     5025  0.0  2.4 11960 1536 ?         S     06:14   0:00 /usr/sbin/mysqld
[root@srv-redhat3 mysql]# _
```

Ici tout va bien, nous remarquons que le daemon est démarré avec le compte **mysql** (première colonne).

Si le compte utilisé a trop de droits, créons un nouveau compte et modifions le fichier de configuration de MySQL **my.cnf** de démarrage pour qu'il utilise ce nouveau compte. Créons un groupe et un utilisateur nommés **mysqlservice**. Nous créons un compte système avec l'option `-r` :

```
shell>groupadd mysqlservice
shell>useradd -r -g mysqlservice mysqlservice
```

Nous devons modifier le propriétaire des bases de données :

```
shell>chgrp -R mysqlservice /var/lib/mysql
shell>chown -R mysqlservice /var/lib/mysql
```

Le fichier **my.cnf** se trouve dans le répertoire **/etc** ou dans le répertoire des bases de données. Nous devons ajouter une option :

```
[mysql]
user=mysqlservice
```

Nous devons redémarrer le serveur pour que les modifications prennent effet :

```
shell>/etc/init.d/rc.d/mysql restart
```

3. Mots de passe et privilèges

Il faut vérifier que tous les utilisateurs MySQL disposent d'un mot de passe. Il suffit sinon de connaître le nom de l'utilisateur pour se connecter. Vérifions qu'aucun utilisateur ne dispose du champ Password vide dans la table user :

```
mysql>select host, user, password from user;
```

Si un utilisateur a son champ Password vide, alors il n'a pas de mot de passe. Nous devons lui demander d'en créer un au plus vite.

Plus généralement, nous devons vérifier à quoi a accès chaque utilisateur. Utilisons la commande MySQL Show Grants :

```
mysql > show grants for root@localhost;
```

Il est important de restreindre les privilèges des utilisateurs au strict minimum.

4. Liens symboliques

MySQL supporte les liens symboliques si le système d'exploitation les supporte. Nous pouvons en tirer parti en stockant physiquement notre base de données sur une autre partition, par exemple sur une partition ou des disques durs montés en Raid 5.

Supposons que **/home** soit une partition en Raid 5, exécutons les commandes suivantes pour sécuriser notre base de données en la déplaçant :

```
shell>/etc/rc.d/init.d/mysql stop
shell>mkdir /home/facsys
shell>cp /var/lib/mysql/facsys/* /home/facsys
shell>chown -R mysql /home/facsys
shell>chgrp -R mysql /home/facsys
shell>chmod -R 700 /home/facsys
shell>cd /var/lib/mysql
shell>rm -r facsys
shell>ln -s /home/facsys
shell>chown mysql ./facsys
shell>chgrp mysql ./facsys
shell>/etc/rc.d/init.d/mysql start
```

Dans les commandes précédentes nous spécifions l'utilisateur mysql avec les commandes `chmod` et `chgrp`. Il peut être nécessaire d'adapter les commandes. Ainsi, après avoir utilisé la manipulation du chapitre 5 - G - 2, nous devons utiliser mysqlservice au lieu de mysql pour nom d'utilisateur.

5. Cryptage des données sensibles

Si nous stockons des informations critiques telles que des mots de passe, des numéros de cartes de crédit, cryptons les données. Nous pouvons pour cela utiliser les fonctions de cryptage `PASSWORD()`, `ENCRYPT()`, `ENCODE()`, `DECODE()` ou `MD5()` proposées par MySQL. Ces commandes sont décrites au chapitre 3 - Fonctions mysql.

6. Port de communication et Firewall

Si le serveur est accessible depuis Internet, vérifions que le port du serveur MySQL est bloqué sur le firewall. Le port par défaut de MySQL est le 3306. Il peut d'ailleurs être bon de modifier ce port. Il suffit pour cela de démarrer le serveur avec l'option `--port` :

```
shell>/usr/sbin/mysqld --port=10000
```

Ou en modifiant le fichier de configuration **/etc/my.cnf** comme indiqué ci-dessous (il est nécessaire de redémarrer le daemon pour que les paramètres soient pris en compte) :

```
[mysqld]
port=10000
```

7. Sécuriser l'échange des données (SSH et SSL)

Par défaut, MySQL transfère les données sous forme non compressée. Il peut être bon de sécuriser l'échange des données via un protocole sécurisé tel que SSH. Le site http://www.openssh.org propose une implémentation gratuite du protocole et le site http://www.ssh.com, une version commerciale.

La version 4.0 de MySQL propose une implémentation interne du protocole SSL. Il est nécessaire d'installer OpenSSL.

Pour cela, il faut télécharger les dernières sources disponibles sur le site http://www.openssl.org. Pour les besoins de cet ouvrage, la version 9.7a a été utilisée.

Effectuons un ensemble de commandes pour installer OpenSSL. Les commandes ne sont pas détaillées précisément car elles sont identiques à celles présentées dans le chapitre 2 (Installation à partir des sources).

→) Décompressons l'archive. Nous supposons qu'elle est téléchargée dans le répertoire **/tmp** :

```
shell>cd /usr/local/
shell>tar xzf /tmp/openssl-0.9.7a.tar.gz
shell>ln -s openssl-0.9.7a openssl
shell>cd openssl
shell>ls
```

```
[root@srv-redhat3 tmp]# cd /usr/local/
[root@srv-redhat3 local]# tar xzf /tmp/openssl-0.9.7a.tar.gz
[root@srv-redhat3 local]# ln -s openssl-0.9.7a openssl
[root@srv-redhat3 local]# cd openssl
[root@srv-redhat3 openssl]# ls
apps            demos       INSTALL.DJGPP   Makefile       os2           test
bugs            doc         INSTALL.MacOS   Makefile.org   perl          times
certs           e_os2.h     INSTALL.OS2     Makefile.ssl   PROBLEMS      tools
CHANGES         e_os.h      INSTALL.VMS     makevms.com    README        util
CHANGES.SSLeay  FAQ         INSTALL.W32     ms             README.ASN1   VMS
config          include     INSTALL.WCE     NEWS           README.ENGINE
Configure       INSTALL     LICENSE         openssl.doxy   shlib
crypto          install.com MacOS           openssl.spec   ssl
```

→) Nous pouvons configurer, compiler et installer le programme :

```
Shell>./config
Shell>make
Shell>make install
```

L'installation se déroule alors, et de nombreuses informations de compilation défilent à l'écran. La procédure est assez longue, mais il suffit d'attendre que le shell nous rende la main.

Il nous reste à vérifier que MySQL peut fonctionner avec SSL.

→) Pour cela, regardons la valeur de la variable `have_openssl`.

```
mysql>SHOW VARIABLES LIKE 'have_openssl' ;
```

Si la variable contient YES, nous pouvons utiliser les connexions sécurisées avec SSL. Si la variable retourne NO, il est nécessaire de recompiler MySQL avec les options `--with-vio` et `--with-openssl`. Avec une installation à base de RPM (RedHat), il suffit de télécharger la version Mysql-max qui est précompilée avec ces options.

Pour spécifier qu'un utilisateur doit se connecter via le protocole SSL, nous utilisons la syntaxe générale suivante :

```
GRANT usage
ON *
TO username REQUIRE SSL
```

→) Dans notre exemple, utilisons la commande :

```
mysql>grant usage on * to usrfacsysachat@'%' REQUIRE SSL;
```

L'option est sauvegardée dans la table **user** de la base de données **mysql**.

Toutes les connexions de l'utilisateur **usrfacsysachat** sont maintenant sécurisées.

8. Le privilège PROCESSLIST

Faisons attention à ne pas accorder le privilège `Processlist` à n'importe quel utilisateur. Ce privilège, via la commande `show processlist` permet de voir les requêtes en cours. L'utilisateur ayant ce privilège pourrait donc voir le mot de passe d'un autre utilisateur qui en changerait à l'aide de la commande `set password`, puisque dans ce cas, l'utilisateur tape son mot de passe en clair.

9. Déni de service

Pour éviter les dénis de service, il peut être bon de spécifier l'option `max-user-connections` en démarrant le serveur **Mysqld**. Cette option permet de limiter le nombre de connexions par utilisateur. Bien sûr, il est possible de spécifier ce paramètre dans le fichier de configuration **my.cnf**.

MySQL permet de définir un maximum de requêtes par heure, un maximum de mises à jour par heure et un maximum de connexions par heure. Chaque option peut être définie indépendamment pour chaque utilisateur. Elles sont stockés dans la table **user** et nous utilisons la commande GRANT pour les modifier.

Voici la syntaxe générale :

```
GRANT usage
ON *
TO username [IDENTIFIED BY 'password']
WITH [MAX_QUERY_PER_HOUR N1 | MAX_UPDATES_PER_HOUR N2 |
MAX_CONNECTIONS_PER_HOUR N3]
```

N1, N2 et N3 sont des nombres.

→) Dans l'exemple suivant, nous limitons le nombre de connections de l'utilisateur **usrfacsysachat@%** à une seule :

```
mysql>grant usage on * to usrfacsys@'%' WITH MAX_CONNECTIONS_
PER_HOUR 1;
```

→) Connectons un premier utilisateur :

```
mysql>mysql -u usrfacsysachat -p --host=192.168.1.5
Enter Password : ******
```

```
cthibaud@srv-jupiter:~$ mysql -u usrfacsysachat -p --host=192.168.1.5
Enter password:
Welcome to the MySQL monitor.  Commands end with ; or \g.
Your MySQL connection id is 20 to server version: 5.0.15-Debian 1-log

Type 'help;' or '\h' for help. Type '\c' to clear the buffer.

mysql>
```

→) Connectons un deuxième utilisateur :

```
mysql>mysql -u usrfacsysachat -p --host=192.168.1.5
Enter Password : ******
```

```
cthibaud@srv-jupiter:~$ mysql -u usrfacsysachat -p --host=192.168.1.5
Enter password:
ERROR 1226 (42000): User 'usrfacsysachat' has exceeded the 'max_connections_per_hour' resource (current value: 1)
cthibaud@srv-jupiter:~$
```

Le serveur renvoie un message d'erreur précisant que nous avons atteint le maximum de connexions possible pour l'utilisateur.

Par défaut, l'utilisateur n'est pas limité (valeur 0 pour chacune de ces options).

H.Ajout de fonctions à MySQL

1. Présentation

Il existe deux manières d'ajouter des fonctionnalités à MySQL. La première consiste à modifier les sources de MySQL et la seconde à créer des bibliothèques de fonctions.

2. Fonctions natives

MySQL est un projet Open Source, c'est-à-dire que nous pouvons télécharger les sources et sa licence GPL, ce qui permet de modifier ce code pour l'adapter à nos propres besoins.

Nous pouvons donc ajouter des fonctionnalités natives au serveur. Par contre, si nous procédons à une mise à jour du serveur, nous devrons modifier à nouveau les sources pour intégrer notre code. Cette possibilité donne les meilleures performances (code compilé directement dans le serveur) mais n'est pas très évolutive. Nous devons aussi arrêter le daemon MySQL à chaque modification. La modification du source à elle seule nécessite de nombreuses explications, nous n'aborderons donc pas ce point dans le cadre de cet ouvrage.

3. Fonctions UDF

a. Généralités

Le terme UDF signifie *User Define Functions*. C'est une bibliothèque écrite en C/C++ qui encapsule une ou plusieurs fonctions. Après leur chargement par le serveur, les fonctions de la bibliothèque sont accessibles comme toute fonction native de MySQL (par exemple CONCAT(), SUM()).

Une bibliothèque est un fichier d'extension **.so** et nous utilisons les deux requêtes suivantes pour charger ou décharger les fonctionnalités offertes par la bibliothèque.

```
CREATE [AGGREGATE] FUNCTION function_name RETURNS
[STRING|REAL|INTEGER] SONAME shared_library_name
```

et

```
DROP FUNCTION function_name
```

Le mot clé `AGGREGATE` permet de créer des fonctions travaillant sur un groupe d'enregistrements telles que les fonctions `SUM()` ou `COUNT()`.

MySQL stocke les informations des fonctions UDF dans la table **mysql.func**. Ainsi même si le serveur MySQL est relancé, il a toujours connaissance de ces fonctionnalités. Bien évidemment, il faut avoir les privilèges `INSERT` et `DELETE` sur la table **func** pour ajouter ou supprimer des fonctions UDF.

Attention, si le serveur MySQL est lancé avec l'option `--skip-grant-tables`, les fonctions UDF ne sont pas disponibles.

Chaque fonction UDF est définie par plusieurs sous-fonctions. Voyons maintenant comment programmer chacune des fonctions.

b. Créer une fonction standard

La déclaration de la fonction principale diffère selon le type d'information retourné. Regardons les prototypes disponibles.

Pour retourner une chaîne de caractères (`STRING`) :

```
char *xxx(UDF_INIT *initid, UDF_ARGS *args,
   char *result, unsigned long *length,
   char *is_null, char *error);
```

Pour retourner un entier (`INTEGER`) :

```
long long xxx(UDF_INIT *initid, UDF_ARGS *args,
  char *is_null, char *error);
```

Pour retourner un nombre à virgule flottante (`REAL`) :

```
double xxx(UDF_INIT *initid, UDF_ARGS *args,
  char *is_null, char *error);
```

Nous devons aussi écrire deux fonctions, une pour initialiser la fonction et une pour la terminer (par exemple pour libérer les ressources allouées).

```
my_bool xxx_init(UDF_INIT *initid, UDF_ARGS *args, char
*message);
void xxx_deinit(UDF_INIT *initid);
```

Le paramètre `initid` est un pointeur sur une structure de type `UDF_INIT`, il est passé aux trois fonctions (principale, initialisation et fin). Analysons les membres de cette structure :

`my_bool maybe_null`

La fonction d'initialisation doit déterminer si la valeur retournée peut être nulle. Dans ce cas, nous devons mettre `maybe_null` à 1, sinon à 0. Par défaut elle vaut 1.

`unsigned int decimals`

Nombre maximal de décimales retournées par la fonction. Par défaut, ce paramètre prend pour valeur le nombre de décimales du paramètre passé à la fonction contenant le plus de décimales.

```
unsigned int max_length
```

Longueur maximale de la chaîne retournée par la fonction. La valeur par défaut dépend du type retourné par la fonction. Si la fonction retourne une chaîne, c'est la longueur de la plus longue chaîne passée en argument. Si la fonction retourne un entier, c'est 21 digits. Pour les nombres à virgule, c'est 13 (signe négatif éventuel et point compris) plus le nombre de décimales indiquées par `initid->decimals`.

```
char *ptr
```

Pointeur passé à chacune des fonctions permettant de garder une référence sur une variable. On peut par exemple allouer et initialiser de la mémoire dans la fonction d'initialisation, l'utiliser dans la fonction principale et la détruire dans la fonction finale.

c. Créer une fonction d'agrégat

Une fonction d'agrégat est utilisée sur un groupe d'enregistrements. Par exemple, la fonction `SUM()` permet de compter des enregistrements. Ce type de fonction est utilisé, entre autres, en combinaison avec l'instruction `GROUP BY`.

Lorsque MySQL lit le premier enregistrement, il fait appel à une fonction du type :

```
char *xxx_reset(UDF_INIT *initid, UDF_ARGS *args,
    char *is_null, char *error);
```

Dans cette fonction, nous allouons et/ou initialisons les différentes variables dont nous aurons besoin, puis nous terminons par un appel à la fonction du type :

```
char *xxx_add(UDF_INIT *initid, UDF_ARGS *args,
    char *is_null, char *error);
```

Cette fonction est appelée à chaque fois que MySQL trouve un enregistrement dans le groupe, sauf pour le premier enregistrement, c'est pour cela que nous appelons cette fonction à la fin de la fonction `xxx_reset()`.

Les paramètres acceptés par les deux fonctions précédentes sont les mêmes que ceux vus dans le paragraphe précédent sur les fonctions standard.

La fonction principale doit être déclarée comme pour les fonctions standard (voir paragraphe précédent).

Les pointeurs `is_null` et `error` peuvent être utilisés pour passer une erreur produite dans la fonction `xxx_reset()` ou `xxx_add()` à la fonction `xxx()`. On peut ainsi indiquer depuis les deux premières fonctions que la fonction principale doit retourner `NULL` ou une erreur particulière. Le paramètre `is_null` est réinitialisé à chaque nouvel appel de la fonction dans une requête SQL. Le paramètre `error` n'est jamais réinitialisé.
Attention, `error` est une chaîne de longueur 1, elle permet de passer un flag (lettre ou chiffre) d'erreur. MySQL retourne `NULL` en sortie de fonction si `is_null` ou `error` ont été initialisés.

d. Les arguments

Nous pouvons lire les paramètres passés à la fonction SQL à l'aide du pointeur `args`. Il est disponible dans toutes les fonctions détaillées auparavant et pointe vers une structure de type `UDF_ARGS` comprenant les membres suivants :

```
unsigned int arg_count
```

Nombre d'arguments passés à la fonction. On peut l'utiliser pour vérifier si la fonction reçoit le bon nombre d'arguments par exemple.

```
enum Item_result *arg_type
```

Ce paramètre a une double utilité. Il permet de vérifier le type des arguments passés ou bien de forcer leur type. Le type ENUM accepte trois valeurs : STRING_RESULT, INT_RESULT et REAL_RESULT.

```
char **args
```

Pointeur sur un tableau de pointeurs sur les arguments de la fonction.
Si l'argument est de type STRING_RESULT, nous obtenons sa valeur avec args->args[i] où i est la position de l'argument en commençant par 0. args->lengths[i] donne la longueur de l'argument.
Si l'argument est de type INT_RESULT, nous devons adapter sa valeur :
int myval = *((long long*) args->args[i]);
Si l'argument est de type REAL_RESULT, nous devons adapter sa valeur : double myval = *((double*) args->args[i]);

```
unsigned long *lengths
```

Ce paramètre est disponible dans la fonction d'initialisation et contient la longueur maximale des arguments. Nous ne devons pas modifier ce paramètre.

e. Retour de la fonction

La fonction d'initialisation doit retourner 0 si tout se passe bien. Si une erreur se produit, nous stockons le message d'erreur dans le pointeur message et retournons 1.

La fonction principale retourne directement la valeur attendue si c'est un INT_RESULT ou un REAL_RESULT. Si la fonction doit renvoyer une chaîne de caractères, alors nous retournons un pointeur vers cette chaîne et valorisons *length à la longueur de cette chaîne. Le chaîne de retour peut avoir une longueur maximale de 255 caractères, si nous voulons en retourner plus, nous devons allouer de la mémoire avec une fonction telle que malloc() et surtout penser à la désallouer dans la fonction xxx_deinit().

Nous pouvons garder une référence sur cette mémoire à l'aide du pointeur `ptr`.

f. Exemple

Créons maintenant trois fonctions. Les deux premières, `TVA()` et `AJOUTE-POINT()` sont des fonctions standard et la troisième, `MONTANT()` calcule le total d'une facture, c'est une fonction d'agrégat.

`TVA()` accepte deux arguments, un montant HT et une TVA et retourne la valeur TTC. Par exemple :

```
mysql>select TVA(48.5, 19.6);
```

`AJOUTEPOINT()` accepte un seul argument de type chaîne de caractères et retourne cette même chaîne avec un point à la fin. Par exemple :

```
mysql>select AJOUTEPOINT('mysql va ajouter un point');
```

`MONTANT()` permet par exemple de calculer le montant des factures de la table **details** de la base de données **facsys**.

```
mysql>select numcommande, MONTANT(prix, quantite) from
details group by numcommande;
```

Bien évidemment ces fonctions présentent peu d'intérêt, mais elles illustrent efficacement l'utilisation des fonctions.

La fonction `TVA()` est équivalente à :

```
mysql>select (48.5 * 19.6);
```

La fonction `AJOUTEPOINT()` est équivalente à :

```
mysql>select CONCAT('mysql va ajouter un point' + '.');
```

La fonction MONTANT() est équivalente à :

```
mysql> select numcommande, SUM(prix * quantite) from details
group by numcommande;
```

Créons le code source de nos trois fonctions, nous utilisons l'éditeur VI. le fichier est nommé **libudffacsys.cc**.

```
shell> vi libudffacsys.cc
```

```
 /*
** fichier libudffacsys.cc
** si mysql est démarré avec le paramètre :
** --skip-grant-tables
** les fonctions UDF ne sont pas disponibles
*/

#ifdef STANDARD
#include <stdio.h>
#include <string.h>
#else
#include <global.h>
#include <my_sys.h>
#endif
#include <mysql.h>
#include <m_ctype.h>
#ifdef HAVE_DLOPEN
/*
*****************************************************************
** FONTION tva(prix, taux);
** Calcule le montant TTC
** en fonction du prix et du taux de TVA
**
**
                                                        .../...
```

```
.../...
*********************************************************/
extern "C" {
my_bool tva_init(UDF_INIT *initid, UDF_ARGS *args, char *message);
void tva_deinit(UDF_INIT *initid);
double tva(UDF_INIT *initid, UDF_ARGS *args, char *is_null, char *error);
}

my_bool tva_init(UDF_INIT *initid, UDF_ARGS *args, char *message)
{
  if (args->arg_count != 2)
  {
    strcpy(message,"Cette fonction attend deux arguments");
    return 1;
  }
  if (args->arg_type[0] != INT_RESULT and args->arg_type[0] !=
REAL_RESULT)
  {
    strcpy(message,"Le premier argument n'est pas un nombre");
    return 1;
  }
  if (args->arg_type[1] != INT_RESULT and args->arg_type[1] !=
REAL_RESULT)
  {
    strcpy(message,"Le deuxième argument n'est pas un nombre");
    return 1;
  }
  args->arg_type[0]=REAL_RESULT;
  args->arg_type[1]=REAL_RESULT;
  initid->maybe_null=1;   // Le résultat peut être NULL
  initid->decimals=2;     // Nous voulons 2 décimales
  initid->max_length=8;   // 5 digits + . + 2 décimales
  return 0;
}
                                                      .../...
```

```
.../...
void tva_deinit(UDF_INIT *initid)
{
}


double tva(UDF_INIT *initid, UDF_ARGS *args, char *is_null, char *error)
{
  double prix;
  double tva ;
  prix = *((double*) args->args[0]);
  tva = *((double*) args->args[1]);
  return prix + (prix * tva / 100);
}
/*
*****************************************************************
**
** ajoutepoint(chaine)
** ajoute un point à la fin de la chaîne passée en argument.
**
*****************************************************************/
extern "C" {
my_bool ajoutepoint_init(UDF_INIT *initid, UDF_ARGS *args, char
*message);
void ajoutepoint_deinit(UDF_INIT *initid);
char *ajoutepoint(UDF_INIT *initid, UDF_ARGS *args,char *result,
unsigned long *length,  char *is_null, char *error);
}
my_bool ajoutepoint_init(UDF_INIT *initid, UDF_ARGS *args, char
*message)
{
  if (args->arg_count == 0)
  {
    strcpy(message,"Cette fonction attend un argument");
    return 1;
                                                      .../...
```

```
.../...
  }
  if (args->arg_count  1)
  {
    strcpy(message,"Cette fonction attend un et un seul argument");
    return 1;
  }
  args->arg_type[0]=STRING_RESULT;
  return 0;
}
void ajoutepoint_deinit(UDF_INIT *initid)
{
}
char *ajoutepoint(UDF_INIT *initid, UDF_ARGS *args, char *result,
unsigned long *length, char *is_null, char *error)
{
  *length = args->lengths[0] + 1;
  result= args->args[0];
  strcpy (result + *length - 1, ".");
  return result;
}


/*
*****************************************************************
** FONTION montant(prix, quantite);
** Calcule le montant d'un agrégat
** en fonction du prix et de la quantite
**
*****************************************************************/
extern "C" {
my_bool montant_init( UDF_INIT* initid, UDF_ARGS* args, char* message );
void montant_deinit( UDF_INIT* initid );
void montant_reset( UDF_INIT* initid, UDF_ARGS* args, char* is_null,
char *error );

                                                           .../...
```

```
.../...
void montant_add( UDF_INIT* initid, UDF_ARGS* args, char* is_null, char
*error );
double montant( UDF_INIT* initid, UDF_ARGS* args, char* is_null, char
*error );
}

struct montant_data
{
  double prix;
};
my_bool montant_init( UDF_INIT* initid, UDF_ARGS* args, char* message )
{
  struct montant_data* montant;
  if (args->arg_count != 2)
  {
    strcpy(message,"Cette fonction attend deux arguments");
    return 1;
  }
  if (args->arg_type[0] != INT_RESULT and args->arg_type[0] !=
REAL_RESULT)
  {
    strcpy(message,"Le premier argument n'est pas un nombre");
    return 1;
  }
  if (args->arg_type[1] != INT_RESULT and args->arg_type[1] !=
REAL_RESULT)
  {
    strcpy(message,"Le deuxième argument n'est pas un nombre");
    return 1;
  }

  initid->maybe_null  = 0;  //la fonction peut retourner NULL
  initid->decimals    = 2;  //Résultat avec 2 décimales
  initid->max_length  = 9;  //6 digits + . + 2 décimales
  montant = new struct montant_data;                          .../...
```

```
.../...
  montant->prix  = 0.0;
  initid->ptr = (char*)montant;
  return 0;
}
void avgcost_deinit( UDF_INIT* initid )
{
  delete initid->ptr;
}
void avgcost_reset( UDF_INIT* initid, UDF_ARGS* args, char* is_null,
char* message )
{
  struct montant_data* montant = (struct montant_data*)initid-ptr;
  montant->prix  = 0.0;
  *is_null = 0;
  montant_add( initid, args, is_null, message );
}
void montant_add( UDF_INIT* initid, UDF_ARGS* args, char* is_null,
char* message )
{
  if (args->args[0] && args->args[1])
  {
    struct montant_data* montant = (struct montant_data*)initid->ptr;
    montant->prix += *((double*) args->args[0]) * *((double*)
args->args[1]);
  }
}

double montant( UDF_INIT* initid, UDF_ARGS* args, char* is_null, char*
error )
{
  struct montant_data* montant = (struct montant_data*)initid->ptr;
  if (!montant->prix)
  {                                                          .../...
```

```
.../...
    *is_null = 1;
    return 0.0;
  }
  *is_null = 0;
  return montant->prix;
}
#endif /* HAVE_DLOPEN */
```

→) Pour compiler ce fichier, nous utilisons GCC que nous avons vu avec les API C et C++, par contre nous devons préciser que nous compilons une librairie à l'aide du paramètre -o. Si les librairies MySQL ne sont pas dans un emplacement standard (fréquemment /usr/lib sous Linux), nous précisons le chemin avec le paramètre /usr/lib et le chemin vers les fichiers d'en-tête à l'aide du paramètre -I. Remarquons le paramètre -shared qui précise que la bibliothèque est partageable.

```
shell>gcc -shared -o libudffacsys.so libudffacsys.cc -L
/usr/lib/mysql -I /usr/include/mysql
```

→) Pour charger la bibliothèque, MySQL utilise la fonction ld() du système d'exploitation. La bibliothèque nouvellement créée doit se trouver dans un chemin connu de cette fonction. Sous Linux c'est fréquemment /usr/lib :

```
shell>cp ./libudffacsys.so /usr/lib
```

→) Nous pouvons enfin charger nos fonctions dans MySQL :

```
mysql>create function TVA returns REAL soname
'libudffacsys.so';
mysql>create function AJOUTEPOINT returns STRING soname
'libudffacsys.so';
mysql>create aggregate function MONTANT returns REAL soname
'libudffacsys.so';
```

-) Testons les fonctions :

Mysql>select TVA(48.5, 19.6);

```
mysql> select TVA(48.5, 19.6);
+------------------+
| TVA(48.5, 19.6) |
+------------------+
|            58.01 |
+------------------+
1 row in set (0.00 sec)
```

Mysql>select AJOUTEPOINT('mysql va ajouter un point');

```
mysql> select AJOUTEPOINT('mysql va ajouter un point');
+------------------------------------------+
| AJOUTEPOINT('mysql va ajouter un point') |
+------------------------------------------+
| mysql va ajouter un point.               |
+------------------------------------------+
```

Mysql>select numcommande, MONTANT(prix, quantite) from details group by numcommande;

```
mysql> select numcommande, MONTANT(prix, quantite) from details group by numcomm
ande;
+-------------+----------------------+
| numcommande | sum(prix * quantite) |
+-------------+----------------------+
|           1 |               237.80 |
|           2 |                17.50 |
+-------------+----------------------+
2 rows in set (0.08 sec)
```

Nous pouvons imaginer un champ d'application beaucoup plus large en créant ces fonctions. L'exemple fourni par les auteurs de MySQL, disponible avec les sources (fichier **sql/udf_example.cc**) propose une fonction permettant, à partir d'une adresse IP, de retrouver le nom d'une machine et une autre fonction permettant l'inverse. Nous pouvons imaginer une fonction dialoguant avec le système d'exploitation pour écrire des logs par exemple (daemon **syslog** sous Linux).

I. Installation de plusieurs instances du serveur MySQL sur un même poste

Dans certains cas, il est pratique de pouvoir installer plusieurs instances du serveur MySQL sur un même poste. Par exemple pour tester une nouvelle version sans pour autant casser l'instance de production. Ou bien pour fournir des serveurs MySQL à différents utilisateurs afin que ceux-ci mettent en place des options différentes.

L'opération n'est pas vraiment compliquée, il suffit de compiler les sources en précisant au serveur un port d'écoute différent du standard (3306), un fichier de socket différent également et de demander que l'installation se fasse dans un répertoire différent.

-) Nous pouvons par exemple exécuter la commande suivante :

```
shell>./configure --with-tcp-port=3310 --with-unix-socket-
path=/var/lib/mysql/mysql-instance2.sock --prefix=/usr/
local/mysql-instance2
```

-) Il est possible de connaître le fichier socket utilisé par une instance existante avec la commande suivante :

```
shell>mysqladmin --host=10.0.0.233 --port=3306 variables
```

où --host précise l'adresse IP ou le nom du serveur et --port le port d'écoute de l'instance interrogée. La variable socket donne le chemin et le nom du fichier socket.

Il suffit de reprendre le chapitre qui aborde l'installation depuis les sources et de remplacer la commande ./configure par celle vue ci-dessus.

Attention, deux serveurs MySQL ne devraient jamais utiliser les mêmes bases de données, il peut en résulter des incohérences. Par exemple, un utilisateur effectue un verrou sur une table et ajoute des enregistrements.

Pendant ce temps, un utilisateur fait de même sur une autre instance de MySQL.

Il est nécessaire de démarrer le daemon MySQL avec l'option `--datadir =path` et de spécifier un répertoire différent des autres occurrences.

Il faut aussi créer des scripts de démarrage différents dans **/etc/init.d**.

L'utilisation des outils MySQL ou des API nécessitent alors que nous précisions le port de connexion. Par exemple, pour le moniteur MySQL, nous utilisons une commande du type :

```
shell>mysql -u monuser -ppassword --host=monserveur --port=3310
```

J. Localisation de MySQL

La localisation concerne la langue utilisée par le serveur MySQL pour retourner les messages d'erreur et pour trier les données.

1. Les messages d'erreur

Il est possible de demander à MySQL d'afficher les messages d'erreur en français, il faut pour cela spécifier l'option `--language=french` en démarrant le serveur MySQL ou modifier le fichier de configuration **my.cnf** comme ceci :

```
[mysqld]
language=french
```

MySQL accepte plusieurs langues : Czech, Danish, Dutch, English (par défaut), Estonian, French, German, Greek, Hungarian, Italian, Japanese, Korean, Norwegian, Norwegian-ny, Polish, Portuguese, Romanian, Russian, Slovak, Spanish et Swedish.

2. Le jeu de caractères

MySQL utilise par défaut le jeu de caractères ISO-8859-1 (latin1) qui est en vigueur aux États-Unis et dans la majorité des pays d'Europe de l'Ouest.

Le jeu de caractères définit les caractères autorisés. Le français a des accents aigus et graves et l'espagnol utilise des lettres accentuées différentes, les jeux de caractères sont donc différents. Le jeu de caractères définit aussi l'ordre de tri des données lors de requêtes contenant ORDER BY ou GROUP BY.

Il est possible de modifier le jeu de caractères par défaut en spécifiant au serveur de démarrer avec l'option `--default-character-set`. Le jeu de caractères est alors défini par les options `w` et `--with-extra-charsets=listedejeudecaractere | complex | all`.

Si le jeu de caractères est modifié, il faut alors reconstruire les index avec la commande `myisamchk -r q`.

⟩ Annexe

A. **Les interfaces d'administration graphiques** **428**

    1. MySQL Administrator et MySQL Query Browser 428

        a. MySQL Query Browser 428

        b. MySQL Administrator 434

    2. PhpMyAdmin 439

B. **Exemple d'utilisation d'un champ BLOB** **445**

    1. Enregistrement dans un champ BLOB 445

    2. Lecture d'un champ BLOB 449

    3. Test des scripts 452

A. Les interfaces d'administration graphiques

Tout au long de cet ouvrage, les utilitaires en ligne de commande ont été utilisés pour manipuler MySQL. Cependant, il existe des interfaces graphiques disponibles librement en téléchargement sur Internet.

Nous abordons ici les interfaces MySQL Administrator, MSQL Query Browser et PhpMyAdmin. Il existe aussi des interfaces propriétaires telles que MysqlFront (http://www.mysqlfront.de) ou SQL Manager (http://www.sqlmanager.net).

1. MySQL Administrator et MySQL Query Browser

MySQL Query Browser et MySQL Administrator sont édités par la société MySQL AB et sont disponibles, comme MySQL Server, gratuitement ou commercialement suivant le niveau de support désiré.

Ces deux logiciels existent en version 1.1 au moment de l'écriture de cet ouvrage et sont disponibles pour les plates-formes Linux, Windows, Mac OS X. Nous n'aborderons pas la phase d'installation, ses étapes sont identiques aux étapes vues au chapitre 2. Il existe aussi une version pour Windows qui ne nécessite pas d'installation, il suffit de décompresser l'archive.

Toutes les informations sont disponibles sur le site Web de MySQL (**http://www.mysql.com**).

a. MySQL Query Browser

MySQL Query Browser permet d'effectuer des requêtes sur le serveur. Il est un remplaçant graphique du client MySQL que nous avons utilisé tout au long de cet ouvrage.

Au démarrage, nous obtenons l'écran suivant :

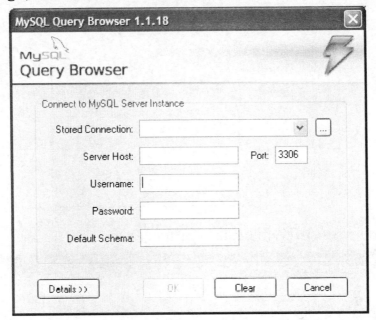

Nous devons renseigner cette fenêtre pour indiquer les paramètres de connexion au serveur MySQL. Il est possible d'enregistrer plusieurs serveurs. Ainsi, nous pouvons contrôler plusieurs serveurs MySQL depuis une même console MySQL Query Browser.

Connectons-nous à l'instance MySQL installée sur le serveur srv-jupiter en indiquant l'adresse du serveur (**Server Host**), le nom d'utilisateur MySQL (**Username**), le mot de passe (**Password**) et éventuellement, nous pouvons modifier le port de connexion qui est **3306** par défaut. Nous précisons la base de données (**Default Schema**) à laquelle nous voulons nous connecter. Il est possible d'agir sur des paramètres supplémentaires via le bouton **Details**.

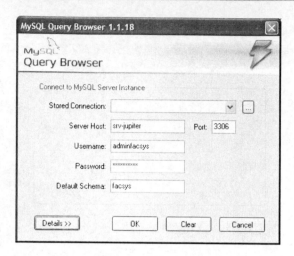

Enfin, cliquons sur le bouton **OK** pour nous connecter.

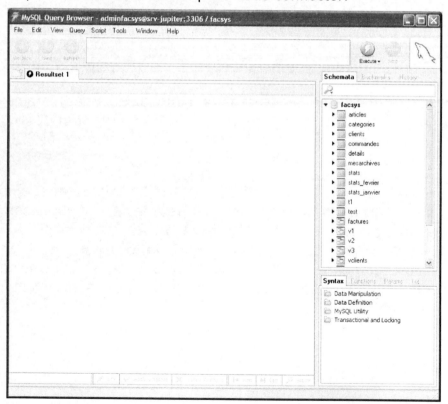

MySQL 5 - Installation, mise en œuvre

Nous avons une vue immédiate et complète sur tous les objets de la base de données que sont les tables, les vues, les procédures stockées...

On peut voir MySQL Query Browser comme un assistant de création de requêtes SQL ; par exemple, pour obtenir tous les enregistrements de la table **articles**, il suffit de double cliquer sur le nom de la table dans le menu de droite, et automatiquement la zone de requête en haut est renseignée avec une requête du type :

```
SELECT * FROM articles;
```

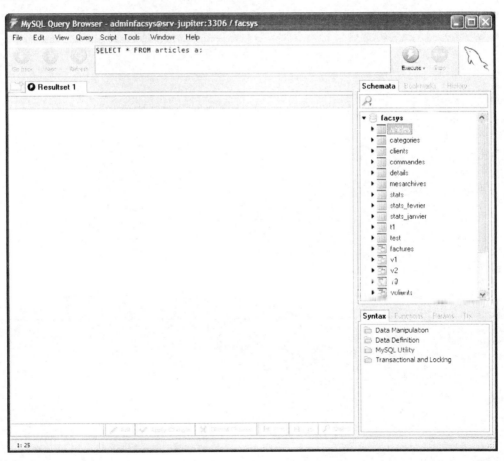

Il suffit ensuite de cliquer sur l'icône verte **Execute** à droite de la zone de requête pour obtenir le résultat de cette dernière.

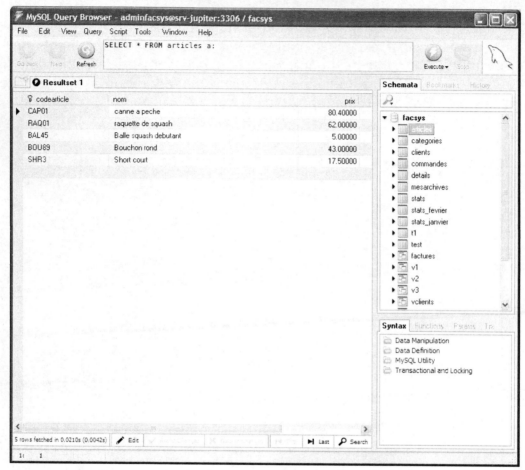

MySQL 5 - Installation, mise en œuvre

Pour créer, modifier, supprimer un objet, le plus souvent il suffit d'effectuer un clic droit. Ainsi pour ajouter une table, une vue, ou une routine, il suffit de faire un clic droit sur le nom de la base de données :

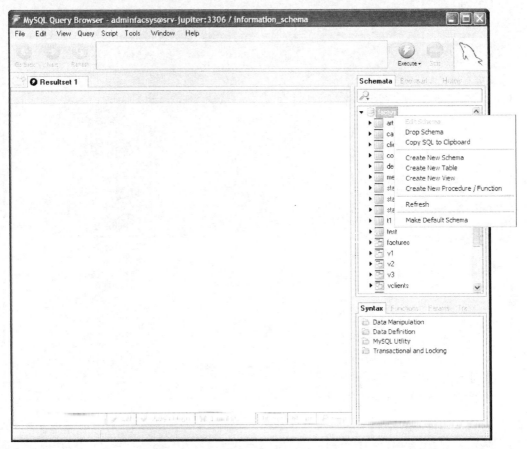

Il est, bien sûr, possible d'effectuer tout type de requête. Pour cela, on peut ajouter un nouvel onglet en cliquant sur l'option **New Query Tab** dans le menu **File** et entrer la requête de notre choix. Par exemple :

```
SELECT nom, prenom FROM clients;
```

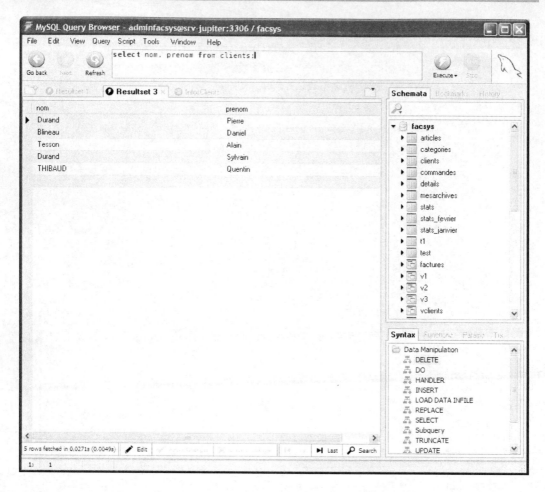

L'interface de MySQL Query Browser est très intuitive et quelques minutes seulement suffisent à prendre en main la console.

b. MySQL Administrator

MySQL Administrator donne une vue complète d'un ou plusieurs serveurs MySQL à l'administrateur. Il permet de gérer, optimiser, sauvegarder et restaurer, créer... les bases de données et administrer le serveur lui-même.

Au démarrage, nous obtenons l'écran suivant :

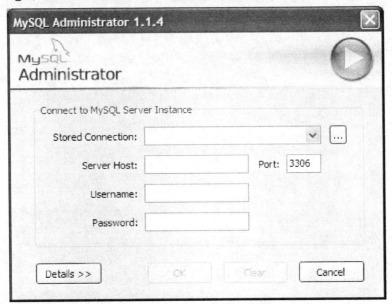

Nous devons renseigner cette fenêtre pour indiquer les paramètres de connexion au serveur MySQL. Il est possible d'enregistrer plusieurs serveurs. Ainsi, nous pouvons contrôler plusieurs serveurs MySQL depuis une même console MySQL Administrator.

Enregistrons l'instance MySQL installée sur le serveur srv-jupiter en précisant l'adresse du serveur (**Server Host**), le nom d'utilisateur MySQL (**Username**), le mot de passe (**Password**) et éventuellement, nous pouvons modifier le port de connexion qui est **3306** par défaut. Il est possible d'agir sur des paramètres supplémentaires via le bouton **Details**.

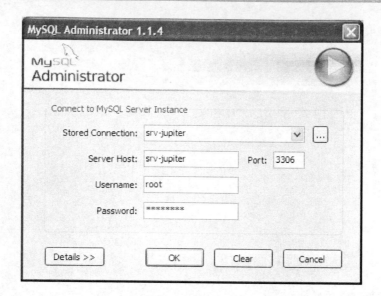

Enfin, cliquons sur le bouton **OK** pour nous connecter.

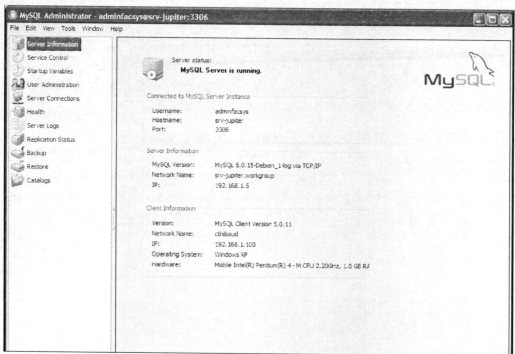

Consultons la liste des tables (et leurs propriétés) de notre base de données **facsys** : il suffit pour cela de cliquer sur l'icône **Catalogs** dans le menu de gauche, puis dans la liste des bases de données qui apparaît, cliquons sur **facsys** :

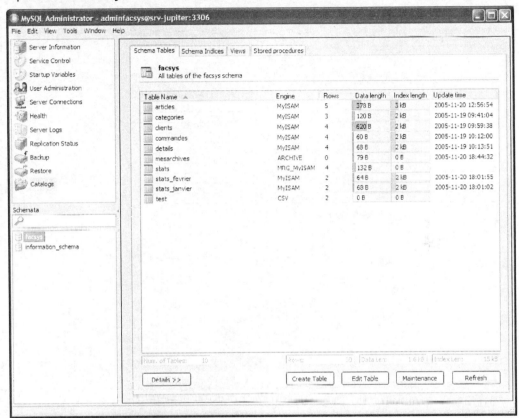

Pour obtenir la structure de la table **articles**, double cliquons sur son nom. Une nouvelle fenêtre apparaît, donnant accès à toutes les options :

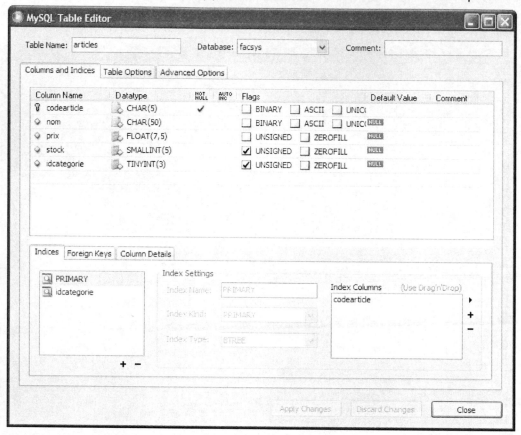

Via le menu de gauche de la fenêtre **MySQL Administrator** et en choisissant l'option **Health**, il est possible d'accéder à des graphiques sur l'utilisation du serveur MySQL. Il est même possible d'ajouter ses propres graphiques toujours en effectuant un clic droit.

L'interface de MySQL Administrator est très intuitive et quelques minutes seulement suffisent à prendre en main la console.

2. PhpMyAdmin

PhpMyAdmin est l'interface la plus connue pour administrer un serveur MySQL. C'est une interface Web (site Web) construite autour de PHP et HTML.

Nous pouvons télécharger ce logiciel sur le site http://www.phpmyadmin.net.

administration et programmation

Il suffit de copier l'ensemble des fichiers téléchargés, après avoir décompressé l'archive, dans l'arborescence d'un serveur Web pouvant interpréter le PHP (par exemple Apache ou IIS avec un plugin PHP).

Pour l'exemple de cet ouvrage, le fichier **phpMyAdmin-2.7.0-rc1.tar.gz** a été téléchargé. Une fois les fichiers décompressés, nous les copions dans l'arborescence **/var/www/phpmyadmin** sous Linux Debian (le chemin peut être différent suivant la distribution Linux).

Nous devons modifier le fichier de configuration de PhpMyAdmin pour préciser les paramètres de connexion tels que le nom et le mot de passe de l'utilisateur MySQL qui doivent être utilisés pour se connecter au serveur MySQL. Ce fichier se trouve à la racine du site Web et se nomme **config. default.php**.

→) Éditons et modifions ce fichier :

```
shell>vi /var/www/phpmyadmin/config.default.php
```

```
$i++;
$cfg['Servers'][$i]['host']          = 'localhost'; // MySQL hostname
$cfg['Servers'][$i]['port']          = '';          // MySQL port - lea
$cfg['Servers'][$i]['socket']        = '';          // Path to the sock
$cfg['Servers'][$i]['connect_type']  = 'tcp';       // How to connect t
$cfg['Servers'][$i]['compress']      = FALSE;       // Use compressed p
                                                    // (requires PHP >=
$cfg['Servers'][$i]['controluser']   = '';          // MySQL control us
                                                    // (this user must
$cfg['Servers'][$i]['controlpass']   = '';          // access to the "m
                                                    // and "mysql/db" t
$cfg['Servers'][$i]['auth_type']     = 'config';    // Authentication m
$cfg['Servers'][$i]['user']          = 'root';      // MySQL user
$cfg['Servers'][$i]['password']      = 'mon_mot_de_passe'; //
                                                    // with 'config' au
$cfg['Servers'][$i]['only_db']       = '';          // If set to a db-n
                                                    // this db is displ
```

Nous pouvons administrer entièrement notre serveur MySQL en accédant au site phpMyAdmin que nous venons de créer. Pour cela, utilisons un navigateur Internet. Dans notre exemple, il s'agit d'Internet Explorer.

→) Accédons à l'adresse http://192.168.1.101/phpmyadmin.

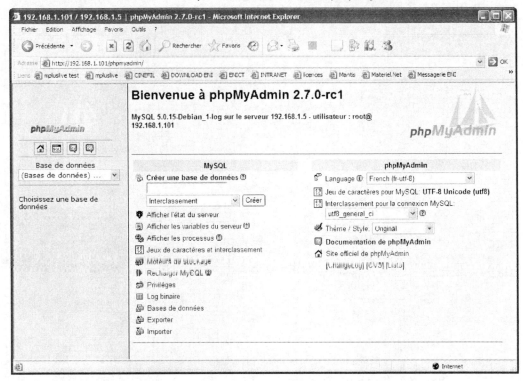

L'interface est très intuitive et il suffit de se laisser guider pour effectuer une opération.

→) Dans le menu de gauche, sélectionnons la base de données **facsys** sur laquelle nous voulons effectuer des opérations :

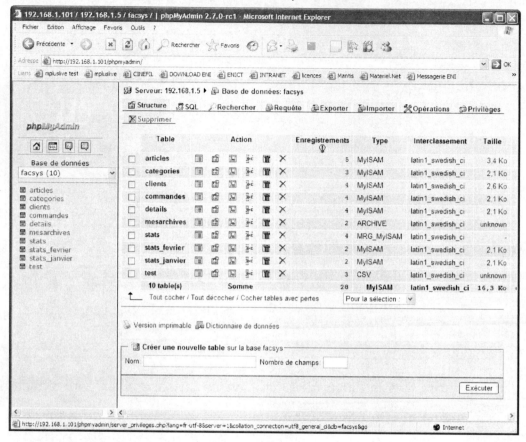

En choisissant l'onglet **SQL**, nous pouvons exécuter une requête SQL.

→) Recherchons les clients qui n'ont jamais passé de commande :

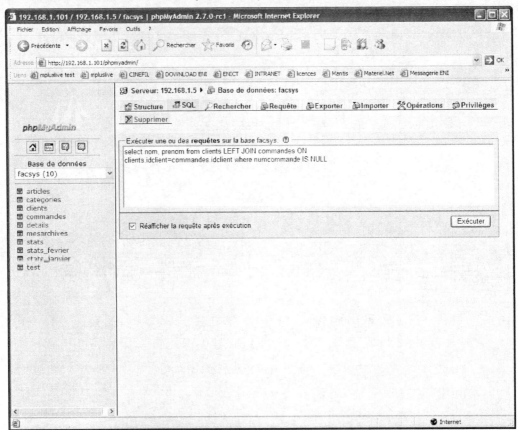

-◌) Cliquons sur le bouton **Exécuter** pour obtenir le résultat de notre requête :

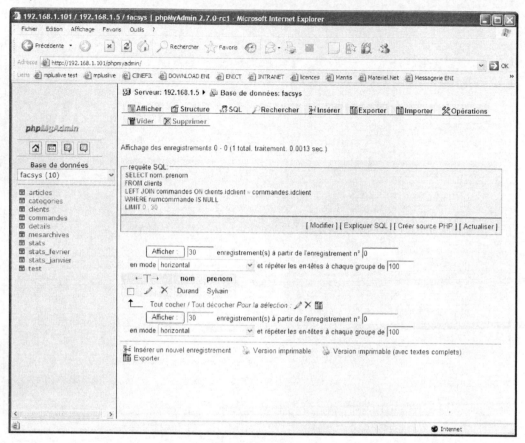

Attention, il est nécessaire de restreindre l'accès à ce site Web, sinon toute personne connaissant l'adresse de notre site phpMyAdmin peut prendre le contrôle du serveur MySQL puisque nous utilisons l'utilisateur root (dans le fichier de configuration config.inc.php) pour nous connecter. Par exemple, il est fortement recommandé d'utiliser un autre utilisateur ayant moins de privilèges. Il peut être nécessaire aussi de restreindre l'accès à ce site Web à une liste d'utilisateurs identifiés. Cet aspect n'est pas présenté ici et concerne la configuration d'Apache ou IIS.

> Au chapitre 4 - E, nous avons vu le logiciel EasyPHP qui offre une solution intégrée sous Windows pour mettre en œuvre MySQL, Apache et PHP. EasyPHP intègre aussi PhpMyAdmin en standard.

B. Exemple d'utilisation d'un champ BLOB

Au chapitre 3 - B - 7, nous avons vu que MySQL dispose d'un type de champ particulier nommé BLOB qui permet de stocker des données au format binaire.

Ce type de champ complexe mérite un exemple d'utilisation et c'est ce que nous allons voir maintenant.

Dans un champ BLOB, nous pouvons stocker un fichier complet quel que soit son format, par exemple une image, un fichier pdf, un fichier que nous voulons proposer en téléchargement...

1. Enregistrement dans un champ BLOB

Notre exemple est basé sur un script PHP. Il permet de sélectionner un fichier sur le disque local de l'utilisateur et de donner une description du fichier. Ensuite les informations sont stockées dans une table MySQL.

→) Créons une table pour enregistrer le fichier :

```
mysql>CREATE TABLE `files`(
   `fileid` int(11) NOT NULL auto_increment,
   `description` varchar(100) NOT NULL default '',
   `filename` varchar(50) NOT NULL default '',
   `filetype` varchar(50) NOT NULL default '',
```

.../...

```
.../...
  'filesize' int(11) NOT NULL default '0',
  'filedata' blob NOT NULL,
  'datecreation' timestamp(14) NOT NULL,
  PRIMARY KEY ('fileid')
);
```

→) Dans un premier temps, créons un formulaire HTML qui nous permet de sélectionner le fichier sur le disque de l'utilisateur et de saisir une description. Nous nommons ce fichier **index.html**, en voici le contenu :

```
<html>
<head>
</head>
<body>
    <FORM enctype="multipart/form-data" ACTION="insert.php" METHOD="post" NAME="insertblob">
        <input type="text" name="description" size="55" maxlength="50" value="description du fichier">
        <br>
        <input type="file" NAME="fileobj" class="content-texte" size="40">
        <br><br>
        <INPUT TYPE="submit" value="enregistrer le fichier"  class="content-texte">
    </FORM>
</body>
</html>
```

Le script est un formulaire contenant :

- une zone de texte de 50 caractères au maximum qui permet de fournir une description pour le fichier à enregistrer ;

- une zone de type **file** qui permet d'afficher un contrôle offrant la possibilité de sélectionner un fichier sur le disque dur de l'utilisateur ;

- un bouton **Submit** pour soumettre le formulaire et ses données à la page **insert.php** sur le serveur Web.

Naviguons à l'adresse du fichier **index.html**. Pour les besoins de cet ouvrage, l'exemple est réalisé sous Windows avec le package EasyPHP que nous avons présenté au chapitre 4 - E.

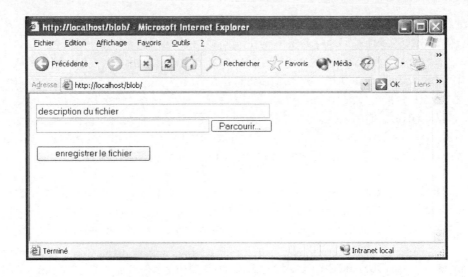

→) Créons le script **insert.php** qui enregistre les données dans la table **files**. En voici le contenu :

```php
<?php
//récupérer la description qui a été postée par la page index.html
$Description = addslashes($HTTP_POST_VARS["description"]);
//récupérer le fichier qui a été posté par la page index.html
$FileObj = $HTTP_POST_FILES["fileobj"];
//Lire le nom du fichier posté
$FileName = $FileObj["name"];
//Si le nom existe, un fichier a été posté
if ($FileName != ""){
    //lire le type Mime du fichier
    $FileTypeMime = $FileObj["type"];
    //Lire la taille du fichier
    $FileSize = $FileObj["size"];
    //Résupérer le chemin et le nom du fichier qui a été créé temporairement
    //sur le serveur web et qui représente le fichier posté
    $FileTemporaire = $FileObj["tmp_name"];
    //Lire le fichier temporaire
    $FileData = addslashes(fread(fopen($FileTemporaire, "rb"), filesize($FileTemporaire)));
    //Connexion au serveur mysql
    $connexion = mysql_connect("localhost", "usrfacsysachat", "passachat")
            or die("Connexion au serveur Mysql impossible");
    //sélection de la base de données
    mysql_select_db("facsys")
            or die("impossible de se connecter a la base de donnees facsys");
    //insérer les informations dans la table files
    mysql_query("insert into files(description, filename, filetype, filesize, filedata)
            values ('$Description', '$FileName', '$FileTypeMime', $FileSize, '$FileData')")
            or die ("erreur :" . mysql_error());
    $result = mysql_query("select LAST_INSERT_ID()");
    echo "Le fichier est enregistré, son id est: " . mysql_result($result, 0);
}else{
    echo "Aucun fichier a enregistrer";
}
```

La variable $Description est valorisée avec la description fournie dans le formulaire index.html. Nous utilisons la fonction addslashes() pour échapper les caractères éventuellement interprétés par MySQL. Nous remarquons d'ailleurs que la longueur du champ description de la table **files** est de 100 caractères et la longueur maximale de la description dans le script **index.html** est de 50 caractères. En effet, dans le cas où la fonction addslashes() doit échapper tous les caractères, nous devons disposer de 50 * 2 = 100 caractères pour stocker la valeur.

Le script PHP récupère le fichier sous forme d'un objet (en réalité c'est un tableau) contenant diverses informations. La variable $FileObj est une référence sur cet objet. La propriété name, permet de connaître le nom du fichier posté. Si le nom n'est pas une chaîne vide, alors un fichier a été posté, nous pouvons en extraire les informations et l'enregistrer dans la base de données.

Le type Mime est une chaîne de texte qui représente le type du fichier. Par exemple, le type Mime d'une image jpeg est image/pjpeg. Il est nécessaire pour afficher le fichier lors de la lecture des données depuis la base de données.

Lorsqu'un fichier est posté, une copie temporaire du fichier est effectuée en local sur le serveur, nous pouvons obtenir ce fichier avec la propriété tmp_name.

Analysons la ligne suivante :

```
$FileData  =  addslashes(fread(fopen($FileTemporaire,  "rb"),
filesize($FileTemporaire)));
```

La fonction fopen() permet d'ouvrir le fichier à lire, nous précisons les attributs rb qui précisent que nous ouvrons le fichier en lecture seule et en mode binaire.

◉ Il n'est pas nécessaire de préciser le mode binaire (b) sous Linux. C'est une particularité Windows. Ce dernier fait la différence entre deux types de fichiers : les binaires et les textes.

La fonction `fread()` effectue la lecture du fichier. Nous précisons le nombre d'octets à lire dans le fichier en utilisant la fonction `filesize()` qui retourne la taille du fichier temporaire.

Enfin, nous enregistrons les données dans la table files de la base de données. Nous ne détaillons pas cette étape puisqu'elle est identique à celle vue dans l'exemple du chapitre 4 - E - L'API PHP. Une petite particularité, nous utilisons la requête SQL `LAST_INSERT_ID()` pour connaître la clé primaire (**fileid**) de l'enregistrement que nous venons d'insérer. Nous affichons cette information à l'écran.

2. Lecture d'un champ BLOB

Nous désirons lire les informations contenues dans la table **files** que nous avons créée dans le paragraphe précédent.

Nous distinguons deux types de fichier enregistrés :

- les images au format jpeg que nous affichons en tant que telles ;
- les autres fichiers que nous proposons en téléchargement

Créons deux scripts qui permettent d'obtenir ces deux types de fichiers.

Le script **image.php** permet de générer l'image issue de la base de données. Pour exécuter ce script, nous devons lui passer l'Id (`fileid` de la table **files**) du fichier que nous voulons afficher.

→) Créons le script **image.php** :

```php
<?php

if($HTTP_GET_VARS[fichierid]) {

    //Connexion au serveur mysql
    $connexion = mysql_connect("localhost", "usrfacsysachat", "passachat")
            or die("Connexion au serveur Mysql impossible");
    //sélection de la base de donnees
    mysql_select_db("facsys")
        or die("impossible de se connecter a la base de donnees facsys");

    $result = mysql_query("select filetype, filedata from files
                            where fileid=" . $HTTP_GET_VARS[fichierid]);
    $row = mysql_fetch_array($result);
    Header( "Content-type: " . $row["filetype"]);

    echo $row["filedata"];
}
?>
```

Nous analysons la valeur de la variable `fichierid` passée dans l'URL. Si une valeur a été précisée, le type et le contenu du fichier sont lus depuis la table files. Nous affichons ces données via un en-tête HTML particulier précisé par `Content-type` auquel nous passons le type du fichier et ensuite nous écrivons le contenu.

Le script **fichier.php** permet de proposer en téléchargement un fichier issu de la table **files**. Pour exécuter ce script, nous devons lui passer l'Id (`fileid` de la table **files**) du fichier que nous voulons afficher.

→) Créons le script **fichier.php** :

```php
<?php

if($HTTP_GET_VARS[fichierid]) {

    //Connexion au serveur mysql
    $connexion = mysql_connect("localhost", "usrfacsysachat", "passachat")
            or die("Connexion au serveur Mysql impossible");
    //sélection de la base de donnees
    mysql_select_db("facsys")
        or die("impossible de se connecter a la base de donnees facsys");

    $result = mysql_query("select filename, filetype, filedata from files
                              where fileid=" . $HTTP_GET_VARS[fichierid]);
    $row = mysql_fetch_array($result);

    Header( "Content-Disposition: attachment; filename=" . $row["filename"]);
    Header( "Content-type: " . $row["filetype"]);

    echo $row["filedata"];

}
?>
```

Nous analysons la valeur de la variable `fichierid` passée dans l'URL. Si une valeur a été précisée, le nom, le type et le contenu du fichier sont lus depuis la table **files**. L'en-tête HTML `Content-Disposition  : attachment` permet de préciser au navigateur que le contenu du fichier doit être considéré comme un fichier joint et peut donc être téléchargé par l'utilisateur. La clause filename précise le nom du fichier proposé par défaut à l'utilisateur. Le reste du fichier est identique au script **image.php**.

Nous pouvons créer le script principal qui affiche l'image ou propose le fichier en téléchargement en fonction de l'enregistrement de la table **files** qui est lu.

→) Créons le script **lire.php** :

```php
<?php
$id_du_fichier_a_lire = $HTTP_GET_VARS[fichierid];
//Connexion au serveur mysql
$connexion = mysql_connect("localhost", "usrfacsysachat", "passachat")
        or die("Connexion au serveur Mysql impossible");
//sélection de la base de donnees
mysql_select_db("facsys")
        or die("impossible de se connecter a la base de donnees facsys");
$result = mysql_query("select description, filetype from files
                where fileid=$id_du_fichier_a_lire");
$row = mysql_fetch_array($result);
echo "description: " . stripslashes($row["description"]) . "<br>";
if ($row["filetype"] == "image/pjpeg"){
    echo "<img src=\"image.php?fichierid=$id_du_fichier_a_lire\"><br>";
}else{
    echo "<a href=\"fichier.php?fichierid=$id_du_fichier_a_lire\">télécharger</a><br>";
}
?>
```

La variable $id_du_fichier_a_lire permet de récupérer la valeur de fichierid passée dans l'URL. Ce paramètre représente le **fileid** de la table **files**, il détermine le fichier à afficher.

Après la connexion au serveur, la description et le type du fichier sont lus depuis la table **files**. La description est affichée et le fichier est affiché s'il s'agit d'une image de type jpeg, sinon il est proposé en téléchargement.

> Le script pourrait être amélioré en gérant davantage de types d'image tels que le gif, le png...

3. Test des scripts

Pour tester le résultat, nous accédons d'abord au script **index.html** pour enregistrer deux fichiers différents, une image de type jpeg et un fichier au format Word.

🔵 Attention, les fichiers ne doivent pas faire plus de 64 Ko car nous avons utilisé un champ BLOB dans la table **files**. Il peut être nécessaire d'utiliser un champ MEDIUMBLOB ou LONGBLOB.

→) Sélectionnons l'image de type jpeg et ajoutons un commentaire :

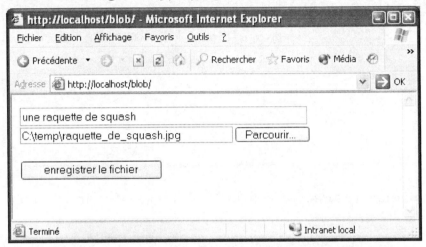

→) Soumettons le formulaire au serveur en cliquant sur le bouton **enregistrer le fichier** :

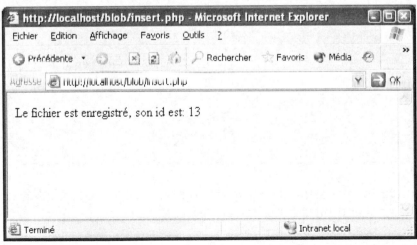

→) Sélectionnons un document Word et ajoutons un commentaire :

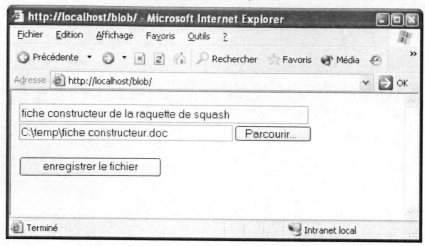

→) Soumettons le formulaire au serveur en cliquant sur le bouton **enregistrer le fichier** :

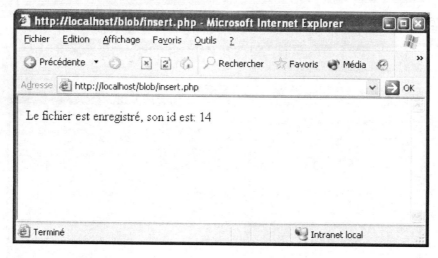

Nous pouvons maintenant lire les fichiers enregistrés. L'image jpeg doit s'afficher en tant qu'image dans le navigateur client et le fichier Word doit être proposé en téléchargement.

L'id de l'image est 13 et celui du fichier Word 14. Regardons le résultat :

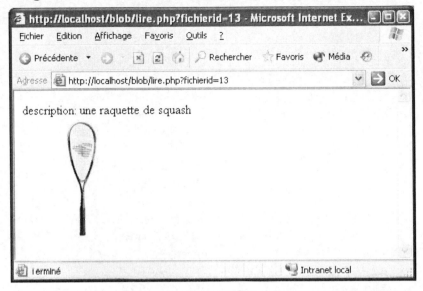

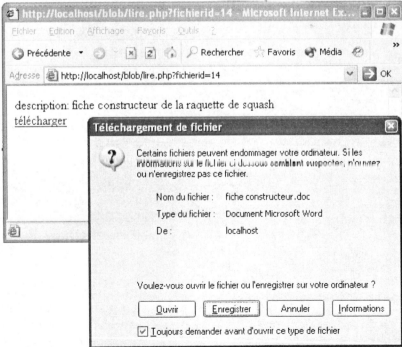

administration et programmation

!

$, *269*
%, *149*
--opt, *344*
.ARM, *395*
.ARN, *395*
.ARZ, *395*
.err, *366*
.frm, *349 - 350, 391*
.func, *409*
.index, *371*
.ISD, *392*
.ISM, *392*
.log, *369*
.MRG, *392*
.MYD, *349 - 350, 391*
.MYI, *159, 349, 391*
.so, *409*
3306, *403*
@, *269*
@@GLOBAL, *387*
@@SESSION, *387*
\, *149*
_, *149*

A

ActiveX, *222*
ActiveX Data Object
    Voir ADO
ADD FULLTEXT, *162*
ADD INDEX, *160*
addslashes(), *448*

ADO, *222, 312*
    COMMAND, *314, 317*
    CONNECTION, *314*
    ERRORS, *314*
    RECORDSET, *314, 319*
AFTER, *190*
AGAINST, *163*
AGGREGATE, *409*
Aléatoire, *148*
all, *79*
ALTER PROCEDURE, *177*
ALTER ROUTINE, *171*
ALTER TABLE, *103*
ALTER VIEW, *201*
ANALYZE TABLE, *357*
Apache, *6, 9, 440*
API, *222, 312*
ARCHIVE, *394*
Arrondi, *147*
at, *341, 352, 358*
attachment, *451*
AUTO_INCREMENT, *120*

B

BACKUP TABLE, *349*
Base de données, *13, 96*
    création, *97*
    dupliquer, *348*
    suppression, *98*
    taille maximale, *11*
    utiliser, *72*
    Voir aussi CREATE DATABASE,
    DROP DATABASE, use
Base de données relationnelles
    Voir Donnée relationnelle

BDB, *398*
BEFORE, *190*
BENCHMARK, *376*
Bibliothèques de fonctions, *408*
BIGINT, *107*
Binaire, *445*
BINARY, *149*
BLOB, *111, 128, 453*
Bug, *171, 246*

C

C, *222 - 223*
    my_ulonglong, *224*
    MYSQL, *224*
    mysql_affected_rows(), *233*
    mysql_change_user(), *226*
    mysql_character_set_name(), *248*
    mysql_close(), *228*
    mysql_connect(), *256*
    mysql_create_db(), *257*
    mysql_data_seek(), *233*
    mysql_debug(), *246*
    mysql_drop_db(), *257*
    mysql_dump_debug_info(), *247*
    mysql_eof(), *257*
    mysql_errno(), *248*
    mysql_error(), *248*
    mysql_fetch_field(), *234*
    mysql_fetch_fields(), *234*
    mysql_fetch_lengths(), *235*
    mysql_fetch_row(), *235*
    MYSQL_FIELD, *224*
    mysql_field_count(), *235*
    MYSQL_FIELD_OFFSET, *224*
    mysql_field_seek(), *236*

mysql_free_result(), *236*
mysql_get_client_info(), *249*
mysql_get_host_info(), *249*
mysql_get_proto_info(), *249*
mysql_get_server_info(), *249*
mysql_info(), *250*
mysql_init(), *228*
mysql_insert_id(), *236*
mysql_kill(), *250*
mysql_list_dbs(), *237*
mysql_list_fields(), *238*
mysql_list_processes(), *251*
mysql_list_tables(), *239*
mysql_num_fields(), *240*
mysql_num_rows(), *233, 240*
mysql_options(), *229*
mysql_ping(), *252*
mysql_query(), *240 - 241*
mysql_real_connect(), *230*
mysql_real_escape_string(), *253*
mysql_real_query(), *241*
mysql_reload(), *253*
MYSQL_RES, *224 - 225*
MYSQL_ROW, *224*
mysql_row_seek(), *242*
mysql_row_tell(), *243*
mysql_select_db(), *243*
mysql_shutdown(), *254*
mysql_stat(), *255*
mysql_store_result(), *244*
mysql_thread_id(), *256*
mysql_use_result(), *240, 245*
C#, *324*
C++, *222*
CALL, *175*
Canaux nommés, *229*
CASCADED, *197, 199*

CASE, *155, 185 - 186*

Casse, *14*

    Voir aussi Système de fichiers

CAST, *157*

CGI, *264*

Champ, *13*

CHAR, *110*

CHECK, *199*

CHECK TABLE, *352, 355*

Clé étrangère, *17*

Clé multiple, *18 - 19*

Clé primaire, *16, 19*

Colonne, *13, 132*

columns_priv, *72, 83, 92*

COMMAND, *317*

    ActiveConnection, *317*

    Commandtext, *317*

    CommandTimeOut, *318*

    Execute, *318*

    Name, *318*

    Properties, *318*

    State, *318*

Commande, *71*

    Voir aussi Requête

Compte anonyme, *399*

Compte de démarrage, *399*

CONCURRENT, *137*

Condition, *180*

    DECLARE, *182*

config.inc.php, *440*

CONNECTION

    Close, *315*

    CommandTimeOut, *315*

    ConnectionTimeOut, *315*

    DefaultDatabase, *315*

    Execute, *315*

    Open, *315*

    Provider, *315*

    state, *316*

    Version, *316*

Connexion, *73*

CONTAINS SQL, *173*

Content-Disposition, *451*

Content-type, *450*

CONVERT, *157*

COUNT, *133, 156*

create, *97, 99*

CREATE DATABASE, *97*

CREATE FULLTEXT INDEX, *162*

CREATE FUNCTION, *172, 409*

CREATE INDEX, *160*

CREATE PROCEDURE, *172*

CREATE ROUTINE, *171*

CREATE TABLE, *98*

CREATE VIEW, *196*

cron, *341, 352, 358*

CROSS JOIN, *141*

Cryptage des données, *403*

CSV, *394*

CURRENT_USER, *196*

Curseur, *182*

CURSOR

    CLOSE, *183*

D

Daemon, *40*

    arrêter, *58*

    démarrer, *58*

DATABASE(), *158*

DATE, *109*

DATETIME, *109*

db, *72, 83, 88*

DBD, *264*

DEB, *24, 29*

DECIMAL, *108*

DECLARE

    HANDLER, *180*

DECLARE CONDITION, *182*

DECLARE CURSOR, *182*

Déclarer, *310*

Déclencheur, *182, 189*

DECODE, *158, 403*

DEFAULT, *120*

DEFINER, *174, 196*

DELAYED, *120*

Delete, *104, 124, 190*

DELIMITER, *175*

Déni de service, *406*

DESC, *125, 135*

DESCRIBE, *374*

DETERMINISTIC, *173 - 174*

DISTINCT, *127*

Donnée

    chargement depuis un fichier, *137*

    insertion, *119*

    lecture, *126*

    modification, *123*

    suppression, *124*

    Voir aussi DELETE, INSERT, LOAD DATA, SELECT, UPDATE

Donnée relationnelle, *12*

DOUBLE, *107*

Driver, *326*

Droit

    Voir privileges

drop, *98, 101*

DROP DATABASE, 98

DROP FUNCTION, *178, 409*

DROP INDEX, *161*

DROP PROCEDURE, *178*

DROP TABLE, *101*

DROP TRIGGER, *195*

DROP VIEW, *202*

DUMPFILE, 128

E

EasyPHP, *282, 445*

Égalité, *146*

ELSE, *185*

ELSEIF, *185*

ENCODE, *158, 403*

ENCRYPT, *158, 403*

Enregistrement, *13*

ENUM, *112*

Erreur fatale, *367*

ERRORS, *323*

    Clear, *323*

    COUNT, *323*

    Errors, *323*

    HelpFile, *324*

    Item, *323*

    Number, *324*

    Source, *324*

Évènement, *189*

Exception, *180*

EXECUTE, *171*

EXPLAIN, *375*

Exponentielle, *147*

F

facsys, *14, 171, 181*

FEDERATED, *396*

FETCH, *184*

FETCH INTO, *182*

Fichier, *445*
    système de, *61*
    Voir aussi Système de fichier
Fichier de configuration, *339*
Fichier texte, *221*, *312*
File, *399*
Firewall, *403*
FLOAT, *107*
FLUSH, *389*
    HOSTS, *389*
    LOG, *374*
    LOGS, *371*, *389*
    PRIVILEGES, *82*, *96*, *389*
    STATUS, *390*
    TABLES, *343*, *354*, *389*
Fonction, *170*, *408*
    agrégation, *155*
    chaîne, *148*
    contrôle, *154*
    date, *150*
    mathématique, *147*
Fonction d'agrégat, *411*
Fonction native, *408*
Format de colonnes
    Voir Type de colonnes
Français, *424*
FULL, *380*, *385*
FULLTEXT, *161*
FUNCTION
    ALTER, *177*
    CREATE, *172*
    DROP, *178*
FUNCTION ALTER, *177*

G

GCC, *223*, *421*
Gestion des erreurs, *180*, *246*
Gestionnaire d'erreurs, *180*
glibc, *35 - 36*
GPL, *8*, *408*
GRANT, *77*, *87*, *390*
GROUP BY, *133*, *157*
Groupe, *411*

H

Handler, *180*, *184*
    CONTINUE, *180*
    EXIT, *180*
    UNDO, *180*
have_openssl, *405*
HAVING, *134*
HEAP, *393*
host, *72*, *83*, *88*
HTML, *334*, *439*

I

IF, *154*, *185*
IF(), *185*
IFNULL, *154*
IGNORE, *120*, *123*, *138*
IIS (Internet Information Server), *9*, *324*, *440*
Image, *445*
IN, *130*
IN BOOLEAN MODE, *166*

MySQL 5 - Installation, mise en œuvre

Index, *11, 158, 350, 381*
    création, *160, 162*
    multicolonnes, *160*
    suppression, *161*
    Voir aussi CREATE FULLTEXT INDEX,
    CREATE INDEX, DROP INDEX
Indice de pertinence, *164*
Inférieur, *146*
Information, *203*
information_schema, *203*
    CHARACTER_SET, *210*
    COLLATION_CHARACTER_SET_
    APPLICABILITY, *211*
    COLLATIONS, *211*
    COLUMN_PRIVILEGES, *210*
    COLUMNS, *207*
    KEY_COLUMN_USAGE, *212*
    ROUTINES, *213*
    SCHEMA_PRIVILIGES, *209*
    STATISTICS, *208*
    TABLE_CONSTRAINTS, *212*
    TABLE_PRIVILEGES, *209*
    tables, *207*
    TRIGGERS, *214*
    USER_PRIVILEGES, *209*
    VIEWS, *213*
INI, *340*
INNER JOIN, *141*
InnoDB, *397*
Insert, *104, 119, 190*
Instance, *423*
Instruction, *71*
    Voir aussi Requête
INT, *107*
INTEGER, *107*
Interface graphique, *428*
Internet Explorer, *440*
INVOKER, *174*

IS_BLOB, *226*
IS_NOT_NULL, *226*
IS_PRI_KEY, *226*
ISAM, *392*
IsEmpty, *323*
ISO-8859-1, *425*
IsObject, *323*
ITERATE, *188*

J

Javascript, *334*
Jeu d'enregistrement, *182*
Jeu d'enregistrements, *170*
Jeu de caractères, *425*
Jointure, *140*
    croisée, *141*
    externe, *143*
    interne, *141*
    Voir aussi CROSS JOIN, INNER JOIN,
    OUTER JOIN
jpeg, *452*

K

KILL, *384, 387*

L

LAMP, *282*
Langue, *424*
LAST_INSERT_ID(), *157*
ld, *421*
LEAVE, *186*

LEFT JOIN, *143*

Librairie, *421*

Lien symbolique, *402*

Ligne, *13*

LIKE, *124*, *130*, *149*, *161*, *165*

LIMIT, *124 - 125*, *136*

LOAD DATA, *137*

LOCAL, *138*, *197*

Localisation, *424*

LOCK TABLE, *168*

LOCK TABLES, *342*

Log

    binaire, *370*

    des mises à jour, *370*

    erreur, *366*

    lecture, *373*

    maintenance, *374*

    requête, *369*

    requêtes lentes, *373*

    Voir aussi maintenance des fichiers de log, mysqldumpslow, Suivi binaire des mises à jour, Suivi des erreurs, Suivi des mises à jour, Suivi des requêtes lentes, Suivi général des requêtes

Logique applicative, *170*

Logs, *366*

LONGBLOB, *111*, *453*

LONGTEXT, *111*

longueur, *448*

LOOP, *186*, *188*

LOW_PRIORITY, *120*, *123*, *125*, *137*, *168*

ls, *38*

M

Maintenance des fichiers de log, *374*

MATCH, *163*

Mauvaise requête, *375*

MAX, *156*

MAX_CONNECTIONS_PER_HOUR, *406*

MAX_QUERY_PER_HOUR, *406*

MAX_UPDATES_PER_HOUR, *406*

MD5, *158*, *403*

MEDIUMBLOB, *111*, *453*

MEDIUMINT, *106*

MEDIUMTEXT, *111*

Mémoire, *25*

MEMORY, *393*

MERGE, *196*, *391*

Métadonnées, *203*

Microprocesseur, *25*

Mime, *448*

MIN, *156*

MODIFIES SQL DATA, *173*

Modulo, *147*

Mot de passe, *70*, *80*, *401*

Moteur de recherche, *161*

Motif, *153*

msqladmin reload, *96*

my.cnf

    Voir Fichier de configuration

my.ini, *339*

    Voir aussi Fichier de configuration

MyISAM, *391*

myisamchk, *356 - 358*, *363*, *425*

    aide, *363 - 364*

    analyse d'une table, *361*

    informations sur une table, *362*

    optimisation d'une table, *363*

réparation d'une table, *360*
utilisation de la mémoire, *363*
vérification d'une table, *359*
MySQL Administrator, *428, 434*
MySQL Query Browser, *428*
mysqladmin, *60, 371, 374*
extended-status, *382*
kill, *387*
processlist, *384, 388*
shutdown, *60*
variables, *383*
mysqladmin flush-privileges, *96*
mysqlbinlog, *372*
mysqlcheck, *364*
analyse, *364 - 365*
optimisation, *366*
réparation, *365*
vérification, *365*
mysqldump, *343*
mysqldumpslow, *373*
MysqlFront, *428*
mysqlhotcopy, *342*
mysqlshow, *381*

N

Navigateur Internet, *440*
NEW, *194*
NFS, *26*
NO SQL, *173*
NOT DETERMINISTIC, *174*
NOT FOUND, *181*
NOT LIKE, *149*
nothing, *333*
NULLIF, *155*

Nullité, *146*
NUMERIC, *108*

O

ODBC, *222, 312*
OLD, *194*
OLE DB, *312*
OPEN, *182*
Open Source, *8, 408*
Opérateur
arithmétique, *145*
comparaison, *146*
logique, *145*
mathématique, *145*
OPTIMIZE TABLE, *356*
ORDER BY, *125, 135*
OUTER JOIN, *143*
OUTFILE, *128*

P

Package d'installation, *24*
PARAMETERS, *319*
Delete, *319*
Partition, *402*
PASSWORD, *403*
PASSWORD(chaîne), *158*
pdf, *445*
Performance, *127, 159, 161*
PERL, *222, 264*
$dbh, *265*
$rc, *265*
$rv, *265*
$sth, *265*

ChopBlanks(), *277*
connect(), *265*
disconnect, *267*
do(), *268*
errstr, *275*
execute, *268*
fetchrow_array, *269*
fetchrow_arrayref, *269*
fetchrow_hashref, *270*
finish, *271*
insertid, *272*
is_blob, *272*
is_key, *273*
is_num, *273*
is_pri_key, *273*
length, *274*
max_length, *274*
NAME, *274*
NULLABLE, *271*
NUM OF FIELDS, *272*
prepare(), *268*
quote(), *277*
rows, *271*
table, *275*
trace, *276*
type, *275*
Permission
    Voir Privileges
PHP, 6, 222, 282, 439, 445
    Addslashes, *303*
    die(), *301*
    filesize(), *449*
    fopen(), *448*
    fread(), *449*
    LAST_INSERT_ID(), *449*
    mysql_ unbuffered_query(), *299*
    mysql_affected_rows(), *288*
    mysql_change_user(), *283*

mysql_client_encoding(), *304*
mysql_close(), *284*
mysql_connect(), 285
mysql_create_db(), *289*
mysql_data_seek(), *289*
mysql_db_query(), *289*
mysql_drop_db(), *290*
mysql_errno(), *302*
mysql_error(), *302*
mysql_fetch_array(), *290*
mysql_fetch_assoc(), *291*
mysql_fetch_field(), *292*
mysql_fetch_lengths(), *293*
mysql_fetch_row(), *293*
mysql_field_flags(), *294*
mysql_field_len(), *294*
mysql_field_name(), *294*
mysql_field_seek(), *295*
mysql_field_table(), *295*
mysql_field_type(), *295*
mysql_free_result(), *296*
mysql_get_client_info(), *304*
mysql_get_host_info(), *304*
mysql_get_proto_info(), *305*
mysql_get_server_info(), *305*
mysql_info(), *305*
mysql_insert_id(), *296*
mysql_list_dbs(), *297*
mysql_list_fields(), *297*
mysql_list_processes(), *306*
mysql_list_tables(), *297*
mysql_num_fields(), *298*
mysql_num_rows(), *298*
mysql_pconnect(), *286*
mysql_ping(), *306*
mysql_query(), *299*
mysql_real_escape_string(), *299*
mysql_result(), *300*

MySQL 5 - Installation, mise en œuvre

mysql_select_db(), *300*
mysql_stat(), *307*
mysql_thread_id(), *307*
mysql_unbuffered_query(), *301*
ressource connexion, *283*
ressource resultat, *283*
Stripslashes, *307*
PhpMyAdmin, *428*, *439*, *445*
PI, *147*
Planificateur de tâches, *341*, *352*, *358*
Port, *403*
Port par défaut, *403*
Privilège
    fonctionnement, *72*
    par défaut, *69*
privileges, *87*, *390*
    all, *87*
    alter, *87*
    create, *87*
    create temporary tables, *87*
    delete, *87*
    drop, *87*
    execute, *87*
    file, *87*
    index, *87*
    insert, *87*
    lock tables, *87*
    process, *87*
    references, *87*
    reload, *87*
    select, *87*
    show databases, *87*
    shutdown, *87*
    super, *87*
    update, *87*
    usage, *87*
PROCEDURE
    ALTER, *177*
    CREATE, *172*
    DROP, *178*
Procédure stockée, *170*, *182*, *189*
Process, *388*
PROCESSLIST, *384 - 385*, *406*
ps, *27*, *36*, *39*, *400*

Q

QUICK, *125*

R

Racine carré, *147*
Raid 5, *402*
Ramasse-miettes, *264*
READS SQL DATA, *173*
REAL, *108*
Recherche intégrale, *161*
RECORDSET
    ActiveConnection, *319*
    AddNew, *321*
    BOF, *319*
    CancelUpdate, *321*
    Close, *321*
    CursorLocation, *320*
    Delete, *321*
    EOF, *320*
    Fields, *322*
    Filter, *320*
    LockType, *320*
    Move, *321*
    MoveFirst, *321 - 322*
    MoveLast, *322*
    MoveNext, *322*

MovePrevious, *322*
Open, *322*
Properties, *323*
RecordCount, *320*
Requery, *322*
Source, *320*
State, *321*
RECORSET
Update, *322*
RELOAD, *343*
RENAME TABLE, *102*
REPAIR TABLE, *355*
REPEAT, *187 - 188*
REPLACE, *138*
REPLACE VIEW, *196*
Réplication, *348*
Requête, *71*
Restauration, *341*
RESTORE TABLE, *350*
REVOKE, *77, 79, 87*
RIGHT JOIN, *143*
Robustesse, *171*
root, *69, 82*
Routine, *170, 180*
RPM, *24, 26*
information, *28*
installation, *26*
packages installés, *29*

S

Sauvegarde, *341*
Scalaire, *269*
Schéma, *203*
SCHEMATA, *206*
Script Linux de sauvegarde, *345*

Scripts de démarrage, *424*
Sécurisation, *399*
Sécurité, *171*
SELECT, *126, 182*
Service
arrêter, *58*
démarrer, *58*
SET, *112, 123, 383, 386*
set password, *406*
SET VARIABLE, *341*
SGBDR, *6*
SHA1, *158*
show, *72, 203, 378*
COLUMNS, *380*
CREATE TABLE, *386*
DATABASES, *378*
GRANTS, *385, 401*
INDEX, *381*
LOGS, *384*
OPEN TABLES, *379*
PROCESSLIST, *384, 388, 406*
STATUS, *382*
TABLE STATUS, *381*
TABLES, *378*
VARIABLES, *383, 387*
SHOW CREATE FUNCTION, *179*
SHOW CREATE PROCEDURE, *174, 179*
SHOW CREATE VIEW, *202*
SHOW FUNCTION STATUS, *179*
SHOW PROCEDURE STATUS, *179*
Signe, *147*
skip-grant-tables, *409*
SMALLINT, *106*
Socket, *230*
Source, *25, 37, 422*
Source de données ODBC, *324*
Sous-requête, *127*
SQL, *7*

SQL ANSI, *223*
SQL SECURITY, *197*
SQLEXCEPTION, *181*
SQLSTATE, *181*
SQLWARNING, *181*
SSH, *403*
SSL, *403*
Structure de contrôle, *184*
Suivi binaire des mises à jour, *370*
Suivi d'activité
 Voir Log
Suivi des erreurs, *366*
Suivi des mises à jour, *370*
Suivi des requêtes lentes, *373*
Suivi général des requêtes, *369*
SUM, *133*, *156*
SUPER, *189*, *247*
Super-utilisateur, *69*
Supérieur, *146*
syslog, *422*
Système de fichiers, *14*, *61*

T

Table, *13*
 ALTER, *103*
 ANALYZE TABLE, *357*
 BACKUP, *349*
 créer, *98*
 modifier, *103*
 optimiser, *356*
 renommer, *102*
 réparer, *355*
 requête de création, *386*
 RESTORE, *350*
 supprimer, *101*

vérifier, *352*
Voir aussi ALTER TABLE, BACKUP TABLE,
CHECK TABLE, CREATE TABLE, DROP
TABLE, OPTIMIZE TABLE, RENAME
TABLE, REPAIR TABLE, RESTORE TABLE,
SHOW CREATE TABLE
Table temporaire, *189*
Table virtuelle, *195*
tables_priv, *72*, *83*, *92*
TCP/IP, *230*
TCX, *7*
téléchargement, *452*
TEMPLATE, *196*
TEXT, *111*
Texte intégral
 Voir FULLTEXT
TIME, *109*
TIMESTAMP, *108* - *109*
TINYBLOB, *111*
TINYINT, *106*
TINYTEXT, *111*
Trier les données, *424*
Trigger, *189*
 DROP, *195*
Type de colonnes, *105*
 chaînes, *110*
 date et heure, *108*
 entier, *106*
 numériques, *105*
 TIMESTAMP, *109*
 virgule flottante, *107*
Type de tables, *391*

U

UDF, *408*
UNLOCK TABLES, *169*
UNSIGNED, *106*
Update, *104, 123, 190*
usage, *78*
use, *72, 96*
user, *72 - 73, 83*
USER(), *158*
USING, *140*
Utilisateur anonyme, *69, 76*

V

Valeur absolue, *147*
VALUES, *120*
VARCHAR, *110*
VB, *324*
VBScript, *334*
Verrou, *168*
Version, *24*
VIEW
    ALTER, *201*
    CREATE, *196*
    DROP, *201*
Visual Interdev, *329*
Vue, *189, 195*

W

WHEN, *155, 185*
WHERE, *123, 125, 129, 140, 163*
WHILE, *184, 188*
Windows, *25, 41*
WITH CHECK OPTION, *197, 199*
WITH GRANT OPTION, *78, 80*
Word, *452*

Y

YEAR, *109*

Z

ZEROFILL, *106*

Liste des titres disponibles de
la collection Ressources Informatiques

Consultez notre site Internet pour avoir la liste des derniers titres parus.
http://www.editions-eni.com

Active Directory – Les services d'annuaires Windows 2003
Active Directory – Les services d'annuaires Windows 2000
Apache V.2 – Installation, configuration et administration
Applications Serveur sous .Net
Asp.Net : Développement Web avec Visual Studio et Web Matrix
Asp 3
Autocad 2006
Autocad 2005
Autocad 2004
Autocad LT 2006
Autocad LT 2005
Autocad LT 2004
Autocad LT 2002
Autocad 2002
Business Objects 6
Business Objects 5
Business Objects Designer 6.5 et XI
C++ - Développement d'applications MFC et .Net
Cisco – Interconnexion de réseau à l'aide de routeurs et de commutateurs
Citrix Metaframe XP (FR3) – Présentation Server - Administration
Conception et programmation objet – Applications de gestion en environnement graphique
Crystal Reports XI
Crystal Reports 9
DB2 Universal Database et SQL (version 8.2 pour Windows)
Delphi 7 et Kylix 3 – Développement sous Windows et Linux
Des CSS au DHTLM – JavaScript appliqué aux feuilles de style
Developpement Java sous STRUTS (version 1.2)
Exchange Server 2003 – Implémentation et gestion
Exchange Server 2000 – Administration et configuration
Gestion d'un environnement réseau sous Windows 2000
<HTML> Maîtriser le code source
Infrastructure d'annuaire – Conception sous Windows Server 2003
Internet Information Server V.6
Internet Information Server V.5 – Administration des services Internet sous Windows 2000
ISA Server 2004 – Protégez votre système d'information
ISA Server 2000 Proxy et Firewall – Optimiser l'accès Internet et sécuriser son réseau d'entreprise
J2SE – Les fondamentaux de la programmation Java
J2EE – Développement d'applications Web
Les réseaux – Notions fondamentales
Linux – Administration système
Linux Debian – TCP/IP – Les services réseaux
Linux Fedora Core 4 – Administration du système
Linux – Principes de base de l'utilisation système
Linux Red Hat Fedora TCP/IP – Les services réseaux
Lotus Notes 6 – Administration de serveurs Domino

Lotus Notes 6 – Développement d'appplications Notes et Web
LotusScript et JavaScript – Développement sous Lotus Notes 6
Maintenance et dépannage d'un PC en réseau
Mandriva Linux 2006 – Administration du système
Merise – Concepts et mise en oeuvre
MySQL 5 – Installation, mise en œuvre, administration et programmation
MySQL 4 – Installation, mise en œuvre et programmation
.Net, Framework, ADO et services Web
Novell Netware 6 – Installation, configuration et administration
Oracle 8i – Administration
Oracle 8i – SQL, PL/SQL, SQL*PLUS
Oracle 9i - Administration
Oracle 9i - SQL, PL/SQL, SQL*PLUS
Oracle 10 g - Administration
Oracle 10 g - SQL, PL/SQL, SQL*PLUS
Perl 5
PHP 4 – Développer un site Web dynamique et interactif
PHP 5 – Développer un site Web dynamique et interactif
PowerBuilder – Techniques avancées de développement (pour les versions 7, 8 et 9)
Programmation Shell sous Unix/Linux – sh (Bourne), ksh, bash
Project Server 2003 – Solution pour la gestion de projets d'entreprise
Samba – Installation, mise en œuvre et administration
Sécuriser l'informatique de l''entreprise – Enjeux, menaces, préventions et parades
Serveurs LAMP – Administration de la plate-forme Web
SharePoint Portal Server 2003 – Personnalisation et Développement
SharePoint Portal Server – Conception et mise en œuvre de solutions
SQL Server 2005 – SQL, Transact SQL
SQL Server 2000 – Mise en œuvre
SQL Server 2000 - Administration
TCP/IP sous Windows 2000
UML 2 – Initiation, exemples et exercices corrigés
Unix Administration système - AIX, HP-UX, Solaris, Linux
Unix – Les bases indispensables
VB.NET
VBA Access 2003 – Programmer sous Access

VBA Access 2002 – Programmer sous Access
VBA Excel 2003 - Programmer sous Excel : Macros et Langage VBA
VBA Excel 2002 – Programmer sous Excel : Macros et Langage VBA
Visual C # - Concept et mise en œuvre
WebDev (V. 7 et 9) – Mise en œuvre d'applications Web
WebSphere 5 – Développement JSP/EJB et administration du serveur
Wi-Fi – Maîtriser le réseau sans fil
Wi-Fi – Mise en place de 6 solutions entreprise
Wi-Fi – Réseaux sans fil 802.11 – Technologie,déploiement, sécurité
Windev 9 – Implémentation de méthodes décisionnelles
WinDev 9 – Les fondamentaux du développement WinDev
Windev 7.5 et 8 – De l'objet au composant d'architecture
WinDev 7.5
Windows Scripting Host (WSH) – Automatiser les tâches
d'administration sous Windows 2000 et XP
Windows XP – Dépannage des applications
Windows XP Professionnel - Installation, configuration et
administration
Windows 2000 Professionnel – Installation, configuration et
administration
Windows Server 2003 – Administration de la sécurité
Windows Server 2003 – Les services réseaux TCP/IP
Windows Server 2003 – Mise à jour des compétences NT4
Windows Server 2003 – Installation, configuration et administration
Windows Server 2003 – Planifier et optimiser une infrastructure
réseau
Windows 2000 Server – Installation, configuration et administration
XML et les services Web
XML et XSL – Les feuilles de style XML
XML par la pratique – Bases indispensables, concepts et cas pratiques